重要矿产市场综合评价研究

王世虎　贾立斌　袁国华　周　伟
段　克　张志敏　席　晶　靳利飞　等著

地质出版社
·北　京·

图书在版编目（CIP）数据

重要矿产市场综合评价研究／王世虎等著. —北京：地质出版社，2021.7
ISBN 978-7-116-12740-1

Ⅰ. ①重… Ⅱ. ①王… Ⅲ. ①矿产资源-资源评价-研究-中国 Ⅳ. ①F426.1

中国版本图书馆 CIP 数据核字（2021）第 138381 号

ZHONGYAO KUANGCHAN SHICHANG ZONGHE PINGJIA YANJIU

责任编辑： 刘 迪 杨 帝
责任校对： 张 冬
出版发行： 地质出版社
社址邮编： 北京市海淀区学院路 31 号，100083
电　　话：（010）66554649（邮购部）；（010）66554327（编辑部）
网　　址： http：//www.gph.com.cn
印　　刷： 北京地大彩印有限公司
开　　本： 710mm×1000mm 1/16
印　　张： 11.5
字　　数： 150 千字
版　　次： 2021 年 7 月北京第 1 版
印　　次： 2021 年 7 月北京第 1 次印刷
书　　号： ISBN 978-7-116-12740-1
定　　价： 58.00 元

前　言

矿业属于资本、技术密集型产业，一直受全球经济周期、资源国矿业政策趋向、出口政策、汇率、大宗商品价格波动等因素影响。2008 年全球金融危机后，世界经济复苏乏力，全球矿业陷入新一轮震荡低迷期（由于滞后性，矿业震荡低迷期大致从 2012 年始），供应过剩是能源市场和矿业市场的主旋律。但也应看到，除了页岩气提升了美国在全球能源领域话语权外，全球重要矿产供应和需求格局基本未变，尤其是国际资本控制的优质矿产资源、矿产品贸易市场、矿产品价格市场等供应端未发生根本性改变。近年，西方主要国家民粹主义盛行、贸易保护主义抬头，一些资源丰富国家“资源民族主义”泛起，逆全球化趋势更加明显，全球产业链、供应链面临重大冲击，必将给我国一些重要矿产资源供给安全带来极大不确定性。

重要矿产一般是指应用领域广泛或具有特殊性能，且能够对经济发展、国防安全、国民生活质量改善起重要支撑作用的矿产。《全国矿产资源规划（2016—2020 年）》明确将石油、铁矿石、铜矿、钾盐、稀土矿、钨矿等 24 种矿产纳入国家战略性矿产目录，大致分为短缺矿产和优势矿产两大类，且均是我国重要矿产。受国内外矿业整体不景气影响，我国矿业形势在发生改变，地质勘查投入持续萎缩，采矿业固定资产投资基本摆脱高强度投资，采矿业盈利能力维持低水平；受国内资源禀赋及地方生态环境保护等制约，重要矿产供给短板进一步显现。国家经济社会发展对一些短缺重要矿产资源的刚性需求和供给刚性制约矛盾日益严峻；对外依存度居高不下，矿产资源供给安全极易受国际市场波动、资源国政策调整、地缘政治等因素影响。同时，我国稀土、钨矿等优势重要矿产资源虽然已形成成熟且完备的产业链，产业规模不断扩大，但行业发展仍存在资源开发利用粗放、忽视生态环境、冶炼（分离）产能过剩、产品国际竞争力不足等问题。

进入“十二五”时期以来，我国经济由高速增长阶段逐渐向新发展阶段转变，面对经济结构转型、发展动能转换、产业结构调整，依靠要素和投资驱动的发展模式必须做出改变。基于国内外形势发展变化，国家将推进供给侧结构性改革作为经济工作主线的重大决策。“以世界眼光去认识政治形势，把握经济走势”，以习近平同志为核心的党中央高屋建瓴，加大了战略研判及形势分析力度。

进入21世纪后，在资源、经济全球化大背景下，各重点实验室团队聚焦我国的能源资源安全与应对之策，持续开展了相关研究。本书通过研判矿业形势和发展趋势，深入开展重要矿产供给安全综合评价，找准关键问题，对短缺重要矿产和优势重要矿产分类施策，以期为我国矿业供给侧结构性改革提供决策参考。本书选择原油、铁矿石、铜矿、钾盐等短缺矿产，以及稀土矿、钨矿等优势矿产进行综合评价，充分考虑了资源特点和行业差异性，从勘查投入、储量变化、矿业权投放与布局、矿产品生产与消费、矿产品贸易、市场价格、固定资产投资与效益等方面分别开展单矿种形势分析与评价，总结矿产资源管理、矿业行业发展中存在的突出问题和风险，并提出保障我国矿产资源供应安全和健康发展的政策建议。本书作为《全球能源资源政策跟踪及我国企业“走出去”风险监测》的姊妹篇，主要分为三部分：

第一部分为我国矿业发展面临的形势，包括第一章。从全球经济、矿产勘查投资、矿产品供需、矿产品价格、矿业政策等角度分析研判我国矿业发展面临的国际形势。

第二部分为重要矿产分析与评价，包括第二章至第七章。选择石油、铁、铜、钾盐、稀土、钨矿等矿产作为研究对象，开展单矿种形势分析和综合评价研究。

第三部分为我国矿产供给安全应对策略，包括第八章。主要为短缺矿产应对之策和优势矿产应对之策。

本书第一章、第二章、第四章、第五章和第八章由王世虎撰写，第三章、第七章由贾立斌撰写，第六章由周伟撰写。段克、席晶、张志敏、靳利飞等提供了部分资料，参与了研究过程中的讨论交流；王世虎对全书进行了统稿、编辑；袁国华对全书进行编审。

本书所引数据主要来自相关行业统计年鉴、国家统计局、权威统计机构、行业统计年报（通报）及期刊，力求客观真实地评述重要矿产的基本情况。

需要说明三点：一是本书的基本认识或结论是主要基于2019年及之前的数据；二是鉴于矿产供给安全研究内容涉及面广、形势更新快，加之著者对行业整体把握、对政策理解能力不够全面、精准，本书对问题分析得不够深入和细致，有些结论或建议的可操作性有待检验；三是本书完稿时正值全球性新型冠状病毒性肺炎（Covid-19）爆发，未及时跟踪分析其对世界经济和矿业的影响。不足之处，有待未来修订时弥补。

著　者

2021年6月

目　　录

第一章　我国矿业发展面临的形势

矿业一直受到全球经济周期性、国际贸易政策、大宗商品价格波动等因素影响。2008 年全球金融危机后，世界经济复苏乏力，全球采矿业始终处于震荡低迷期，上游勘查投资持续萎缩，供应过剩是能源市场和矿业市场的主旋律，石油、天然气、煤炭、铀矿、有色金属等绝大多数矿产品价格持续下跌或低迷。全球矿产供应和需求格局未发生根本性改变，我国对部分大宗矿产的需求继续增长，对外依存度持续攀升。

2019 年底爆发的全球性新型冠状病毒性肺炎（Covid-19）仍未彻底消除，给未来一段时间内世界经济复苏之路带来极大不确定性。尽管采矿业的表现略好于其他行业，但不可否认的是，这一流行病对大多数矿产需求产生了重大影响。

第一节　全球经济形势概览

一、世界经济增长呈现短暂衰退

从主要世界经济机构发布报告看，世界经济在经历了 2017 年和 2018 年连续两年的经济强劲增长，2019 年出现新一轮放缓后，受新型冠状病毒性肺炎疫情影响，2020 年呈现严重衰退。

2021 年 1 月，世界银行（World Bank Group，WBG）发布的《全球经济展望》报告（表 1-1-1）表明，新型冠状病毒性肺炎疫情或将使全球经济陷入第二次世界大战以来最严重的衰退，预计 2020 年全球经济增长率为-4.3%。2021 年 4 月，国际货币基金组织（International Monetary Fund，IMF）发布的《全球经济展望》报告显示，2019 年世界经济增长率为 2.8%，预计 2020 年世界经济增长率为-3.3%，发达经济体经济增长率为-4.7%，新兴市场和发展中国家经济增长率为-2.2%。其中，中国的经济复苏快于预期，预计 2020 年中国经济增长率维持在 2.3%，是世界主要经济体中唯一保持正增长的国家。各国为应对疫情再次迅速推出大规模财政和货币措施，保证了基本经济运行。

表 1-1-1　2018—2020 年世界经济增长率变化情况

国家/地区	世界经济增长率（WBG）/%			世界经济增长率（IMF）/%		
	2018 年	2019 年	2020 年[e]	2018 年	2019 年	2020 年
世　界	3.0	2.3	-4.3	3.6	2.8	-3.3
发达经济体	2.2	1.6	-5.4	2.3	1.6	-4.7
美　国	3.0	2.2	-3.6	3.0	2.2	-3.5
欧元区	1.9	1.3	-7.4	1.9	1.3	-6.6
新兴市场和发展中经济体	4.3	3.6	-2.6	4.5	3.6	-2.2
中　国	6.6	6.1	2.0	6.7	5.8	2.3
印　度	6.1	4.2	-9.6	6.5	4.0	-8.0
俄罗斯	2.5	1.3	-4.0	2.8	2.0	-3.1
巴　西	1.8	1.4	-4.5	1.8	1.4	-4.1
南　非	0.8	0.2	-7.8	0.8	0.2	-7.0

注：数据来自世界银行、国际货币基金组织；“e”表示机构预测。

二、全球制造业经历严重萎缩后开始持续扩张

2018 年以来，全球制造业增长明显放缓。埃信华迈（IHS Markit）数据显示，2018 年 1 月，全球制造业采购经理指数（Purchasing Manager's Index，PMI）为 54.29%。此后连续 18 个月处于下行状态，2019 年 7 月，全球制造业采购经理指数降为 49.29%，表明全球制造业处于持续萎缩状态，一定程度上反映了世界经济持续低迷和增长乏力。8 月开始，全球制造业采购经理指数有所反弹。12 月，全球制造业采购经理指数为 50.3%，连续 2 个月高于 50%的临界点，结束了此前连续 6 个月低于 50%的状态，全球制造业扩张动力不足。2019 年 12 月，美国供应管理协会制造业采购经理指数为 49%，连续 5 个月低于 50%的临界点，表明美国制造业不景气，与 2017 年、2018 年普遍高于 55%的数据相比，制造业从强劲扩张到持续放缓再到萎缩。

2020 年以来，全球新型冠状病毒性肺炎疫情流行，给生产经营活动造成重大冲击，全球制造业采购经理指数经历了一轮大幅下滑。2020 年 4 月，全球制造业采购经理指数降至 32.53%。此后，随着各国积极应对疫情和放松管制，世界经济有所企稳，该指数再次回升。

中国国家统计局数据显示（图 1-1-1），2020 年 12 月，中国制造业采购经理指数为 51.9%，连续 10 个月高于 50%的临界点，第二季度开始中国制造业经济处于持续扩张状态，表明中国经济增长正加速恢复中。

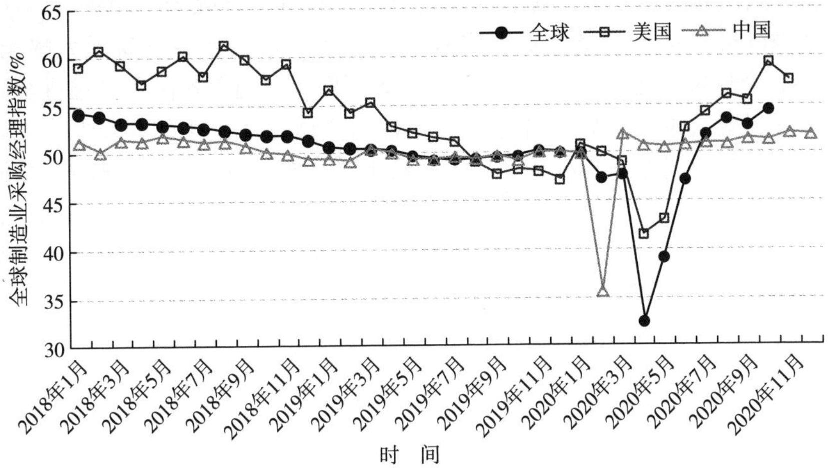

图 1-1-1　2018—2020 年全球制造业采购经理指数月度变化情况

资料来源：埃信华迈，美国供应管理协会，中国国家统计局

三、世界贸易形势继续低迷

21 世纪以来，全球贸易经历 2 轮高增长和 3 次负增长过程（图 1-1-2）。2001 年，以美元计算的全球贸易量下降了 4.5%，主要与美国经济衰退、世界直接投资减少、全球信息技术产业陷入困境、美国“9・11”事件严重打击全球旅游服务业等因素有关。2003—2007 年，全球贸易量保持高速增长，增速为 4.5%~9.5%，主要得益于以中国为代表的发展中国家带动世界经济保持高速

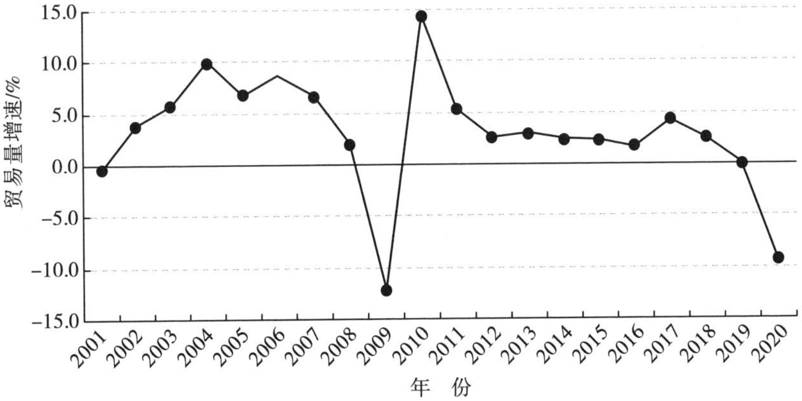

图 1-1-2　2001—2020 年全球贸易量增长情况

资料来源：WTO《贸易统计与展望》报告

增长，大宗商品需求旺盛，制造业及矿产开采经济活动强劲。2008—2009 年，全球金融危机对世界经济造成严重冲击，经济负增长导致贸易量大幅减少。2009 年，全球贸易增速下降了 10.37%。此后两年，随着各国积极推进金融救援和经济刺激政策，世界经济短暂反弹带动全球贸易出现快速增长。2012—2016 年，全球贸易增速再次放缓，普遍低于 3.9%。2017 年，全球贸易量同比增长了 4.3%，这是自 2011 年以来首次超过 3%。2018 年以来，全球贸易增长持续放缓。2019 年全球贸易增速降至 0.1%，主要与贸易摩擦升级导致国际贸易关系持续紧张、经济不确定性加剧、大宗商品需求疲软等因素有关。

受新型冠状病毒性肺炎疫情影响，全球经济面临深度衰退，全球贸易再现深度萎缩。2020 年 10 月世界贸易组织（WTO）发布的《贸易统计与展望》报告预测，2020 年全球贸易量将减少 9.2%，全球贸易实际表现将取决于疫情演变和各国政府对疫情的反应。

第二节　全球矿产勘查形势

一、全球有色金属勘查投入

21 世纪以来，世界矿产勘查经历了一轮投资热潮—投资低迷的过程（图 1-2-1）。2000—2012 年，全球有色金属矿产勘查投入从 19 亿美元增加至 215 亿美元，增长了 1032%，并达到勘查投资峰值。此后，受世界经济复苏乏力和大宗

图 1-2-1　2002—2020 年全球有色金属矿产勘查投入变化情况

资料来源：标普全球市场情报公司

商品需求放缓影响，大宗商品价格进入一轮下行周期，导致矿产勘查投入持续萎缩。

标普全球市场情报公司（S&P Global Market Intelligence）预测，2020 年全球有色金属矿产勘查投入总预算约 87 亿美元❶，较 2019 年的 98 亿美元减少了 11.2%，较 2012 年的 215 亿美元减少了 59.5%。全球贸易战、市场需求放缓、矿业并购上升是造成勘查投资预算下降的主要原因。标普全球市场情报公司认为未来勘查预算走势还不确定，预计 2021 年全球勘查预算与 2020 年持平，金矿勘查投资前景较好，主要是金价坚挺，其他矿产品价格低迷。

二、全球石油天然气勘查投入

一般而言，石油、天然气（以下简称油气）上游投资支出与油价之间大致呈线性关系。当原油价格飙升时，投资支出成本随之飙升，反之亦然。国际能源署（International Energy Agency，IEA）数据显示（图 1-2-2），2014 年世界石油和天然气上游投资为 7790 亿美元，达到历史峰值。此后，由于石油价格下跌，油气上游投资突然崩溃。目前，油价与上游成本之间的相关性并不是很明显，呈现脱钩现象。虽然原油价格自 2016 年以来已翻了一番多，但是，2016—2019 年，全球油气上游投资成本仍变化不大，油气上游投资保持在 4600 亿~4800 亿美元之间。

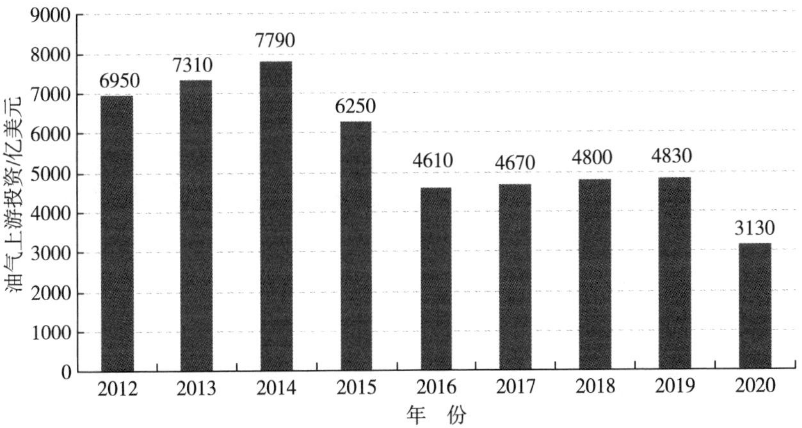

图 1-2-2　2012—2020 年全球油气上游勘探开发投资情况

资料来源：国际能源署《世界能源投资》报告

❶ 全球有色金属矿产勘查投入不包括煤炭、铁矿、铝土矿、油气、大部分工业原材料矿产的勘查投入。

2020年，油气上游投资再遭受冲击，支出仅为3130亿美元，减少了约35%，这主要与美国大量页岩油气公司经历了破产、裁员和停业，以及融资成本上升、大幅削减开支有关。油气企业巨头将重点放在现金流收益相对较快的项目运作上。世界各国国有石油公司也大幅削减了油气上游投资。

从油气钻井平台数量（图1-2-3）来看，2000—2014年，全球油气钻井平台总体处于上升态势（除了2009年受金融危机影响下跌外），反映了油气钻探活动总体处于活跃状态。2014年以来，世界经济复苏放缓，油气供需基本面总体处于供过于求状态，油气价格大幅下跌，导致油气勘探活动大幅萎缩。2016年，全球平均活跃钻井平台数量1592台/月，较2014年减少了55.5%。此后，世界经济有所恢复，主要油气组织和国家采取限产保价等措施，油价有所上涨，带动油气勘探活动再次回升。2020年，受新型冠状病毒性肺炎疫情影响，世界经济严重衰退，各种经营活动遭受冲击，贝克休斯公司（Baker Hughes）数据显示（图1-2-3），全球油气钻探活动大幅减少。2020年，全球平均活跃钻井平台数量为1374台/月，较2019年的2189台/月减少了37.2%，处于历史最低水平。

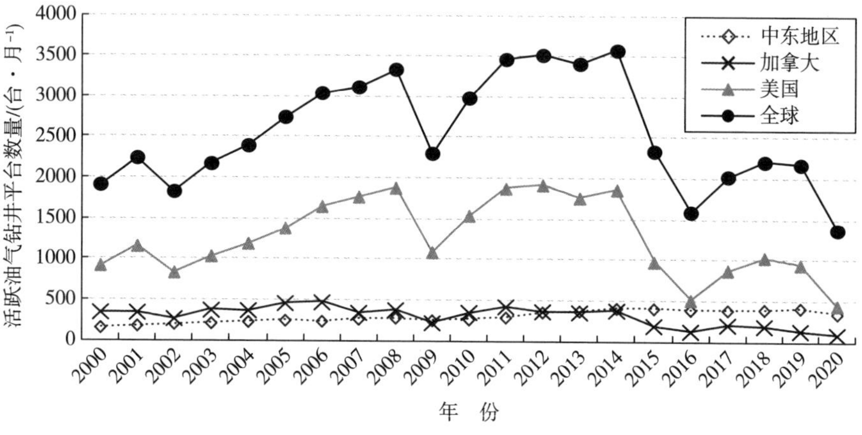

图1-2-3　2000—2020年全球活跃油气钻井平台数量情况

资料来源：贝克休斯公司

从钻井平台分布区域来看（图1-2-4），美国和中东地区仍是油气钻探最活跃的地区，特别是2016年5月以来，美国活跃油气钻井平台数量从408台增加至2018年12月的1078台，油气钻探从常规油气转向非常规页岩油气领域，并带动美国页岩油气开采水平迅速提升。此后，受油价持续低迷影响，世界各地油气供应商普遍实施削减新钻井支出计划，各国活跃油气钻井平台数量持续减少。2020年8月，美国石油和天然气活跃钻井总数为250台，较2018年底的高点减少了76.5%；11月，中东地区石油和天然气活跃钻井总数为239台，较2019年9月的高点减少了43.7%；11月，亚太地区石油和天然气活跃钻井总数为164台，较2019年2月的高点减少了31.7%。

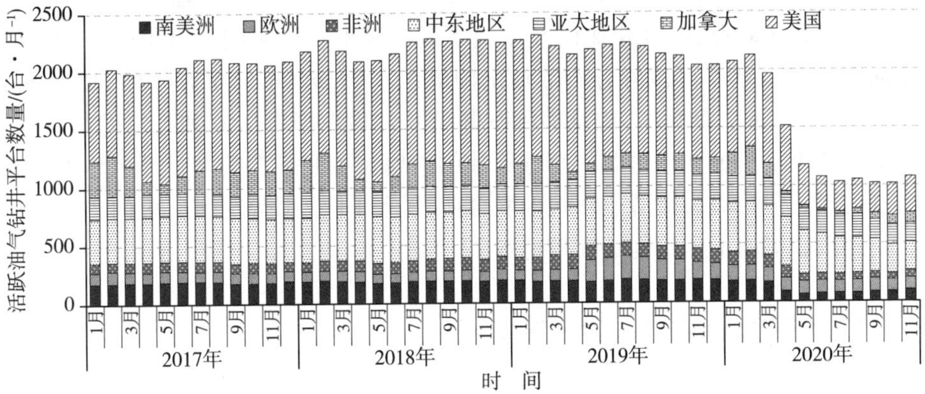

图1-2-4　2017—2020年全球活跃油气钻井平台数量月度统计及分布区域变化情况

资料来源：贝克休斯公司

第三节　国际大宗矿产品供需形势

一、国际原油市场略显宽松

21世纪以来，国际石油市场总体保持供需平衡。根据英国石油公司（British Petroleum，BP）数据，截至2019年底，全球剩余石油探明储量为2445.8亿吨，以目前的开采速度计算，全球石油储量可供开采50年，可以说全球石油资源是丰富的，发展潜力很大。2013年以来，国际原油市场呈现供过于求，其中2015年国际原油市场过剩量达到1.37亿吨（表1-3-1），2019年过剩量仍接近4000万吨；同期，国际原油价格开始持续走低。

表1-3-1　2000—2019年国际原油生产与消费情况

类　别	单　位	2000年	2005年	2010年	2015年	2018年	2019年
石油产量	亿吨	36.06	39.38	39.83	43.63	45.00	44.84
石油消费量	亿吨	35.68	38.99	39.98	42.26	44.09	44.45
原油价格	美元/桶	28.50	54.52	79.50	52.39	71.31	64.21

注：①数据来自*BP Statistical Review of World Energy*（2020）；②国际原油价格是指伦敦北海布伦特（Brent）市场价格；③1桶≈0.137吨。

国际能源署于2019年12月发布的《石油市场快报》显示，2019年第三季度全球原油需求同比增加90万桶/日，增长的需求主要来自中国和印度。随着经济增长，国际能源署预测2019年全球原油需求增加100万桶/日，与6月预期这一目标120万桶/日相比已经大幅下调。未来一段时间，以美国为代表的原油供给增量基本可以弥补石油输出国组织（Organization of the Petroleum Exporting Countries，OPEC，以下简称欧佩克）和俄罗斯等国家和地区的削减量，全球原油供给仍偏向于过剩。全球原油供给增长主要来自美国，剩余增长主要来自巴西、伊拉克、挪威、阿拉伯联合酋长国和圭亚那等国家，伊朗和委内瑞拉受制裁影响原油供给保持在较低水平。

二、国际铁矿石供应略显紧张

世界钢铁工业协会数据显示，2000—2010年全球粗钢生产增速保持在5.3%左右；2010—2019年全球粗钢生产增速保持在2.99%左右，同期粗钢消费增速在3.32%左右，尽管全球粗钢生产增速已经明显放缓，但仍将保持增长态势。21世纪以来，国际铁矿石市场也经历了供应偏紧（或短缺）到供应宽松（或过剩）。2003—2013年，世界经济快速增长，以中国为代表的发展中国家市场需求旺盛，铁矿石供不应求，铁矿石价格持续攀升。2013—2018年，世界经济增长乏力，中国经济进入新常态，铁矿石需求增速放缓，国际铁矿石价格有所回落。

2019年全球粗钢产量为18.69亿吨（表1-3-2），同比增长了3.03%，表明铁矿石需求仍将保持继续增长态势。惠誉咨询公司（Fitch Solutions）预测，未来10年全球铁矿石产量年均增长保持在0.9%左右，铁矿石产量将从2019年的28.5亿吨（原矿量）增加至2028年的31.98亿吨（原矿量）。

表1-3-2　2005—2019年全球粗钢和铁矿石生产与消费情况

类　别	单　位	2005年	2010年	2015年	2018年	2019年
粗钢产量	亿吨	11.48	14.33	16.21	18.14	18.69
粗钢消费量	亿吨	10.42	13.17	15.06	17.08	17.67
铁矿石生产量	亿吨	—	18.19	20.15	22.28	—
铁矿石表观消费量	亿吨	—	17.78	20.23	21.46	—
中国进口铁矿石价格	美元/吨	65.00	145.86	55.85	69.75	93.85

注：①数据来自World Steel Association；②全球铁矿石生产量中，中国铁矿石生产量按世界平均品位计算；③世界铁矿石表观消费量=生产量+进口量-出口量；④中国进口铁矿石价格是指中国进口铁矿石（品位62%）的到岸价格；⑤“—”表示无数据或数据不可获得。

巴西淡水河谷公司（Vale）的季度报告显示，2019 年第三季度铁矿石产量为 8670 万吨，比第二季度铁矿石产量增长了 35.4%，但与 2018 年同期相比仍减少了 17.4%。

2019 年 12 月澳大利亚《资源与能源季度报告》显示，2019 年前三季度澳大利亚铁矿石产量为 6.84 亿吨，同比增长了 1.39%；预期 2019 年澳大利亚铁矿石产量为 9.04 亿~9.05 亿吨，与 2018 年铁矿石总产量 9.07 亿吨相比略有减少。力拓公司（Rio Tinto）的季度报告显示，2019 年第三季度力拓铁矿石产量实现 8730 万吨，比第二季度增长了 10%，比 2018 年同期增长了 6%。力拓公司预期 2020 年铁矿石产量目标在 3.46 亿吨，这一目标比 2019 年铁矿石产量目标 3.2 亿~3.3 亿吨上调了 1600 万~2600 万吨。2019 年，必和必拓（BHP billiton）铁矿石产量预期为 2.379 亿吨，其中第三季度铁矿石产量为 6100 万吨，比第二季度增长 3%。

三、国际铜市场供给仍显紧张

2010 年以来，国际铜市场基本经历了一轮供应偏紧—供过于求—供应偏紧的周期。2010—2014 年，国际铜需求旺盛，铜库存有所回落，铜供应总体偏紧，铜市场价格高企；2015—2016 年，世界经济增长放缓，铜需求增长回落，国际铜供应市场逐渐改善，铜库存再次增加，铜市场价格走低；2017—2019 年，世界经济增长复苏，铜需求增长回升，铜库存持续回落，铜供应出现缺口，铜价格稳中有升（表 1-3-3）。

表 1-3-3　2005—2019 年全球铜生产与消费情况

类　别	单　位	2005 年	2010 年	2015 年	2018 年	2019 年
矿山铜产量（铜含量）	万吨	1515.0	1611.8	1937.7	2032.2	2067.1
精炼铜产量（金属铜）	万吨	1665.1	1921.8	2303.5	2365.0	2361.9
精炼铜消费量（金属铜）	万吨	1668.0	1933.8	2290.3	2392.5	2388.6
铜库存量	万吨	55.9	99.4	92.6	77.2	72.8
其中：交易所铜库存量	万吨	15.6	56.8	48.3	35.1	30.5
铜价格	美元/吨	3680	7535	5510	6530	6010

注：①数据来自 *World Metal Statistics*（May 2020）和 *World Metal Statistics Yearbook*（2019）；②智利铜业委员会 *Copper and Other Minerals Statistics Yearbook*（2000—2019）；③铜库存是指生产商、消费商、交易所和中间商年末持有库存量；④铜价格是指伦敦金属交易所铜结算价格。

世界金属统计局（World Bureau of Metal Statistics，WBMS）于 2020 年 2 月

公布的信息显示，2019 年，全球铜市供应短缺 9.4 万吨，而 2018 年铜市场短缺 27.5 万吨；全球矿山铜产量为 2069 万吨，较上年同期增加 1.7%；全球精炼铜产量为 2372 万吨，同比增加 0.3%，其中，印度产量减少 12.8 万吨，智利产量减少 19.2 万吨；全球铜消费量为 2382 万吨，上年同期为 2392 万吨。中国铜表观需求量为 1280 万吨，较上年同期增加 2.5%；欧盟 28 国铜产量减少 4.7%，需求量为 306.9 万吨，较上年减少 7.5%。

2020 年，受新型冠状病毒性肺炎疫情影响，世界经济增速大幅下滑，预计铜需求量将再次回落，铜市场短缺形势将会改观。

四、国际铝市场供应持续过剩

2010 年以来，国际原铝市场经历供应过剩—供应短缺—供应过剩的过程，铝价格也是经历了下跌低迷—回升—再次下跌低迷等状态。2018 年以来，国际原铝生产和需求双降，但需求减少幅度大于生产减少幅度，导致供应过剩，市场持续低迷（表 1-3-4）。

表 1-3-4　2005—2019 年全球铝生产与消费情况

类　别	单　位	2005 年	2010 年	2015 年	2018 年	2019 年
氧化铝产量	万吨	6467	9050	11835	13054	13191
原铝产量	万吨	3191	4235	5846	6417	6366
原铝消费量	万吨	—	4020	5800	6330	6227
铝价格	美元/吨	1898	2173	1665	2108	1795

注：①数据来自 International Aluminium Institute；②铝库存是指生产商、消费商、交易所和中间商年末持有库存量；③铝价格是指伦敦金属交易所铝结算价格。

世界金属统计局于 2020 年 2 月公布的数据显示，2019 年，全球原铝市场供应过剩 68.5 万吨，2018 年过剩 11.8 万吨。2019 年全球原铝产量约 6366 万吨，较上年减少 51 万吨；同期全球原铝需求为 6227 万吨，较上年减少 103.2 万吨。截至 2019 年 12 月底，全球原铝总库存约为 214.9 万吨，2018 年铝库存维持在 242.9 万吨。其中，伦敦、上海、美国和东京四大交易所持有的库存总计 167.5 万吨，较 2018 年 12 月底减少 28 万吨。

受新型冠状病毒性肺炎疫情影响，世界经济增长大幅放缓，特别是交通和建筑行业受到了非常严重的打击。国际铝业协会预计 2020 年全球铝需求大幅萎缩，较 2019 年减少 5.4%左右。

第四节 国际大宗矿产品市场价格

一、国际原油价格

21 世纪以来，国际原油价格大致经历了两轮上涨周期：2001—2012 年，由于中国经济拉动、全球经济刺激计划，2009 年的暴跌并没有改变原油价格上涨趋势；2016—2018 年，全球经济恢复性增长（图 1-4-1）。

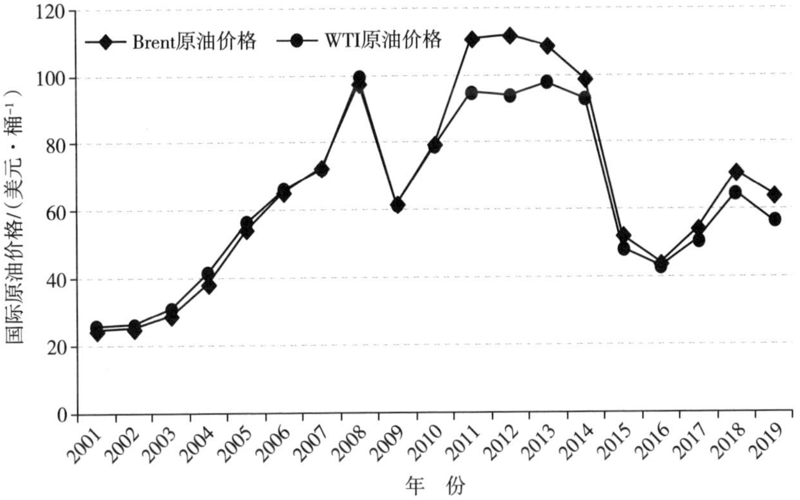

图 1-4-1 2001—2019 年国际原油价格变化情况

资料来源：U. S. Energy Information Administration（EIA）

WTI 原油价格为美国市场西得克轻质原油价格

2001—2014 年，国际原油价格先从 2001 年 1 月的 23 美元/桶上涨至 2011 年 4 月的 124 美元/桶，上涨了近 440%。2007 年 10 月—2008 年 11 月的国际原油价格的暴涨和暴跌，主要受投机炒作和美国次贷危机、全球金融危机影响。此后，各国推行经济刺激政策（量化宽松），中国及新兴市场经济体的经济仍保持良好增长速度，国际原油价格迅速恢复了自 2001 年以来的上涨趋势，这次短暂的暴涨、暴跌并不能简单视为一轮矿业周期的结束。2011 年 2 月—2014 年 9 月，国际原油价格长期处于高位，基本保持在 100 美元/桶以上。此后，随着全球经济刺激政策效应减弱，全球经济增长持续放缓，美国实行页岩油气革命，国际原油市场持续过剩，国际原油价格进入持续下跌通道。2016 年 2 月，国际原油价格为 30 美元/桶，较 2011 年的高点已经下跌了 75.8%。受需求增长、供给放缓（欧佩克减产，伊朗、委内瑞拉产量下降等）、库存下降等因素影响，国际原油价格开始恢复性增长。2018 年 9 月，国际原油价格达到 72 美元/桶。

2019 年，国际原油价格平均在 64 美元/桶左右，与 2018 年平均价 71.3 美元/桶相比，降低了 10.2%。国际原油价格总体经历了先是缓慢回升—小幅回落—再次上涨的过程。2019 年 1 月 3 日，国际原油（Brent）价格为 53.23 美元/桶；4 月 25 日，国际原油（Brent）价格最高达到 74.9 美元/桶，上涨了 40.7%。上半年，国际原油价格上涨，主要与欧佩克和俄罗斯继续执行减产协议、美国对伊朗、委内瑞拉美等产油国实施经济制裁，以及中东地缘政治风险加剧等因素有关。5 月以来，国际原油价格回落并低位徘徊；8 月 7 日，国际原油价格跌至 55.03 美元/桶，下跌了 26.5%，主要与全球原油需求疲软、库存充足及减产承诺不及预期等因素有关。12 月 30 日，国际原油价格再次涨至 68.3 美元/桶，上涨了 24.1%。

二、国际铁矿石价格

21 世纪以来，国际铁矿石价格经历了 3 轮上涨—下跌周期。2002—2008 年，国际铁矿石价格从 30 美元/吨上涨至 198 美元/吨，上涨了 560%。此轮价格上涨整体主要由中国需求驱动，但仅 2007 年一年铁矿石价格就暴涨了 150%，严重偏离供需基本面，更多的是国际资本投资和炒作有关。

2009 年 4 月至 2011 年 2 月，铁矿石价格从 59.8 美元/吨上涨至 187.2 美元/吨，上涨了 213.0%。此轮价格上涨主要由全球金融危机后全球性刺激政策导致的流动性充裕和需求共同推动。此后，铁矿石价格下跌和长期低迷，主要与全球经济复苏乏力，铁矿石供应充足有关。

2016 年—2019 年 7 月，铁矿石价格从 40.5 美元/吨上涨至 120 美元/吨，上涨了 196.3%。此轮价格上涨主要与全球经济持续复苏，铁矿石需求逐渐回升，而巴西、澳大利亚主要铁矿山受自然资源因素削减产量等因素有关（图 1-4-2）。

三、国际铜价格

自 20 世纪 80 年代以来，大致经历了 4 轮上涨周期：80 年代中期、90 年代中后期（亚洲金融危机）、2002—2008 年（中国经济拉动、美国次贷危机、全球金融危机）、2009—2015 年（全球经济刺激计划）。

2002—2008 年，国际铜价格从 2002 年 7 月的 1450 美元/吨上涨至 2008 年 4 月的 8720 美元/吨，上涨了约 500%。此后，受美国次贷危机和全球金融危机影

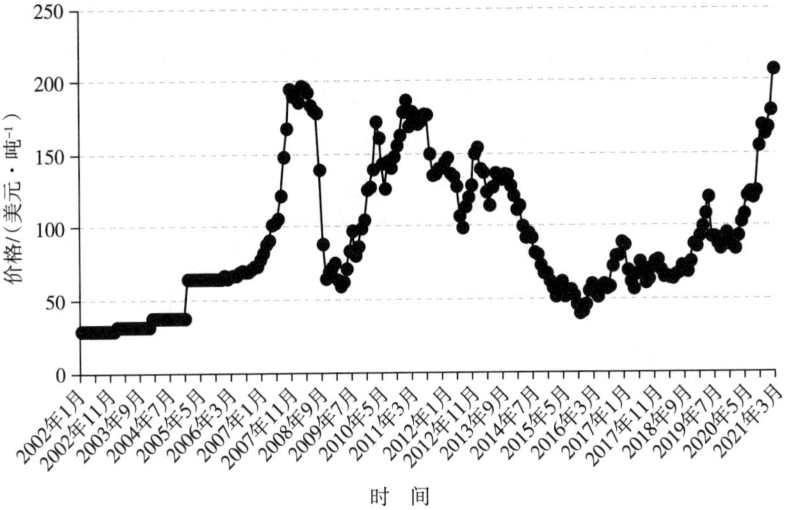

图 1-4-2 2002 年 1 月—2021 年 3 月中国进口铁矿石到岸（天津港）月度平均价格变化情况

资料来源：IMF *Primary Commodity Prices*

响，国际铜价格暴跌，2008 年 12 月，铜价格跌至 3105 美元/吨，下跌了 64.4%。

2009 年以来，各国推行经济刺激政策（量化宽松），全球流动性充裕，铜等有色金属成为关注重点，助推铜价格迅速上涨。铜价格从 2009 年 1 月的 3200 美元/吨上涨至 2011 年 7 月的 9650 美元/吨，上涨了近 200%。此后，随着全球经济刺激政策效应减弱，全球经济增长持续放缓，铜矿产能持续释放，铜市场持续过剩，铜价格进入持续下跌通道。2016 年 1 月，国际铜现货价格为 4472 美元/吨，较 2011 年的高点已经下跌了近 53.7%。

2016 年下半年以来，国际铜市场进入一轮小幅的上涨周期（属于前期下跌后的小幅回弹调整）。铜价格从 2016 年 1 月的 4472 美元/吨上涨至 2018 年 1 月的 7066 美元/吨。铜矿山产量增长受限、市场持续短缺和美元指数趋弱对铜价构成上行重要支撑。国际铜业研究小组（International Copper Study Group，ICSG）报告显示，2017 年全球铜市短缺 26.5 万吨，2018 年全球铜市供应短缺 38.7 万吨。2017 年，必和必拓旗下全球最大铜矿智利埃斯康迪达（Escondida）铜矿的罢工、自由港麦克莫伦公司（Freeport McMoRan Inc.）旗下印度尼西亚格拉斯伯格（Grasberg）铜矿的罢工等事件对矿山铜产量造成一定影响。

2019 年国际铜（伦敦金属交易所）价格平均在 6000 美元/吨左右，与 2018 年平均值 6530 美元/吨相比，下降了 8.2%。国际铜现货价格总体呈缓慢震荡下行趋势。2019 年 3 月国际铜价格最高达到 6525 美元/吨，9 月国际铜价最低跌至 5620 美元/吨，波动幅度为 13.87%。12 月 30 日国际铜价格平均为 6004 美元/吨，较年内最低点回升了 6.8%。受全球铜需求疲软、库存充足、美元走强、贸易摩擦等因素影响，国际铜价格持续疲软（图 1-4-3）。

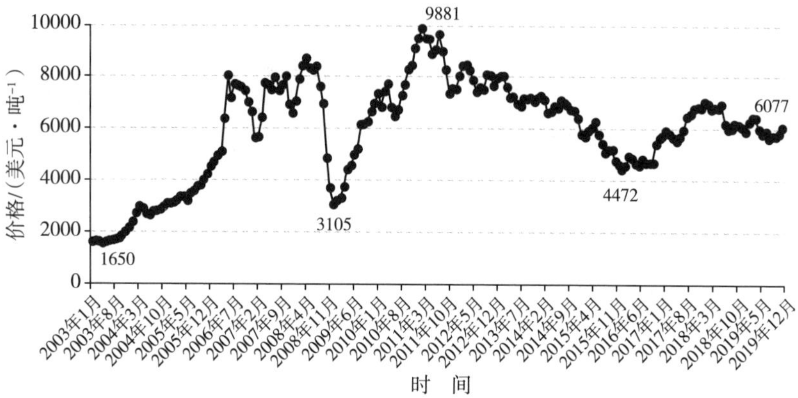

图 1-4-3　2003 年 1 月—2019 年 12 月国际铜现货月度平均价格走势

资料来源：*IMF Primary Commodity Prices*

四、国际铝现货价格

2019 年全年国际铝（伦敦金属交易所）现货价格平均在 1795 美元/吨左右，与 2018 年国际铝现货价格 2108 美元/吨相比，下降了 14.8%。

国际铝现货价格持续下行（图 1-4-4）。2019 年 1 月 2 日，国际铝价格为

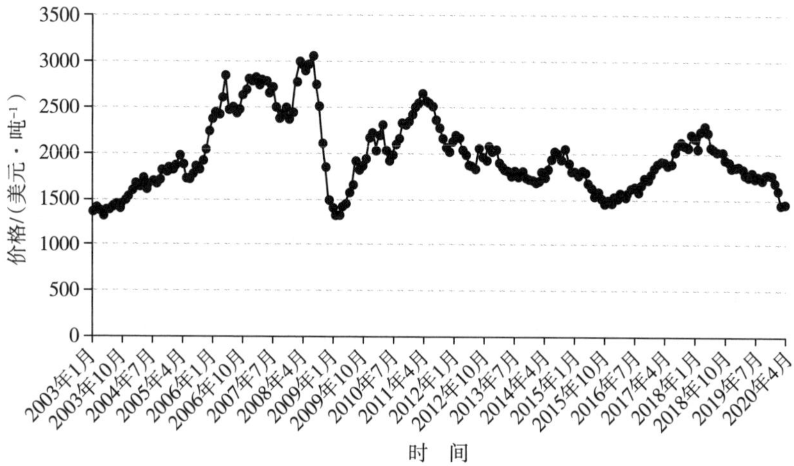

图 1-4-4　2003 年 1 月—2020 年 4 月国际原铝现货月度价格走势

资料来源：IMF，指从英国港出发的铜现货到岸价格

1796 美元/吨，3 月 20 日铝现货价格最高达到 1945 美元/吨，上涨了 8.3%；此后 7 个月，国际铝现货价格持续震荡下行，10 月 2 日国际铝价最低跌至 1702 美元/吨，下跌了 12.5%。12 月 30 日国际铝现货价格为 1810 美元/吨，较年内最低点回升了 6.3%。

国内电解铝价格走势与国际基本一致，主要与全球经济持续放缓、美国解除对俄罗斯铝业制裁、国内上游环保政策及氧化铝、电解铝去产能等因素有关。

第五节 国际矿业政策走势

21 世纪以来，全球矿业经历了矿业复苏和繁荣—衰退—持续低迷阶段。为了应对这种下行周期，国际矿业公司优先调整投资重点和方向、剥离不良资产或非核心业务，降低了资产负债率，意味着矿业项目建设（或扩建）被搁置或取消，收购和投资推迟，勘探活动大幅减少。为吸引投资、解决就业、维护矿产资源国家所有者权益，矿业东道国纷纷对其现行矿业法律进行了重大修改，或表示有意对其进行重大修改。

欧美发达国家的矿业法律法规总体稳定，更关注关键性原材料供给、矿山生态环境治理、矿业审批程序简化、外商投资审查、矿业贸易、采矿业环境影响评价、环境与社会治理等政策的调整。

许多非洲国家通过改革矿业法，增加政府收入和提振社会经济发展。主要举措包括完善矿业权许可体系、调整采矿业财税制度、调整或缩短财政稳定期、加强战略性矿产管控、重新审查采矿合同、提高矿业项目政府参与度、提高本地化服务内容要求等。

亚洲地区许多发展中国家试图通过新的矿业法律改革或重构矿业权体制，调整矿业财税政策，尝试放宽外商投资准入门槛、简化矿业审批程序、提高矿业权审批效率、提高本地化程度、重视战略性矿产保护与开发等。例如：哈萨克斯坦借鉴澳大利亚模式制定新的地下资源及其利用法，沙特阿拉伯尝试允许外商投资拥有部分矿业股权等。另外，矿业监管越发严厉，环境、社会和治理（ESG）成为新一轮矿法修订关注的重要内容。

一、重视关键性原材料安全保障

关键性原材料成为近年来国际关注热点。美国、欧盟、日本、韩国、澳大利亚等国家和地区基于战略安全和科技创新发展，分别制定各自的关键性原材料发展战略（表 1-5-1），并着手实施关键性矿产重大研究及勘探计划。

表 1-5-1 部分国家和地区的关键性原材料政策趋向

国家/地区	目　标	商业政策	开发与研究政策	受关注的矿物原材料
日　本	确保产业发展所需的原材料的稳定供应	基金支持境外矿产勘查；贷款担保高风险的矿产项目；战略储备；信息搜集	通过日本经济产业省和教育、文化、体育、科学及技术部资金支持原材料替代研究；日本石油天然气和金属矿物资源机构提供资金支持勘探、开发、精炼和安全研究	镍、锰、钴、钨、钼、钒
欧　盟	避免关键原材料供应短缺对欧盟经济造成影响	国际市场原材料贸易政策；提高土地许可审批效率；提高回收利用管理；信息搜集	提高原材料应用效率；查明原材料替代；改进报废产品征收和循环利用	锑、铍、钴、镓、锗、铟、镁、铌、稀土元素、钽、钨、萤石、石墨
韩　国	确保关键原材料可靠供应	资金支持境外矿产开发，与资源富有国家签署贸易和合作开发协议；战略储备等	终端产品的回收利用；回收利用能力的设计；原材料替代；生产效率	砷、钛、钴、铟、钼、锰、钽、镓、钒、钨、锂、稀土元素
荷　兰	通过节约管理，减少原材料消费，避免原材料短缺	由荷兰材料创新研究所（M2I）制定政府与企业间的原材料合作政策	丰富的或可再生关键原材料的替代；耗尽原材料的循环利用；政策引导消费结构研究	银、砷、金、铍、铋、镉、钴、镓、锗、汞、铟、锂、钼、铌、钕、镍、铅、钯、铂族金属、稀土元素、铼、钌、锑、钪、硒、锡、锶、钽、碲、钛、钒、钨、钇、锌、锆
澳大利亚	维持矿业投资同时，对耗竭资源合理征税	根据开采资源的价值实行低税率；根据矿产利润征收高额税；矿产勘探实行减税；简化土地许可申请程序	在矿业开发过程中实行可持续发展实践	钽、锆、钒、锂、稀土元素
加拿大	提高矿产和金属资源的可持续开发和利用；保护环境和公众健康，确保一个有吸引力的投资环境	提高循环利用产业并把循环利用作为产品规划的一部分；根据环保成效和矿产管理工作确立责任；运用循环周期理论完成矿产管理和利用	提供综合地学信息基础服务；提高在资源加工制造领域的技术革新；开发高附加值的矿产和金属	铝、银、金、铁、镍、铜、铅、钼

续表

国家/地区	目　标	商业政策	开发与研究政策	受关注的矿物原材料
中　国	稳定原材料供应；促进行业健康发展	出口配额和关税；产业整合和开采限制；环境立法；提议统一定价政策	“三稀”矿产勘查；提高资源利用效率；提高综合利用水平；高附加值产品研发	—
美　国	培育有竞争力的国内稀土产业；战略性和关键性原材料长期可获得计划	稀土供应链技术及资源替代法；国家防御授权法；稀土国家储备	—	稀土元素、锂、钴、钒、镓、铟、轻元素、钇

（一）美国

从美国国会近10年的立法提案情况来看，美国政府已经意识到关键矿产供给安全的重要性。美国为摆脱对中国关键矿产供应链的依赖，维护本国经济和国防安全，推动国内关键矿产开发，着手加快关键矿产有关立法工作（表1-5-2）。立法内容主要包括：一是修订《1980年国家材料和矿产政策、研究和开发法》《1984年国家关键材料法》；二是建立关键矿产协调机制（包括美国情报局、内政部、能源部、国防部、商务部、劳工部、地质调查局等部门），明确责任分工，交流关键材料信息；三是确定关键矿产清单并及时更新；四是设立关键矿产研究与开发计划；五是建立关键矿产数据库；六是设立国家地质和地球物理数据保存计划；七是加强关键矿产全产业链（包括调查勘探、评估开发、生产、加工制造、再回收利用、人才培养、税收减免等）的政策分析、市场分析与评估；八是加快新矿山的许可程序，扩大国内矿产产量；九是开发关键矿产（或材料）的替代品；十是鼓励国际合作等方面。

2018年，美国内政部公布了《关键性矿产目录清单》（*Final List of Critical Minerals* 2018）（表1-5-3），并提出一份综合应对报告要求：减少国家对关键矿产依赖的策略；摸清回收技术现状；关键性矿产的替代品；通过与盟友和合作伙伴的贸易获取关键矿产的选择；改善美国及其矿产资源制图的计划；简化租赁许可和审查程序；提高关键性矿产的发现、生产和国内精炼能力等。

2019年，美国商务部发布《确保关键性矿产安全可靠供应的联邦战略》（*A Federal Strategy to Ensure Secure and Reliable Supplies of Critical Minerals*），指出关键性矿产战略着眼于改变依赖国外供给的格局，确保关键性矿产安全和可靠供应，符合美国的国家安全战略和国防战略。主要行动计划包括：推进关键矿产供应链的转型研究、开发和部署；加强美国关键性矿产供应链和国防工业基础；加强与关键性矿产有关的国际贸易和合作；提高对美国国内关键性矿产资源的认识；改善联邦土地上关键性矿产资源的准入并缩短联邦许可审批时限；增加美国关键性矿产劳动力。

表 1-5-2　2011—2020 年美国国会关于关键矿产提案

国　会	年　份	国会议院		提案编号	提案名称
112 届	2011	众议院	第 1 次会议	H. R. 2090	《能源关键元素发展法案（2011）》(*The Energy Critical Elements Advancement Act of* 2011)
				H. R. 2011	《国家战略和关键矿产政策法案（2011）》(*National Strategic and Critical Minerals Policy Act of* 2011)
				H. R. 952	《能源关键元素更新法案（2011）》(*Energy Critical Elements Renewal Act of* 2011)
				H. R. 618	《稀土和关键材料振兴法案（2011）》(*Rare Earths and Critical Materials Revitalization Act of* 2011)
				H. R. 1314	《稀土资源评估法案（2011）》(*Resource Assessment of Rare Earths Act of* 2011)
				H. R. 1388	《稀土供应链技术和资源改革法案（2011）》(*Rare Earths Supply-Chain Technology and Resources Transformation Act of* 2011)
				H. R. 4402	《国家战略和关键矿产生产法案（2012）》(*National Strategic and Critical Minerals Production Act of* 2012)
		参议院		S. 383	《关键矿产和原材料促进法案（2011）》(*Critical Minerals and Materials Promotion Act of* 2011)
				S. 1113	《关键矿产政策法案（2011）》(*Critical Minerals Policy Act of* 2011)
				S. 421	《推动美国锂生产法案（2011）》(*Powering America´s Lithium Production Act of* 2011)
	2012	众议院	第 2 次会议	H. R. 1603	《国家战略和关键矿产政策法案（2013）》(*National Strategic and Critical Minerals Policy Act of* 2013)
				H. R. 981	《稀土资源评估法案（2013）》(*Resource Assessment of Rare Earths Act of* 2013)
				H. R. 761	《国家战略和关键矿产生产法案（2013）》(*National Strategic and Critical Minerals Production Act of* 2013)
		参议院		S. 383	《关键矿产和原材料促进法案（2011）》(*Critical Minerals and Materials Promotion Act of* 2011)
				S. 1113	《关键矿产政策法案（2011）》(*Critical Minerals Policy Act of* 2011)

续表

国会	年份	国会议院		提案编号	提案名称
113 届	2013	众议院	第 1 次会议	H. R. 761	《国家战略和关键矿产生产法案（2013）》（*National Strategic and Critical Minerals Production Act of* 2013）
				H. R. 981	《稀土资源评估法案（2013）》（*Resource Assessment of Rare Earths Act of* 2013）
				H. R. 1063	《国家战略和关键矿产政策法（2013）》（*National Strategic and Critical Minerals Policy Act of* 2013）
		参议院	第 1 次会议	S. 1600	《关键矿产政策法案（2013）》（*The Critical Minerals Policy Act of* 2013）
	2014	参议院	第 2 次会议	S. 2006	《国家稀土合作法案（2014）》（*National Rare Earth Cooperative Act of* 2014）
114 届	2015	众议院	第 1 次会议	H. R. 1937	《国家战略和关键矿产生产法案（2015）》（*National Strategic and Critical Minerals Production Act of* 2015）
116 届	2019	众议院	第 1 次	H. R. 2531	《国家战略和关键矿产生产法案（2019）》（*National Strategic and Critical Minerals Production Act of* 2019）
	2020		第 2 次	H. R. 6630	《确保美国关键矿产供给链法案（2020）》（*Securing America´s Critical Minerals Supply Chain Act of* 2020）
				H. R. 7061	《美国关键矿产勘查和改革法案（2020）》（*American Critical Mineral Exploration and Innovation Act of* 2020）
	2019	参议院	第 1 次会议	S. 1317	《美国矿产安全法案》（*American Mineral Security Act*）
	2020		第 2 次	S. 3356	《电池与关键矿产回收法案（2020）》（*Battery and Critical Mineral Recycling Act of* 2020）

资料来源：美国国会（www. congress. gov）。

表 1-5-3　美国公布首批 35 种关键性矿产

序号	矿产	主要用途
1	铝（铝土矿）	用于几乎所有经济部门
2	锑	用于电池和阻燃剂
3	砷	用于木材防腐剂、杀虫剂和半导体
4	重晶石	用于水泥和石油工业
5	铍	用作航空航天和国防工业的合金化剂
6	铋	用于医学和原子研究
7	铯	用于研究和开发

续表

序　号	矿　产	主要用途
8	铬	主要用于不锈钢和其他合金
9	钴	用于可充电电池和高温合金
10	萤石	用于制造铝、汽油和铀燃料
11	镓	用于集成电路和发光二极管等光学器件
12	锗	用于光纤和夜视应用
13	石墨（天然）	用于润滑剂、电池和燃料电池
14	铪	用于核控制棒、合金和高温陶瓷
15	氦	用于磁共振成像、起重剂和研究
16	铟	主要用于液晶显示屏
17	锂	主要用于电池
18	镁	用于制造钢和陶瓷的炉衬
19	锰	用于炼钢
20	铌	主要用于钢合金
21	铂族金属	用于催化剂
22	钾盐	主要用作肥料
23	稀土元素	主要用于电池和电子产品
24	铼	用于无铅汽油和高温合金
25	铷	用于电子研究和开发
26	钪	用于合金和燃料电池
27	锶	用于烟火和陶瓷磁体
28	钽	用于电子元件，主要是电容器
29	碲	用于炼钢和太阳能电池
30	锡	用作钢的保护涂层和合金
31	钛	绝大多数用作白色颜料或金属合金
32	钨	主要用于制造耐磨金属
33	铀	主要用于核燃料
34	钒	主要用于钛合金
35	锆	用于高温陶瓷工业

（二）俄罗斯

2008年5月，俄罗斯总统普京签署《俄罗斯限制外资程序法》。该法律使得俄罗斯政府对战略行业，特别是战略矿产资源的控制能力进一步增强。被认定为战略行业的矿产资源包括储量超过7000万吨的陆上油田、储量超过500亿立方米的天然气田、储量超过50吨的金矿、储量超过50万吨的铜矿，以及位于大陆架上的所有矿区。苏壕伊劳克金矿谷、乌达干斯科铜矿、萨哈林3号、巴伦支海矿区，以及北方的罗曼·特列普斯石油矿和安纳托利亚·吉托巴石油矿都将视为战略项目，外资进入将受到控制。该法规定私人和外国投资者对相关行业企业的控股不能超过50%，以国家身份出现的外国投资者则不能超过25%。

（三）哈萨克斯坦

2017年12月，哈萨克斯坦议会通过《地下资源及其利用法》（The Code on Subsoil and Subsoil Use），取代了2010年地下资源及其利用法。新法明确了战略性矿产资源范围，将石油地质储量大于5000万吨、天然气地质储量大于150亿立方米、位于里海区域的矿产资源、铀矿床列为战略性矿产。

（四）刚果（金）

2018年6月，刚果（金）政府颁布新修订的《矿业法典》（*Mining Code*）。该法律还没有具体界定战略性矿产，但刚果（金）政府建议将钴、铌钽铁矿石、锂和锗纳入战略性矿产范畴。

（五）纳米比亚

2011年，纳米比亚政府宣布将铀矿、钻石、黄金、铜、稀土金属定义为战略性矿产资源，允许将这些资源的勘探开发证照发放给纳米比亚国有公司（SOE），这些公司可以与其他方合资勘探或开发。目前，只有埃潘杰罗（Epangelo）这一家国有公司现有牌照的延续不受影响。

二、加大能源资源行业投资审查

（一）美国

2007年，美国颁布了《外国投资和国家安全法（2007）》（*The Foreign Investment and National Security Act of* 2007）。2008年11月，美国财政部颁布了该法的实施细则，即《关于外国人收购、兼并和接管的条例》（*Regulation on Mergers, Acquisitions and Takeovers by Foreign Persons*）。这些规定扩大了美国外国投资委员会的审查范围和自由裁量权，要求企业提交材料繁多，大大增加投资者的时间、人力负担，增加企业的交易成本。而且这些规定在一些关键词语的解释上仍然十分模糊，并强调“个案处理原则”，规定还具有溯及力，且未对当事人提供任何法律救济的途径，也不给予任何赔偿，这使企业的交易面临很大的不确定性和风险。2018 年，美国外国投资委员会主管部门美国财政部发布《外国投资风险评估现代化法案》（*the Foreign Investment Risk Review Modemization Act*，FIRRMA），试点计划覆盖了 27 个行业，包括飞机制造、飞机引擎和零部件制造、电脑存储设备、广播电视和无线通信设备，以及生物技术研发、半导体和相关设备制造等。

（二）加拿大

2012 年 12 月，加拿大政府公布了《外国国企投资加拿大修订指南》，对外国国有企业投资加拿大资产和审查做了新规定。规定要点包括：对国有企业制定更宽泛的定义、严控国有企业审核起点；对取得控股权做出明确规定；赋予工业部有权审核所有非本国实施的投资，以及在特殊情况下延长国家安全审查审批时限的权限；要求国有企业投资者做出承诺等。最重大的变化是将对国有企业与私有企业予以分别处理，将需要接受加拿大政府审批的私有企业的收购案资产价值放宽至 10 亿加元，而国有企业收购案需要接受审批的资产标准仍维持在 3.3 亿加元，于 2013 年又将该投资审核标准提高至 3.44 亿加元（该门槛将根据加拿大国内生产总值的年度指数做相应调整）。

2013 年 6 月 26 日，加拿大公布《加拿大投资法》修正案。修订主要集中在 3 点：对于大多数的对加投资或并购，政府的审核门槛将在 4 年之内逐步提高到“企业价值”10 亿加元；进一步细化对外国国有企业的界定，并针对外国国有企业收购加拿大企业，引入“实际控制”测试；延长了国家安全审核的审核期，法给予加拿大工业部部长广泛的裁量权，以决定一个实体是否实际上是由国有企业控制，是否存在国有企业对一个实体的控制性并购，以及加拿大人控制的实体实际上是否由外国国有企业控制。

（三）澳大利亚

2008 年 2 月，澳大利亚政府宣布，外国政府及其代理人（包括国有企业）要到澳大利亚投资，必须通知澳大利亚外商投资审核委员会（FIRB）并由其审核；并出台了针对外资审查委员会工作的 6 条指导意见，包括：投资者的运营是否独立于相关外国政府之外；投资项目是否有可能阻碍竞争，或导致不当竞争，或导致对相关产业或行业的控制；投资项目是否会影响澳大利亚的国家安全等。澳大利亚鼓励外资进入，但一直保留着外资审查制度。有关政策对中国企业赴澳投资产生了明显影响，扩大了澳大利亚政府的自由裁量权，加重了中国企业的法律负担，并使中国企业赴澳大利亚投资的风险大大增加。

三、放宽外商投资矿业领域

（一）蒙古

2013 年 10 月 3 日，蒙古议会通过了新的外国投资法案，于 2013 年 11 月 1 日正式生效，规定：外国国有企业投资蒙古矿产资源行业，其控股比例超过 33%的，需经蒙古政府主管部门审批即可，无须再提交议会审批。

2014 年 7 月，蒙古议会批准对 2006 年《矿业法》进行全面修订。降低政府持股份额，国家出资勘查形成的战略性矿产政府无偿持有至少 50%的股权，非国家出资勘查形成的战略性矿产政府无偿持有至少 34%的股权。

（二）阿根廷

2012 年 5 月 3 日，阿根廷国民议会通过关于油气（包括勘探、开发、炼化、运输和交易）自足保障条款的法律，政府优先获得不少于 51%的份额。为解决国内油气产量下降和进口量增加的局面，促进油气勘探开发，2014 年正式实施《烃类化合物法》（*Hydrocarbons Act*），目的是鼓励外商长期投资石油和天然气。2018 年，阿根廷政府能源部长颁布一项决议，批准国际招标程序的条款和条件，准许近海油气勘探和开发。

（三）墨西哥

2013 年 8 月 12 日，墨西哥总统涅托向国会递交能源改革提案；同年 12 月 11 日，参议院通过《能源改革法案》，开放油气上游行业，允许私人及境外资本进入墨西哥能源产业。

（四）古巴

2014 年 3 月，古巴批准新的《外国投资法》。该新法允许 100%拥有企业所有权；将联合公司的利润税从 30%降至 15%，项目生产第一个前八年减免支付利润税。

（五）巴西

2016 年 2 月，巴西众议院修改了《盐下石油法 2010》（*The Pre-Salt Law*）。《盐下石油法 2010》规定巴西国家石油公司是深水盐下油气区块的唯一运营商，且在开发联合体中至少持有 30%的股权。新修改法案允许巴西国家石油公司（Petrobras）以外的公司勘探开发巴西海域的盐下石油资源，且取消所有盐下层石油区块的开发联合体中巴西国家石油公司至少参股 30%的要求；同时，巴西全国能源政策委员会（National Energy Policy Council）将保证巴西国家石油公司在未来竞标中享有优先选择区块的权利。2016 年 10 月，众议院通过一项法案，撤销海上油气开采的限制，重构巴西国家石油公司在深水盐下油气田勘探开发中的角色。

（六）缅甸

2012 年 11 月，缅甸签署《外国投资法》，允许外资投资石油和天然气、矿业等，取消了缅甸之外合资企业外资比例至少要占 35%的规定，还取消了在一些限制领域缅甸之外外合资的外资比例不得超过 50%的规定；2013 年 1 月公布了《外国投资法实施细则》，准许合资企业的外资比率超过 30%～80%，明确矿物资源开发的最低资本金为 1000 万美元。

（七）非洲地区

2013 年 4 月，几内亚全国过渡委员会全体会议通过了 2011 年《矿业法》修订案，提出将采矿特许权制度下的采矿经营者许可所需的投资门槛从 10 亿美元降低到 5 亿美元，涉及开采宝石（钻石和其他宝石）的项目、金属矿产、非金属矿产和稀土，以及其他矿产和热水项目。放宽由矿业权人建造和融资的基础设施的国有所有权转让规则。与国家签订采矿协议的公司可获得税收稳定期从 10 年延长到 15 年。

2016 年 10 月，塞内加尔议会修订《矿业法典》，明确规定取消外国投资者不能拥有塞内加尔公司 100%股权的规定。

2018 年，津巴布韦《土著和经济赋权法》修正案提出允许外国实体持有 100%的采矿权，铂金和钻石除外，目的是吸引外国投资者。

四、提高矿业本地化要求

本地化服务内容主要体现在基础设施、就业、高管、培训、商品采购、保险服务、法律服务等方面。

2010 年 7 月，喀麦隆新《矿业法》提出，矿权持有者所开采的矿产资源中至少 15%的矿产品必须在当地选矿和加工。

2012 年 8 月，吉尔吉斯斯坦对《地下资源法》进行了修订。新《地下资源法》首次明确规定投资者必须在当地开采和加工矿产品，且用于生产的商品和服务也必须在吉尔吉斯斯坦采购。

2014 年 8 月，莫桑比克议会正式通过新《矿业法》。该新法规定：采矿和国内矿业加工活动必须有本地化参与；矿权拥有者必须在莫桑比克股票交易所上市，新矿业合同要求省（州）参与生产，生产商必须优先购买本地化产品和服务；独立的资源税体制将于 2015 年 1 月生效，当矿业公司内部收益率超过 18%时，政府征收 20%的矿产资源租赁税。

2017 年，巴西议会通过一份关于降低油气勘探和生产项目中巴西本地化商品和服务要求的决议。油气勘探阶段：陆上区块本地化服务所占比例降至 50%，海上区块本地化服务所占比例降至 18%。油气生产开发阶段：陆上油田开发本地化服务所占比例降至 50%，海上油田开发井工建设本地化服务所占比例降至 25%，海底油气生产收集与流出系统（Collection And Outflow System）本地化服务所占比例降至 40%，海上油田开发固定生产单元（Stationary Production Unit）本地化服务所占比例降至 25%。

2018 年，坦桑尼亚政府发布了新修订的《矿业（矿产权）条例 2018》规定坦桑尼亚土著公司优先获得矿业权优先权，要求矿业权人拿出至少 5%的本地股份给坦桑尼亚人/土著公司。新修订的《采矿（本地化）条例 2019》主要强调：坦桑尼亚土著公司应该拥有至少 20%的股权归坦桑尼亚公民所有；延长本地化内容计划的审查期等。

2019 年 3 月，南非矿业部发布的《矿业宪章》（*Mining Charter*）正式生效。新宪章大幅提高了黑人经济赋权（Black Economic Empowerment，BEE）门槛要求：在 5 年内，已有矿业权必须将黑人股权从 26%提高至 30%；矿业宪章生效后新设矿业权黑人股权至少达到 30%；分配结构为至少 5%的不可转让股权分配给符合条件的黑人雇员，或至少 5%的不可转让股权（或发行的相当比例的股本）分配给当地主要社区，20%的有效股权分配给黑人经济赋权的企业（至少 5%的股权保障女性）。对于新的探矿权，则需要矿业公司有超过 50%的黑人股份。同时对本地化产品和服务、本地化就业、高管黑人（女性）比例等做了具体要求。

五、继续提高资源税费

（一）巴西

2017 年，巴西总统民主运动党人特梅尔上台后，进一步推动矿业改革计划，颁布了 3 项法令。一是废止巴西前总统罗塞夫执政期间提出的矿法修正案。二是成立国家矿业管理局（National Mining Agency），撤销原先的国家矿业生产管理司（National Department of Mineral Production），并于 2018 年获得国会批准，目的是加速矿业权审批。三是提高矿产特许权使用费率，铁矿石特许权使用费率提高至 3.5%，黄金特许权使用费率从 1.0%提高至 1.5%，铌特许权使用费率从 2%提高至 3%，金刚石从 0.2%提高至 2%。此外，特许权使用费基从净销售额更改为销售总收入。

（二）赞比亚

2016年5月，赞比亚议会通过《矿山与矿产发展法》修订案。新修订案对矿业权利金进行了调整，采矿权人应该缴纳矿业权利金，基本金属（不含铜矿）矿物按生产标准价值的5%计算，能源和工业矿物按生产总值的5%计算，钻石按生产总值的6%计算，贵金属矿物按生产标准价值的6%计算。当铜标准价格低于4500美元/吨时，铜矿按生产值的4%计算；当铜标准价格在4500~6000美元/吨时，铜矿按生产值的5%计算；当铜标准价格高于6000美元/吨时，铜矿按生产值的6%计算。

2018年12月，议会通过《矿山与矿产发展法》修订案。新修订案对铜矿矿业权利金进行了调整：当铜标准价格低于4500美元/吨时，按生产值的5.5%计算；当铜标准价格在4500~6000美元/吨时，按生产值的6.5%计算；当铜标准价格在6000~7500美元/吨时，按生产值的7.5%计算；当铜标准价格在7500~9000美元/吨时，按生产值的8.5%计算；当铜标准价格高于9000美元/吨时，按生产值的10%计算。

（三）刚果（金）

2018年6月，刚果（金）政府颁布新修订的《矿业法典》（*Mining Code*）规定，提高矿产的权利金率，包括：有色金属的权利金率由2%提高到3.5%；贵金属的权利金率从2.5%提高至6%；钻石的权利金率从4%提高至6%。对超额利润征收50%的税（当最终所得利润超出最初计划的25%时即为超额利润）。

（四）肯尼亚

2015年7月，肯尼亚政府通过一项新的采矿法案。矿产的权利金率有所提高包括：对钛矿石等矿物征收的权利金率从3%提高到10%；对钻石征收的权利金率提高到12%。

六、改革矿业权管理制度

（一）玻利维亚

2014年6月，玻利维亚正式批准新《采矿与冶金法》（*Law on Mining and Metallurgy*）。新矿法最大的特点包括：首先，矿业权管理从矿业“特许制”改为矿业“合同制”；其次，明确了国家对自然资源的控制，采矿权人应在宪法第306条、第351条、第356条和第370条法规的框架下签署合同，即私营公司及合作社必须得到国家矿业管理部门授权后才能与其他投资者签署矿业合同。同时，新法规定，先前签订的所有合同将继续有效，但是采矿许可证中划定的矿区范围不超过6200平方千米。另外，合同条款和条件不符合新矿业法规定的，将在未来12~18个月内重新拟定（表1-5-4）。

表1-5-4　玻利维亚新矿业法调整情况

<table>
<tr><th></th><th>矿业法典（1976年）</th><th colspan="2">采矿与冶金法（2014年）</th></tr>
<tr><td rowspan="3">矿业权管理</td><td rowspan="2">实行特许制</td><td>实行合同制</td><td>授予在矿业产品链中进行所有矿业活动的权利</td></tr>
<tr><td>授予矿业执照</td><td>授予进行某项矿业活动的权利</td></tr>
<tr><td>政府通过特殊和排外的特许经营权授予矿业权；进行任何矿业活动；确定的领域空间和不受限的时间期限</td><td colspan="2">矿业参与者通过矿业合同被授予矿业权；被认可的矿业活动；受限的时间期限</td></tr>
<tr><td>土地管理</td><td>矿业权人拥有地表和土地所有权</td><td colspan="2">矿业权人不拥有授予地表和土地所有权</td></tr>
</table>

（二）马里

2019年10月，马里政府公布了新的《矿业法》，规定通过投标授予采矿权。

（三）哈萨克斯坦

2017年12月，哈萨克斯坦议会通过《地下资源及其利用法》，取代了2010年《地下资源及其利用法》。新法典最大变化包括：一是将所有固体矿产资源的矿业权体制从合同制改为授予制，铀矿除外。即勘探或开采固体矿物的地下资源使用权（即矿业权）是根据主管当局颁发的地下使用许可证授予的［铀矿开采的地下资源使用权除外，由能源部基于直接谈判的铀矿生产合同授予国家原子能工业公司（Kazatomprom）］。二是矿业权从招标制改为申请制（即“先到先得”）。

（四）阿富汗

2014年8月16日，阿富汗内阁议会下议院正式批准新修订的《矿山法》。新修法规定：决定将探矿权与开发权合并招标，即开发商获得探矿权的同时获得开发权，无须2次竞标；采矿收入的5%返还给矿山所在地的省政府。

七、建立矿业可持续发展基金

许多非洲国家越来越重视矿业社区发展，纷纷引入矿业发展基金或社会和环境保证金。

（一）刚果（金）

2018 年 6 月，刚果（金）政府颁布新修订的《矿业法典》（*Mining Code*）规定建立地方发展基金。从缴纳的权利金中提取 10%纳入该基金。

（二）马里

2019 年 10 月，马里政府公布了新的《矿业法》，规定采矿企业必须设立一个地方发展基金（按矿业公司营业额提取 0.25%）。

（三）加纳

2016 年 3 月，加纳政府制定了《矿产开发基金法》（*Minerals Development Fund Act*），并于 2019 年生效实施。旨在设立矿产开发基金，为采矿社区、受矿业影响社区和相关事项提供资金支持。基金的来源主要包括矿业权利金的 20%分配给该基金、议会批准的一部分资金、捐赠、其他合法资金。

2018 年 12 月，加纳议会批准《矿产投资收益基金法》（*Minerals Investment Income Fund Act*）。该法规定所有的矿产权利金将被纳入矿产投资收益基金，其中一部分将分配到综合基金和法律规定的其他法定基金。《矿产投资收益基金法》将利用矿产开发基金作为一种特殊工具，为卫生、教育、经济和其他部门的发展筹集资金。

（四）几内亚

2011 年 9 月，几内亚通过新的《矿业法典》（*Mining Code*），取代 1995 年的《矿业法典》。该法典规定任何开采权持有人必须与开采活动最邻近的当地社区签订《发展协议》。矿业公司必须建立一个“地方发展基金”。依据开发矿种的不同，矿业企业必须从运营的第一年开始，将 0.5%～1%的收入缴纳到该基金中。

（五）塞内加尔

2016 年 10 月，塞内加尔议会修订《矿业法典》。一是建立社区发展基金制度，要求矿业权人必须将矿业公司净销售税的 0.5%纳入社区发展基金，为地方发展提供资金支持；二是规定将国家采矿收入的 20%分配给地方政府，用来建立“支持和均衡基金”。

（六）布基纳法索

2015 年 6 月，布基纳法索通过《矿业法典》修正案。该法典强制矿业公司缴纳地方发展基金，持有采矿证的企业每月要将1%的营业额或1%的开采矿物价值上缴地方发展基金。此外，还规定成立手工开采矿山复垦基金，限制使用有毒化学品。

（七）沙特阿拉伯

2020年6月，沙特阿拉伯政府批准了新的《矿业投资法》（*The Mining Investment Law*），新法规定设立矿业发展基金，支持地质调查和勘探项目，资金主要来源于许可证和其他服务的费用、有关罚款、地表租金、竞争性投标收益、捐赠资助等。

八、完善矿山地质环境修复制度

矿山地质环境生态修复问题是世界性难题，各国都在积极探索好的做法和经验。目前，矿山生态环境修复担保制度和矿山生态修复基金制度是国际上比较通行的做法。

（一）加拿大

2013年，魁北克省修订新《矿业法》，取代1987年魁北克《矿业法》。新法框架主要改变包括：采矿权持有者义务增加，附加要求被提出，以促进省内采矿权持有者透明度和责任感的提升；加强部长及市政区的权力，同时相关措施被提出，以增加部长干预和增强并完善公共咨询过程；促进勘查活动与可持续发展，增加了有关勘查活动的额外措施，旨在确保环境可持续性（表1-5-5）。

表1-5-5　加拿大魁北克省矿山场址恢复保证金调整情况

类　别	调整前	调整后			
收取额度	收取保证金额为预期恢复成本费用的70%	收取保证金额为预期恢复成本费用的100%			
收取范围	尾矿场址	整个矿山场址			
缴纳期限	新、老矿山一样；支付时限最长跨度可能需15年	矿山类型	第一次支付50%保证金	第二次支付25%保证金	第三次支付25%保证金
		新矿山	重建和复垦规划批准后90天内	重建和复垦规划批准后1年内	重建和复垦规划批准后2年内
		现有矿山	新《矿业法》生效后第一年	新《矿业法》生效后第二年	新《矿业法》生效后第三年

另外，新法提出提高矿山场址重建和复垦费用的财务担保范围和提高矿业运作透明度。矿山场址恢复保证金从最初预期恢复成本的70%提高至100%；保证金缴纳时间大大缩短，从最初可持续15年的缴纳期缩短至投产后1年内缴清。

（二）澳大利亚

为解决废弃矿山和受采矿活动影响的土地修复资金问题，澳大利亚政府积极推动矿山地质环境修复制度改革。

2012年，西澳大利亚州颁布了《采矿修复基金法（2012）》（*Mining Rehabilitation Fund Act* 2012），明确规定建立矿山生态环境修复基金制度、废弃矿山申报制度和缴纳采矿修复（复垦）税；2013年，制定了《采矿修复基金法条例（2013）》（*Mining Rehabilitation Fund Regulations* 2013），明确了采矿修复（复垦）税计算方法（评估采矿权人采矿活动、干扰土地类别和征收复垦单价）。规定采矿权持有人必须每年缴纳修复责任总值的1%纳入采矿修复基金（表1-5-6）。

表1-5-6　西澳大利亚州矿业修复责任类别和征收复垦费率

矿山活动类型	修复责任类别	征收复垦费率（澳元·公顷$^{-1}$）
尾矿坝—盐水或工艺液体	A	50000
蒸发池		
堆浸或槽浸设施		
尾矿或废渣储存设施（1类）		
废石堆或剥离场（1类）		
尾矿坝—淡水	B	30000
引水渠或排水沟		
燃料储存设施		
填埋场		
低品位矿石堆（1类）		
采空区（深度至少5米）—地下水位以下		
厂址		
尾矿或废渣储存设施（2类）		
废石堆或剥离场（2类）		
车间		

续表

矿山活动类型	修复责任类别	征收复垦费率（澳元·公顷$^{-1}$）
临时跑道	C	18000
基本原材料提取—与基本原材料提取相关的加工设备或储存		
井田		
取土坑或浅表开挖（深度小于5米）		
建筑物（车间除外）或营地		
岩心堆场		
堆放区或硬面区域		
低品位矿石堆（2类）		
采空区（深度至少5米）—高于地下水位		
其他已清理土地—已清除植被且未在本表中另行说明的土地（不包括在重建中的土地或重新加固的土地）		
废矿坑		
污水池		
运输或服务基础设施通道		
勘探/调查作业—受勘探作业干扰的土地（恢复或恢复土地除外）	D	2000
表土储存区	E	2000
已修复土地		

资料来源：澳大利亚《采矿修复基金法条例（2013）》（*Mining Rehabilitation Fund Regulations* 2013）。

2017年，新南威尔士州制定了《修复成本计算指南》，并基于定额方法开发了修复成本计算工具。

2019年，昆士兰州颁布实施了《矿物与能源资源（财政准备金）法》，该法确定昆士兰州全面实施矿山生态修复保证金征收制度，并规定将保证金利息用于科研和历史遗留矿山的修复。

（三）智利

2018年，智利政府向议会提交一份关于《矿山关闭法（2011）》修改法案，并于6月获得参议院批准。新法案要求矿业公司必须缴纳矿山关闭所需全部费用的保证金。如果矿业公司关闭矿山，政府将动用该笔保证金雇佣第三方来实施关闭矿山环境治理计划。新法案准许矿业公司采取更灵活的担保政策，以期减轻中小型企业的财务负担。

（四）刚果（金）

2018 年 6 月，刚果（金）政府颁布新修订的《矿业法典》（*Mining Code*）规定建立矿山修复基金。采矿许可证持有人必须从年营业额中提取 0.5%用于矿山修复。

（五）马里

2019 年 10 月，马里政府公布了新的《矿业法》，该法规定设立矿山环境修复基金；并将环境保护义务扩展到勘探阶段。

（六）塞内加尔

2016 年 10 月，塞内加尔议会修订《矿业法典》，规定所有采矿权人设立矿区修复基金。

九、国家参与干股仍是非洲国家实现资源权益的重要手段

“无偿获得股权”是指持有采矿许可证的公司让渡国家一部分股权（也称之为干股），通常被视为特定国家财政制度的组成部分。在许多非洲国家，特别是撒哈拉以南的非洲法语区国家的矿业法中更常见。一般规定政府持有 5%~15%的干股；国家可以市场价格获得项目公司的额外股本权益。

2009 年，马达加斯加通过了《矿业法》修订法案。规定对于超过 100 万美元的企业，国家矿山办公室（OMNIS）有权获得企业 20%的干股。

2011 年，安哥拉通过了新《矿业法》，安哥拉的公民和企业拥有不少于 51%的股权份额以保持控制权；由于所有矿产资源属于安哥拉政府，因此，安哥拉政府规定由国有公司持有特许权受让人至少 10%股份（干股）。

2011 年 9 月，几内亚议会批准新《矿业法典》，规定国家无偿获得外商投资企业 15%的持股比例（干股）；同时，国家可以通过购买的方式获得不超过 20%的股份。

2012 年，毛里塔尼亚通过了《矿业法》，该法规定国家无偿获得外商投资企业 10%的持股比例（干股），同时可进一步购买不超过 10%的股权。

2012 年，马里通过了修订后的《矿业法》，国家无偿获得外商投资企业 10%的持股比例（干股），同时可进一步购买不超过 10%的股权。

2014 年 8 月，莫桑比克议会正式批准新《矿业法》。新法规定：国内私有投资者有机会使用现金购买生产企业至少 5%的份额；在生产阶段的项目，政府有权获得 10%的干股，另外，政府可以购买额外 10%的份额。

2014 年,《科特迪瓦采矿法》第 7 条规定:“颁发采矿许可证时，国家有权在采矿期间获得公司 10%的股份。”

2015 年 6 月，布基纳法索通过了《矿业法典》修正案。该法典规定国家有权在采矿期间获得经营公司优先股份不少于 10%的股权。

2016 年 5 月，肯尼亚新《矿业法》正式生效，取代 1940 年《矿业法》。新矿法规定了政府无偿获得矿业公司 10%的股份。此外，政府有权购买额外的股份，但需获得矿权人的同意，且以公允市场价格购买。

2017 年，坦桑尼亚政府批准了第二轮《矿业法》修正案。该法规定所有采矿许可证持有人或特别采矿许可证持有人必须无偿向政府提供其公司至少 16%的资本权益，政府有权获得矿业公司至多 50%（总计）的股份。

2018 年 6 月，刚果（金）政府颁布新修订的《矿业法典》（Mining Code）规定刚果（金）政府无偿获得矿业公司的股权份额从 5%提高到 10%；每次变更矿业权许可证时再提高 5%。要求外国矿业公司有义务预留 10%的资本权益给刚果（金）公民所有。

2019 年，加蓬政府颁布新的《矿业法》，规定国家通过国家矿业公司免费获得任何开采公司 10%的股权，并有权以市场价额外获得 25%的股份。

2019 年 6 月，乌干达新矿法修订法案提交议会批准。规定国家可无偿获得矿业公司最高可达 15%的股权，另外可通过现金购买额外股权，合计不超过 35%的股权。

也有一些非洲国家并没有干股要求。例如，尼日利亚、纳米比亚、摩洛哥、赞比亚、南非等国家对矿业项目没有干股要求。在南非，针对勘探或采矿项目，政府没有干股要求，但是在石油行业，政府有权获得最高 20%的干股，并拥有进一步购买股权的选择权。

第二章　我国原油市场综合评价研究

我国是石油、天然气生产大国和消费大国。2019 年，我国原油产量为 1.92 亿吨，占世界原油生产总量的 4.4%，居世界第七位；石油消费量为 5.96 亿吨，占世界消费总量的 13.3%，居世界第二位；石油进口量为 5.06 亿吨，占世界石油进口贸易总量的 16.7%，居世界第一位；石油对外依赖度达到 70%以上。石油占我国能源消费总量的比例已提高至 20.0%左右。石油作为重要的化石能源之一，随着我国国民经济持续稳定发展和人民生活水平的不断提高，其需求量在一定时期内仍将稳定增长。

尽管我国石油资源比较丰富，但仍面临诸多挑战：一是受常规油气资源品质整体降低，油气勘探开发效率低，勘探开发对象复杂化且成本高等自然条件和技术因素制约，低油价背景下油气稳产难以保障；二是与油气勘探开发有关的法律法规、体制机制障碍，社会资本难进入，市场竞争力不够，国内石油勘探投入不足；三是境外油气资源权益维护、原油进口和运输通道安全仍面临挑战。

第一节　油气勘查投入与资源状况

一、油气勘查投入

与全国地质勘查投入趋势一致，以 2012 年为分水岭，我国油气勘查先后经历投资高涨—投资衰退的过程。2002—2012 年，伴随国际原油价格普遍上涨，我国油气勘查总投入持续攀升，油气勘查总投入从 188.7 亿元增加至 786.6 亿元，增长了 316.9%。以 2012 年为拐点，伴随国际原油价格下跌和持续低迷，油气勘查投入开始萎缩，石油公司被迫关停低效井、削减高成本油田产量，全国油气资源勘查开采投资和实物工作量大幅减少。我国油气勘查投入从 2012 年的 786.6 亿元降至 2016 年的 527.5 亿元，下降了 32.9%。

从 2017 年开始，国际油价稳步上升，油气行业逐渐回暖，带动油气资源勘查投资触底回升。我国油气勘查投入从 2016 年的 527.5 亿元增长至 2019 年的 821.3 亿元，增长了 55.7%，勘查投资创历史新高（图 2-1-1）。我国油气勘查投入增长得益于三大石油公司的高度政治责任感，从国家资源安全战略角度加大了勘查投入。

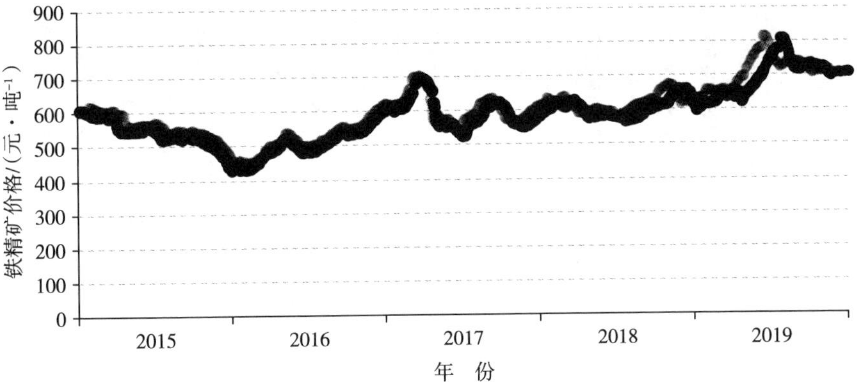

图 2-1-1　2000—2019 年我国油气勘查投入和 Brent 原油价格变化情况

资料来源：《中国国土资源统计年鉴》（2000—2019），《全国石油天然气资源勘查开采情况通报》（2000—2019）

二、石油资源量与新发现

（一）石油新发现

21 世纪以来，我国油气勘查新发现和勘查新增地质储量进入快速增长期。稳定的油气资源勘探投入，促使一批亿吨级储量区的发现和落实。2010 年以来，我国在鄂尔多斯盆地和海域发现了姬塬（2012 年、2013 年、2015 年、2017 年分别上报了超过 1 亿吨的石油探明地质储量）、靖安（2012 年）、红河（2012 年）、新安边（2014 年）、南梁（2016 年）、环江（2015 年、2016 年）、华庆（2017 年）、合水（2018 年）、蓬莱 9-1（2012 年）等 10 余个亿吨级油田。中西部和海域盆地连续多年处于石油储量增长高峰期，实现了对东部地区的战略接替。

2007—2015 年，我国石油勘查新增地质储量连续 9 年保持在 10 亿吨以上；同期，石油勘查新增技术可采储量年均保持在 2.0 亿吨左右。2016—2018 年，受原油价格下跌和勘查投资萎缩影响，我国石油新增探明地质储量连续 3 年降至 10 亿吨以下（图 2-1-2）。2018 年以来，我国石油新增探明地质储量快速增长。2019 年，我国石油新增探明地质储量 11.24 亿吨，同比增长 17.2%。

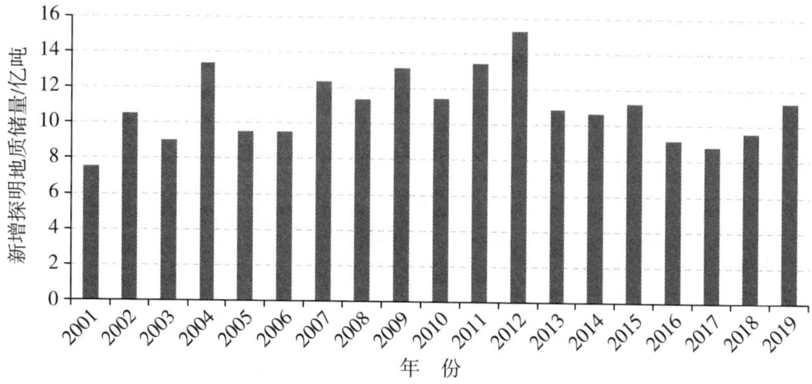

图 2-1-2　2001—2019 年我国石油新增探明地质储量变化情况

资料来源：《中国国土资源统计年鉴》（2001—2019），《全国石油天然气资源勘查开采情况通报》（2001—2019）

（二）石油探明地质储量

2015 年全国油气资源动态评价成果显示，我国石油地质资源量为 1257 亿吨，可采资源量为 301 亿吨。与上一轮 2007 年评价成果相比，我国石油地质资源量和可采资源量均有增长。

得益于油气地质勘查投入的稳定性，新发现和落实一批大中型油气田，我国石油地质储量屡创新高。2005—2008 年，我国累计探明石油地质储量从 257.9 亿吨增加至 398.5 亿吨，增长了 54.5%；剩余技术可采储量从 24.9 亿吨增加至 35.7 亿吨，增长了 43.5%；剩余经济可采储量从 20.4 亿吨增加至 26.3 亿吨，增长了 29.1%（图 2-1-3）。

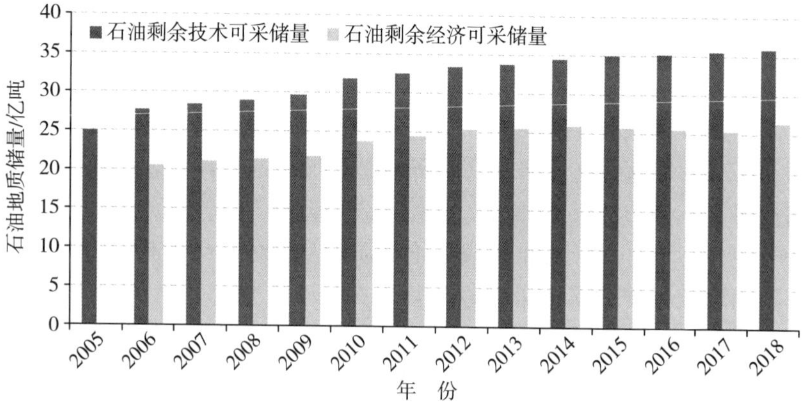

图 2-1-3　2005—2018 年我国石油地质储量变化情况

资料来源：《全国矿产资源储量通报》（2005—2018），《全国石油天然气资源勘查开采情况通报》（2005—2018）

我国石油剩余技术可采储量连续 14 年保持稳定增长态势，石油剩余经济可采储量也是稳中有增，有效地保障了我国石油稳定供给。

（三）原油储采比

原油储采比是指当年石油剩余经济可采储量与当年产量的比值，反映了石油资源保障程度。这一比值越大，说明原油可供开采的年限也越长。储采比往往与油田生产能力、原油采收率、剩余储量规模、油田开发年限、石油资源品质等因素有关。

21 世纪以来，我国原油储采比总体呈缓慢上升趋势，这也反映了我国石油资源保障程度逐步提高。石油储采比从 2005 年的 11.0 提高至 2018 年的 13.92，表明我国石油剩余经济可采储量按照 2018 年的原油开采水平，可以持续开采至少 14 年（图 2-1-4）。

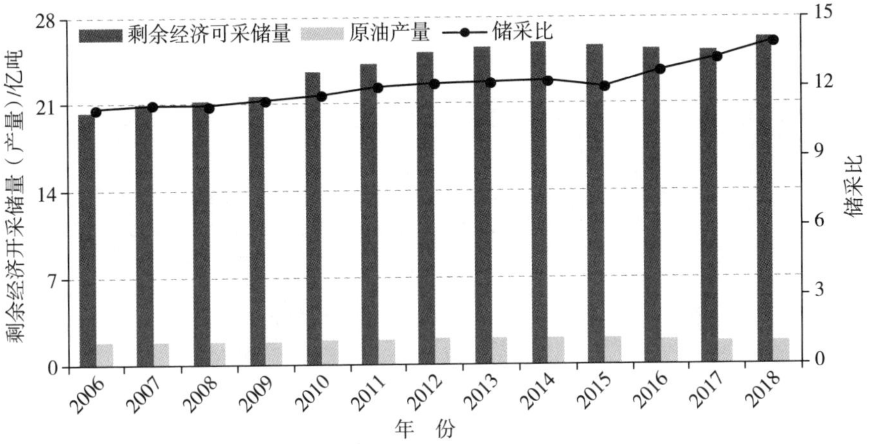

图 2-1-4　2006—2018 年我国原油剩余经济可采储量、产量及储采比变化情况

资料来源：《中国国土资源统计年鉴》（2006—2018），《中国矿产资源报告》（2006—2018）

第二节　油气矿业权情况

一、油气探矿权

（一）油气探矿权数量与面积

自 1998 年国务院发布《矿产资源勘查区块登记管理办法》（国务院令第

240 号）以来，我国油气探矿权数量迅速增长，主要是石油公司以“申请在先”的方式获得油气勘查区块。2007 年，我国油气探矿权数量达 1153 个，勘查区块登记面积达 441.58 万平方千米，数量和面积创历史新高。

为贯彻落实党中央、国务院关于深化油气体制改革精神，我国油气领域深化油气勘查开采管理改革，采取加强油气矿业权审批登记管理、加大油气勘查区块退出等政策措施。近年来，我国油气探矿权数量有所减少。截至 2018 年，我国油气探矿权数量降至 924 个（含煤层气、页岩气），勘查区块登记面积达 309.46 万平方千米，较 2007 年相比分别减少了 19.8% 和 29.9%（图 2-2-1，图 2-2-2）。

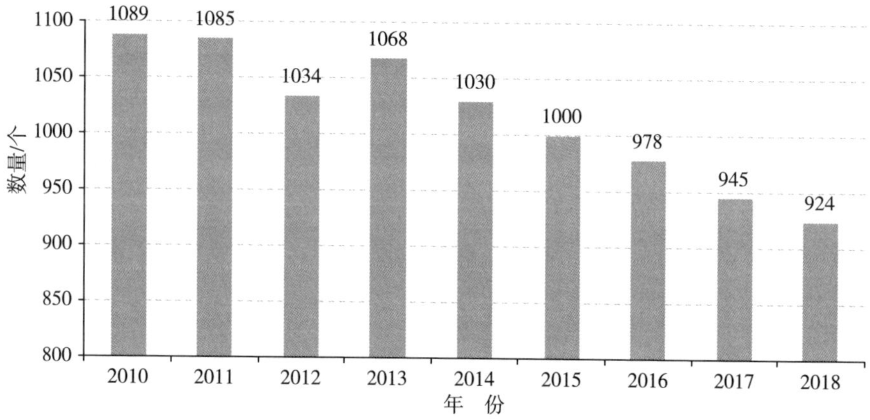

图 2-2-1　2010—2018 年我国油气探矿权数量变化情况

资料来源：《中国国土资源统计年鉴》（2010—2018），《全国石油天然气资源勘查开采通报》（2010—2018）

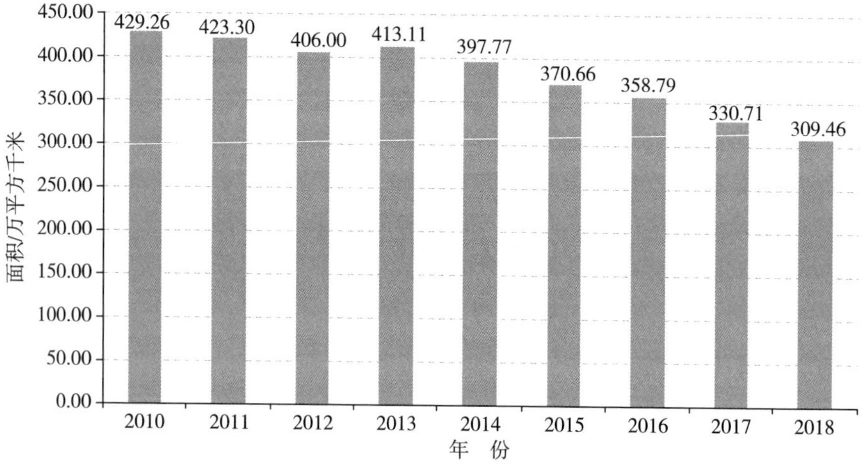

图 2-2-2　2010—2018 年我国油气探矿权勘查区块登记面积变化情况

资料来源：《中国国土资源统计年鉴》（2010—2018），《全国石油天然气资源勘查开采通报》（2010—2018）

（二）油气探矿权持有人情况

2018年底，全国共设置油气（含煤层气）探矿权数量924个，勘查登记面积共计309.46万平方千米。从矿业权持有人情况来看，中国石油天然气集团有限公司拥有探矿权项目325个，勘查登记面积107.16万平方千米，占全国探矿权登记面积的34.63%；中国石油化工集团有限公司拥有探矿权项目194个，勘查登记面积52.53万平方千米，占全国探矿权登记面积的16.97%；中国海洋石油集团有限公司拥有探矿权项目246个，勘查登记面积137.76万平方千米，占全国探矿权登记面积的44.51%；中联煤层气有限责任公司拥有探矿27个，勘查登记面积1.57万平方千米；陕西延长石油（集团）有限责任公司拥有探矿权43个，勘查登记面积6.37万平方千米；其他企业拥有探矿权项目89个，面积4.07万平方千米，占全国探矿权登记面积的1.32%（表2-2-1）。总体来说，现有油气探矿权相对集中在三大国有石油公司。

表2-2-1　2018年全国石油天然气（含煤层气）矿权统计

矿权人	探矿权		采矿权		合计	
	数量 个	面积 平方千米	数量 个	面积 平方千米	数量 个	面积 平方千米
中国石油天然气集团有限公司	325	1071651	441	124154	766	1195806
中国石油化工集团有限公司	194	525270	219	31643	413	556912
中国海洋石油集团有限公司	246	1377570	93	7314	339	1384884
中联煤层气有限责任公司	27	15749	4	323	31	16072
陕西延长石油（集团）有限责任公司	43	63696	8	849	51	64545
其　他	89	40705	9	627	98	41332
总　计	924	3094641	774	164910	1698	3259551

资料来源：《中国石油天然气集团公司年鉴（2019）》。

二、油气采矿权

（一）油气采矿权数量与面积

自1998年国务院发布《矿产资源开采登记管理办法》（国务院令第241号）以来，我国油气采矿权数量持续增长，主要是石油公司探转采方式获得油气采矿权。2010年，我国油气（不含煤层气、页岩气）采矿权数量648个，采矿区块登记面积达11.52万平方千米。2018年，我国油气采矿权数量为774个，采矿区块登记面积达16.49万平方千米。

（二）油气采矿权持有人情况

2018 年底，全国共设置油气（含煤层气）采矿权数量 774 个，勘查登记面积共计 16. 49 万平方千米。从矿业权持有人情况来看，中国石油天然气集团有限公司拥有探矿权项目 441 个，登记面积 12. 42 万平方千米，占全国采矿权登记面积的 75. 29%；中国石油化工集团有限公司拥有采矿权项目 219 个，登记面积 3. 16 万平方千米，占全国采矿权登记面积的 19. 19%；中国海洋石油集团有限公司拥有采矿权项目 93 个，登记面积 0. 73 万平方千米，占全国采矿权登记面积的 4. 44%；中联煤层气有限责任公司拥有采矿权 4 个，陕西延长石油（集团）有限责任公司拥有采矿权 8 个，其他企业拥有采矿权项目 9 个，合计面积 0. 18 万平方千米，合计占全国采矿权登记面积的 1. 10%。总体来说，现有油气采矿权几乎完全集中在三大国有石油公司。

第三节　原油生产与消费

一、原油生产

受资源禀赋、资源品质、勘探开发难度等因素限制，目前，我国原油生产基本保持现有水平。2000—2010 年，我国原油产量从 1. 63 亿吨提高至 2. 03 亿吨，年均增长 2. 2%；2010—2015 年，原油产量连续 6 年超过 2. 0 亿吨，其中，2015 年原油产量为 2. 15 亿吨，达历史最高水平；2016 年以来，我国原油产量有所回落，但基本保持在 1. 9 亿吨左右（图 2-3-1）。

2018 年，我国原油产量 1. 89 亿吨，同比下降 1. 6%。根据《全国石油天然气资源勘查开采情况通报》显示，产量大于 1000 万吨的盆地有渤海湾（含海域）、松辽、鄂尔多斯、准噶尔、塔里木和珠江口等盆地，合计 1. 76 亿吨，占全国总量的 92. 8%。

从陆域、海域油气生产来看，21 世纪以来，我国陆域和海域原油产量稳步增长，尤其是海域原油生产增长迅速。2000—2014 年，陆域原油产量从 1. 42 亿吨提高至 1. 65 亿吨，增长了 16. 2%；2000—2015 年，我国海域原油产量从 0. 21 亿吨提高至 0. 54 亿吨，增长了 160. 3%，海域原油产量占全国原油产量比例从 12. 76%提高至 25. 24%。此后，受国际原油价格持续低迷，原油产量双双下滑。2018 年，我国陆域原油产量为 1. 41 亿吨，占全国原油产量的 74. 58%；海域原油产量 0. 48 亿吨，占全国原油产量的 25. 42%（图 2-3-2）。

从油田（公司）生产（图 2-3-3）来看，我国原油产量主要来自中国石油

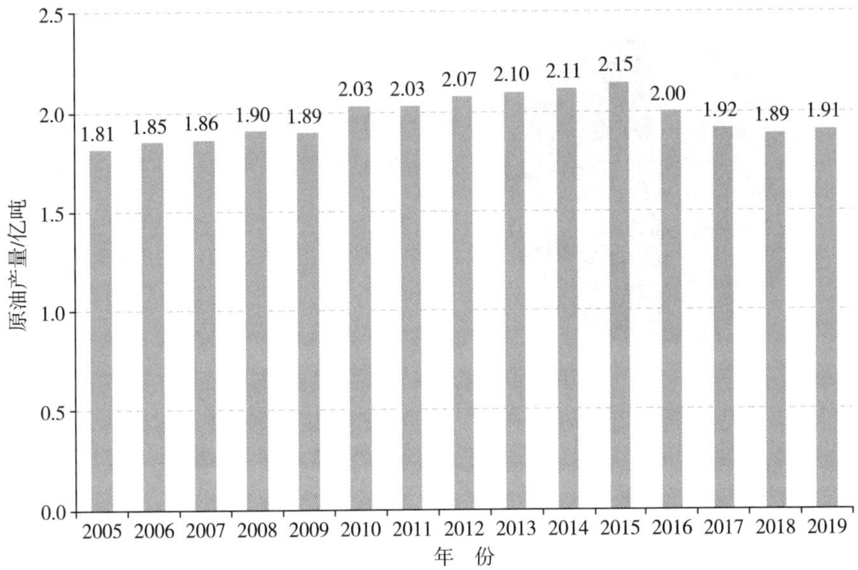

图 2-3-1　2005—2019 年我国原油产量变化情况

资料来源：《中国统计年鉴》（2006—2020）

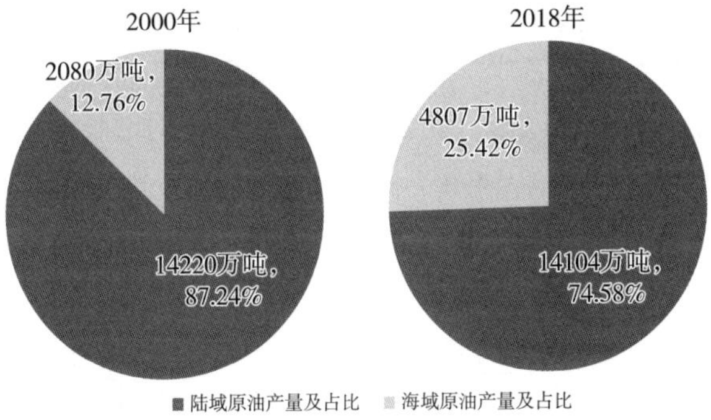

图 2-3-2　2000 年和 2018 年我国原油生产结构（按陆域和海域）

资料来源：《中国石油化工集团公司年鉴》（2001，2019），《中国石油天然气集团公司年鉴》（2001，2019），《中国海洋石油集团有限公司年鉴》（2001，2019）

天然气集团有限公司、中国石油化工集团有限公司、中国海洋石油集团有限公司和陕西延长石油（集团）有限责任公司。以 2018 年为例，中国石油天然气集团有限公司原油产量为 10101 万吨，占全国总产量的 53. 4%；中国石油化工集团有限公司原油产量为 3506 万吨，占全国总产量的 18. 5%；中国海洋石油集团有限公司原油产量为 4201 万吨，占全国总产量的 22. 2%；延长石油（集团）有限责任公司原油产量为 1120 万吨，占全国总产量的 5. 9%。

图 2-3-3　2018 年我国原油生产结构（按石油公司）

资料来源：《中国石油化工集团公司年鉴》（2019），《中国石油天然气集团公司年鉴》（2019），《中国海洋石油集团有限公司年鉴》（2019）

二、原油消费

21 世纪以来，我国原油消费量持续增长（图 2-3-4）。1999 年原油消费量突破 2 亿吨，2004 年原油消费量突破 3 亿吨，2010 年原油消费量突破 4 亿吨，2014 年原油消费量突破 5 亿吨，2018 年原油表观消费量突破 6 亿吨，是世界第二大石油消费国。2000 年以来，我国原油需求量年均增长 5.8%左右，而世界平均增速仅为 1.2%左右。2018 年，我国原油消费量为 6.22 亿吨，较 2017 年

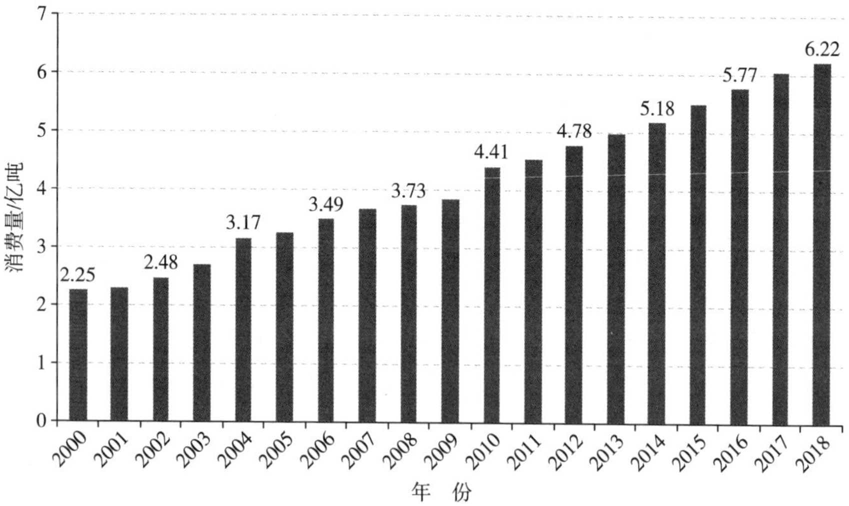

图 2-3-4　2000—2018 年我国原油消费量变化情况

资料来源：《中国能源统计年鉴》（2001—2019）

增长了3.06%。

从石油消费结构（按行业）（图2-3-5）来看，我国石油消费领域主要在交通运输、仓储和邮政业，工业，生活消费，建筑业，批发，零售业和住宿、餐饮业，农、林、牧、渔业。2018年，交通运输、仓储和邮政业石油消费量为2.27亿吨，占全国石油消费总量的36.53%，是我国第一大石油消费领域；工业领域石油消费量为2.24亿吨，占全国石油消费总量的36.08%，是我国第二大石油消费领域；生活消费领域石油消费量为0.73亿吨，占全国石油消费总量的11.77%，是我国第三大石油消费领域。

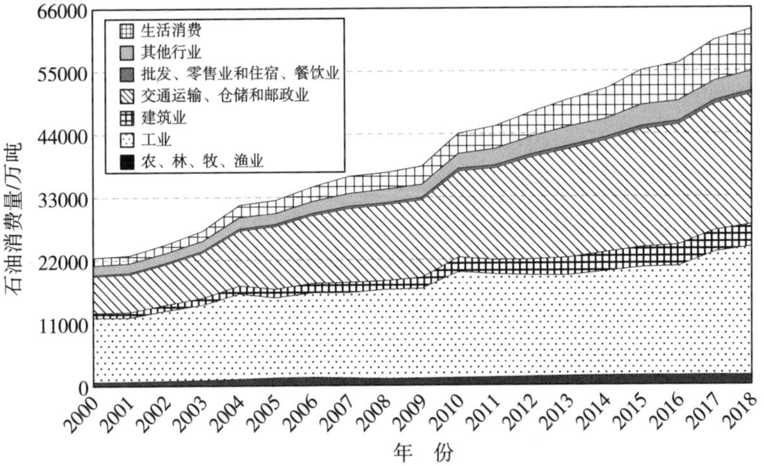

图2-3-5　2000—2018年我国石油消费结构变化情况（按行业）

资料来源：《中国能源统计年鉴》（2019）

从石油消费增长速度来看，生活消费领域石油消费量增长最快，2000—2018年，该领域石油消费量增长了448.3%；其次是建筑业领域，该领域石油消费增长了368.2%；交通运输、仓储和邮政业领域也保持了较快的增长速度，增长了255.3%。

第四节　原油进出口贸易

一、原油进口分析

（一）原油进口

尽管我国石油资源非常丰富且潜力很大，但受资源品质和生产能力约束，我国原油生产远远不能满足原油需求，只能依靠大量进口（图 2-4-1）。2001—2018 年，我国原油进口量从 0.603 亿吨增加至 4.619 亿吨，增长了 666.5%，年均增长 12.7%。2017 年，我国原油进口量为 4.196 亿吨，同比增长 10.1%，创历史记录新高，首次超越美国成为全球第一大原油进口国。2018 年，我国原油进口量为 4.619 亿吨，同比增长 10.1%，增速与 2017 年持平，连续两年成为全球最大原油进口国。除了实际需求因素外，与国内民营炼化进口配额放开与战略储备扩张等因素也有一定关系。

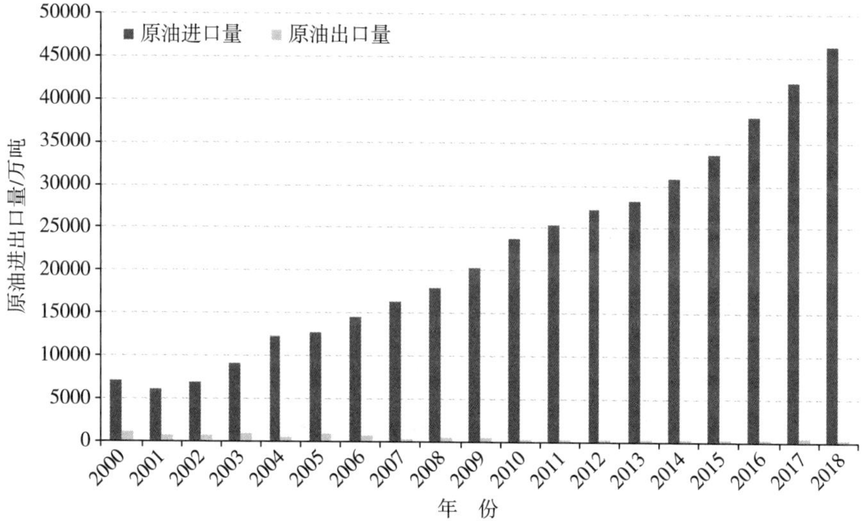

图 2-4-1　2000—2018 年我国原油进出口量变化情况

资料来源：中国国家统计局，海关总署

（二）原油进口多元化

1. 从进口集中度来看

随着我国原油进口渠道多元化持续推进，原油进口来源超过 40 多个国家，主要来源于俄罗斯、沙特阿拉伯、安哥拉、伊拉克、阿曼、伊朗、委内瑞拉、巴西、科威特、阿拉伯联合酋长国等国家（图 2-4-2，图 2-4-3）。

前两位国家（C_2）原油进口量占我国原油总进口量的比例从 2010 年的 35.2%提高至 2018 年的 27.8%，原油进口集中度大幅降低。前五位国家（C_5）原油进口量占我国原油总进口量的比例从 2010 年的 57.1%提高至 2018 年的 54.9%，原油进口集中度有所降低。前十位国家（C_{10}）原油进口量占我国原油总进口量的比例从 2010 年的 78.8%提高至 2018 年的 79.4%，原油进口集中度基本保持稳定。

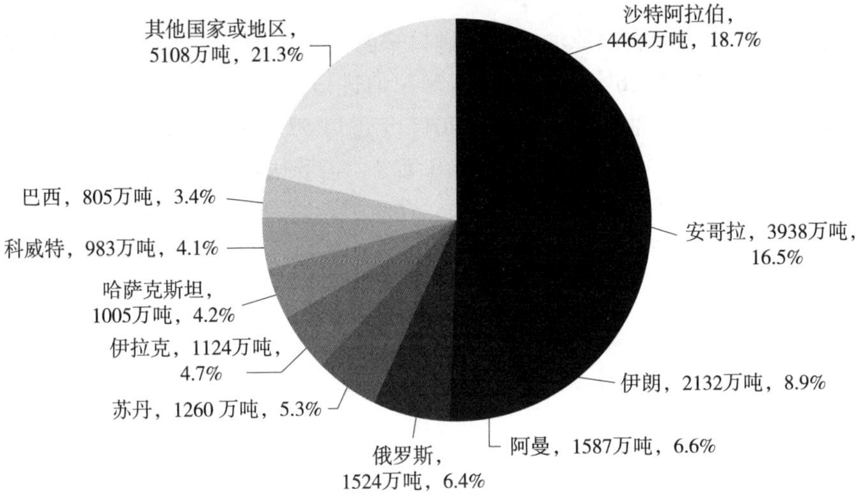

图 2-4-2 2010 年我国原油进口来源情况

资料来源：中国海关总署

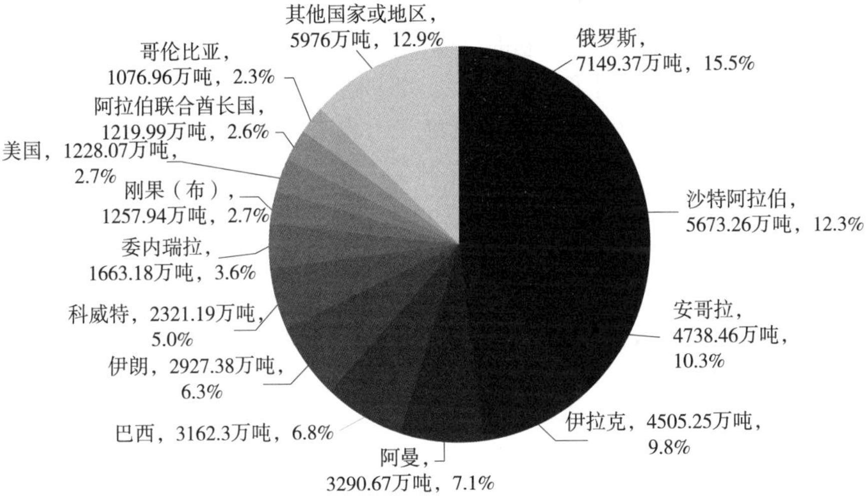

图 2-4-3 2018 年我国原油进口来源情况

资料来源：中国海关总署

2. 从进口国别来看

俄罗斯已成为我国第一大原油进口来源国。近年来，随着我国与俄罗斯合作持续加深，从俄罗斯进口原油持续大幅攀升。2010 年从俄罗斯进口原油 1524 万吨；2015 年进口原油 4243 万吨，突破 4000 万吨；2018 年进口 7149 万吨，占我国原油总进口量的 15.47%，原油进口量突破 7000 万吨，较 2010 年增长了 369.1%。

沙特阿拉伯成为我国原油第二大进口来源国。2010 年我国从沙特阿拉伯进口原油 4464 万吨，2016 年我国从沙特阿拉伯进口原油 5055 万吨，被俄罗斯超越成为我国第二大原油进口来源国；2017 年进口 5218 万吨，同比增长 3.22%；2018 年进口原油 5673 万吨，同比增长 8.72%，占我国原油总进口量的 12.28%。我国从沙特阿拉伯原油进口量小幅增长，在我国原油进口比例有所下滑。

安哥拉是我国原油第三大进口来源国。近年来，我国从安哥拉原油进口量基本保持稳定。2010 年从安哥拉进口原油 3938 万吨，占我国当年总进口量的 16.5%；2017 年从安哥拉进口原油 5042 万吨，占我国当年总进口量的 12.01%；2018 年从安哥拉进口原油 4738 万吨，同比减少了 6.0%，占我国当年总进口量的 10.3%。

伊拉克是我国原油第四大进口来源国。近年来，我国从伊拉克进口原油增长最为迅速。2010 年从伊拉克进口原油 1124 万吨，占我国当年总进口量的 4.7%，是当年我国第七大原油进口来源地；2018 年从伊拉克进口原油 4505 万吨，占我国当年总进口量的 9.8%，成为我国第四大原油进口来源国。

3. 从进口区域分布来看

中东地区是我国主要的原油进口地，2017 年从中东地区进口原油 1.79 亿吨，占我国总进口量的比例为 43.4%。非洲是我国第二大原油进口来源地，2017 年从非洲地区进口原油 0.826 亿吨，占我国总进口量的比例为 19.68%。2017 年从南美洲地区进口原油 0.57 亿吨，占我国总进口量的比例为 13.59%。从 2017 年我国的进口原油区域分布也可以看出，长距离货源的进口量占比在提高。

二、原油对外依存度

原油对外依存度是指原油净进口与原油表观消费量之比。原油对外依存度我们用（原油进口量-原油出口量）/（国内原油生产量+原油进口量-原油出口量）之比来表示。这里没有考虑我国石油企业海外油气权益产量。

21 世纪以来，随着我国经济高速发展，原油对外依存度持续攀升，屡创历史新高（图 2-4-4）。2001 年，我国原油产量为 1.64 亿吨，原油进口量为 0.603 亿吨，原油出口量仅为 0.076 亿吨，原油对外依存度仅为 24.3%。2018 年，我国原油产量为 1.89 亿吨，原油进口量为 4.62 亿吨，原油出口量仅为 0.026 亿吨，原油对外依存度达到 70.8%。未来一段时间，我国经济仍将保持较高速度增长，原油需求仍将持续上升，在国内原油产量难以有很大突破的情况下，原油进口量将继续增加，原油对外依存度仍将继续攀升。

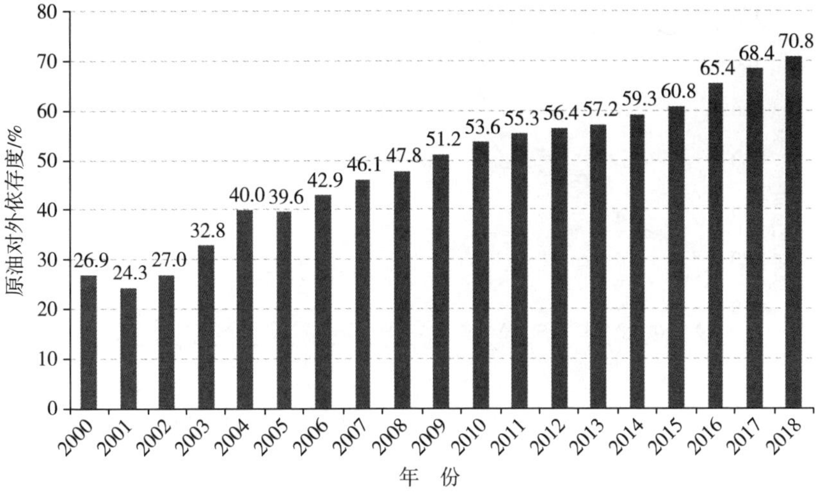

图 2-4-4 2010—2018 年我国原油对外依存度变化情况

第五节 原油市场价格

一、原油价格

根据国家政策，我国原油价格实行市场调节价。由于国内原油价格与国际原油价格完全接轨，走势基本一致（图 2-5-1）。2002—2012 年，大庆原油现货年均价格从 25.5 美元/桶上涨至 113.6 美元/桶，上涨了 345%。2008 年，全球金融危机导致国际和国内原油价格出现短暂的暴跌。在原油供给基本面未改变的情况下，全球性宽松货币政策刺激导致国际和国内原油迅速恢复上涨趋势。2011 年 2 月至 2014 年 9 月，国内原油价格基本保持在 100 美元/桶以上。

此后，随着全球经济刺激政策效应衰减，全球经济增长持续放缓，美国出现页岩油气革命，国际原油市场持续过剩，原油价格进入持续下行通道。2016 年 1 月，大庆原油价格跌至 24.02 美元/桶，较 2011 年的高点已经下跌了近 80%。受全球经济恢复增长，全球原油需求缓慢增长，全球原油供给放缓（欧佩克减产，伊朗、委内瑞拉产量下降等）致库存下降等因素影响，国际原油价格开始恢复性增长。2018 年，国际原油（WTI）价格为 64.82 美元/桶，大庆原油价格为 63.82 美元/桶，胜利原油现货价格为 63.32 美元/桶。2019 年，国际原油（WTI）价格为 56.7 美元/桶，大庆原油价格为 57.46 美元/桶，胜利原油现货价格为 59.28 美元/桶。

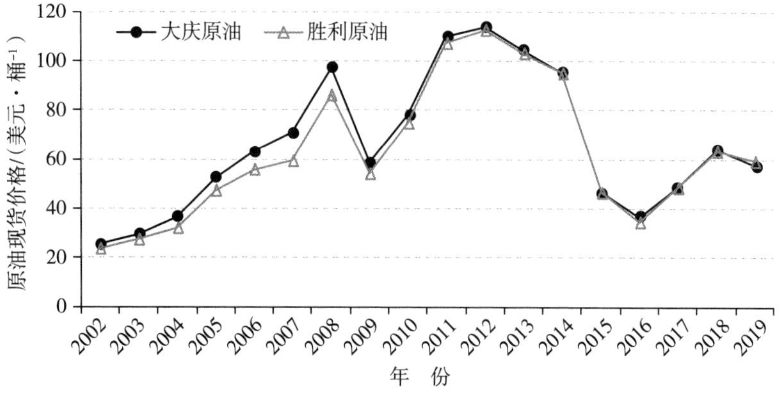

图 2-5-1 2002—2019 年我国原油现货价格走势

二、成品油价格

2005 年，国务院印发《国务院关于鼓励支持和引导个体私营等非公有制经济发展的若干意见》（国发〔2005〕3 号），标志着石油行业市场化改革的开始。2008 年，国务院印发《国务院关于实施成品油价格和税费改革的通知》（国发〔2008〕37 号），标志着我国成品油市场化定价机制逐步形成。此后，国家有关部门陆续颁布了一系列的政策，逐步梳理规范国内石油行业在生产炼化及批发、零售环节的定价机制。2016 年 1 月，国家发展和改革委员会发布《国家发展和改革委员会关于进一步完善成品油价格形成机制有关问题的通知》（发改价格〔2016〕64 号），对原油价格与成品油的供应价格、批发价格、零售价格等 4 个维度进行规范。

成品油定价主要机制包括以下内容：

（1）原油价格实行市场调节价。汽、柴油零售价格和批发价格，向社会批发企业和铁路、交通等专项用户供应汽、柴油供应价格，实行政府指导价。向国家储备和新疆生产建设兵团供应汽、柴油供应价格，实行政府定价。

（2）汽、柴油最高零售价格以国际市场原油价格为基础，考虑国内平均加工成本、税金、合理流通环节费用和适当利润确定。

（3）当国际市场原油价格低于每桶 40 美元（含）时，按原油价格每桶 40 美元、正常加工利润率计算成品油价格；高于每桶 40 美元低于 80 美元（含）时，按正常加工利润率计算成品油价格；高于每桶 80 美元时，开始扣减加工利润率，直至按加工零利润计算成品油价格；高于每桶 130 美元（含）时，按照兼顾生产者、消费者利益，保持国民经济平稳运行的原则，采取适当财税政策保证成品油生产和供应，汽、柴油价格原则上不提或少提。

（4）汽、柴油价格根据国际市场原油价格变化每 10 个工作日调整一次。调价生效时间为调价发布日 24 时。当调价幅度低于每吨 50 元时，不做调整，纳入下次调价时累加或冲抵。

我国成品油价格走势与原油价格走势紧密相关，2012 年初达到最高水平，93#汽油零售价格达到 10600 元/吨，97#汽油零售价格 11300 元/吨，0#柴油零售价格达到 9200 元/吨。此后，成品油价格进入一轮下跌长周期。尤其是 2016 年以来，我国成品油价格调整呈现出“小幅快调”的局面，调价周期大幅缩短。2019 年，国内成品油价格调整 21 次。其中，调涨了 15 次，调跌了 6 次。2019 年，汽油（92#国Ⅴ）批发价格平均为 6878 元/吨，汽油（95#国Ⅴ）批发价格平均为 7170 元/吨，柴油（0#国Ⅴ）批发价格平均为达到 6530 元/吨（图 2-5-2）。

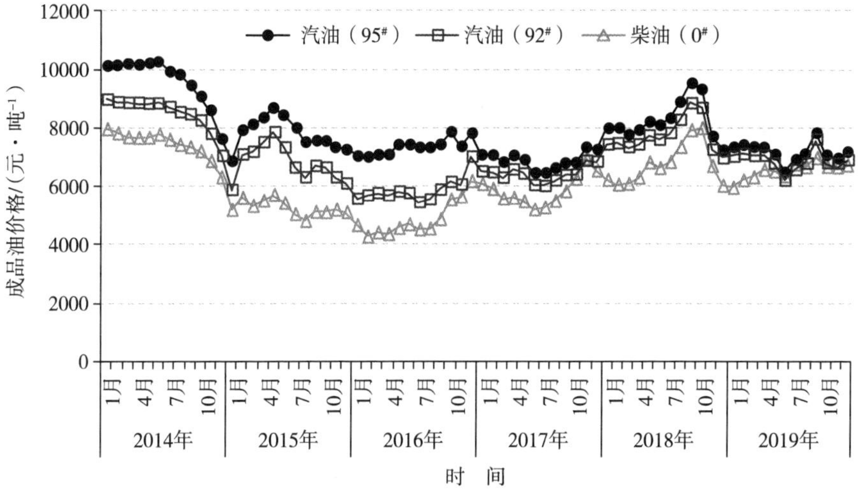

图 2-5-2　2014—2019 年我国成品油现货批发价格走势

资料来源：中国国家统计局

三、原油价格影响因素

原油是国际大宗货运商品之一，也是交易所的金融产品。原油价格主要与市场供需基本面、美元汇率、投机等因素有关。市场基本面主要体现在世界经济增长、原油生产与消费、原油库存、原油储备、地缘政治等方面，反映了中、长期原油价格走势，投资炒作体现在资本、期货交易、美元指数、外汇等方面，反映了短期原油价格涨跌。

一是世界经济增长决定原油需求。高经济增长速度带动原油需求旺盛，当供不应求时，原油价格趋向于上涨；反之，原油价格趋向于下跌。

二是原油库存。原油库存可以保障企业在原油供给出现季节性波动情况下不影响中下游油品生产，同时可以起到平衡原油市场的作用（调节原油价格）。原油库存与油价也是密切相关，当原油期货价格远高于原油现货价格时，原油开采公司倾向于增加商业库存，减少当期供应，从而刺激现货价格上涨，期货现货价差减小；反之亦然。

三是地缘政治。国际原油价格也会受到地缘政治和产油国政局因素的影响。在原油供给出现下降，导致国际原油市场对未来供给减少的担忧，前者反映了供需状况，后者反映了投资状况。

四是油气重大新发现，既增加油气储量，又提振投资信心，保障油气开采的稳定性。

五是油气开采技术创新带动非常规油气开采获得突破，增加全球油气产量。

六是原油储备。主要是应对原油供给中断，保证短期国家能源安全。

七是美元指数。国际原油交易主要以美元计价，美元汇率波动也会反映到国际原油价格涨跌。当美元升值时，国际原油等大宗商品价格有下行的压力；反之，当美元贬值时，此类大宗商品价格趋向于上涨。

第六节　油气开采业投资与效益

一、油气开采业固定资产投资

2002—2008 年，全国采矿业固定资产投资增长保持在 30%以上，同期油气开采业固定资产投资增长速度保持在 20%以上，铜精矿、精炼铜等有色金属生产均保持较高增长速度。2008 年以来，国际大宗商品价格总体处于下行通道，我国采矿业固定资产投资增速大幅放缓，石油天然气开采业固定资产投资增速也大幅放缓。

2009—2010 年，我国油气开采业固定资产投资增长低于 5%。2011—2014 年，国际原油价格再次上涨，我国油气开采业固定资产投资增长维持在 6%～24%之间。2015—2016 年，国际原油价格再次大幅下跌，我国油气开采业固定资产投资呈现负增长，固定资产投资严重萎缩，油气新增产能规模投产放缓，原油生产甚至出现负增长（图 2-6-1）。2017 年以来，国际原油价格逐渐企稳回升，国内三大石油公司加大了油气领域投资，油气开采业固定资产投资增速大幅回升。2019 年，我国油气开采业固定资产投资累计增长率为 25.7%。

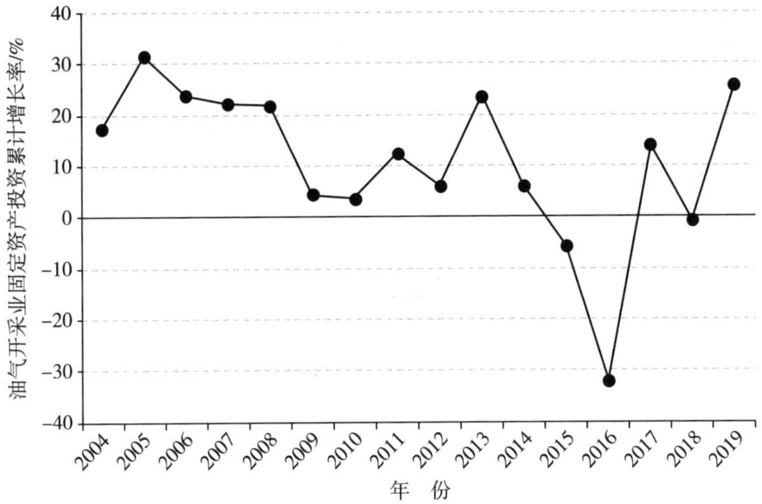

图 2-6-1　2004—2019 年我国油气开采业固定资产投资增长变化情况

资料来源：中国国家统计局

二、油气开采业经营效益

21 世纪以来，我国石油工业得到快速发展，主营业务收入规模不断扩大。受经济发展周期、国际原油价格变动周期等因素影响，油气开采业利润总额和利润率经历了 3 轮上涨—回落周期（图 2-6-2）：

2003—2008 年，国际原油价格从 28 美元/桶上涨至 98 美元/桶，我国油气开采业规模以上工业企业利润总额从 1221 亿元增加至 4601 亿元，增长了 276. 7%，创历史最好成绩，油气开采业销售利润率基本保持在 35%以上。

2009—2013 年，国际原油价格从 60 美元/桶上涨至 110 美元/桶，我国油气开采业规模以上工业企业主营业务收入和利润总额再次回升，2010—2014 年主营业务收入连续 5 年保持在 1. 1 万亿元以上，利润总额保持在 3000 亿元以上，销售利润率保持在 25%~35%。

2014—2016 年初，国际原油价格大幅下跌，从 110 美元/桶跌至 30 美元/桶，油气开采业规模以上工业企业利润总额大幅萎缩。2015 年油气开采业利润总额仅为 692 亿元，较 2014 年下跌了 77. 7%，销售利润率为 8. 8%。2016 年油气开采业利润净亏损 567 亿元，销售利润率为-8. 8%，油气开采业利润历史上首次出现净亏损。每 100 元主营收入成本 86. 2 元，同比增加 16. 7 元，百元营业收入成本创近 15 年来的新高。这也直接导致 2016 年原油产量降幅达 6. 9%，为 2010 年以来首次下降。

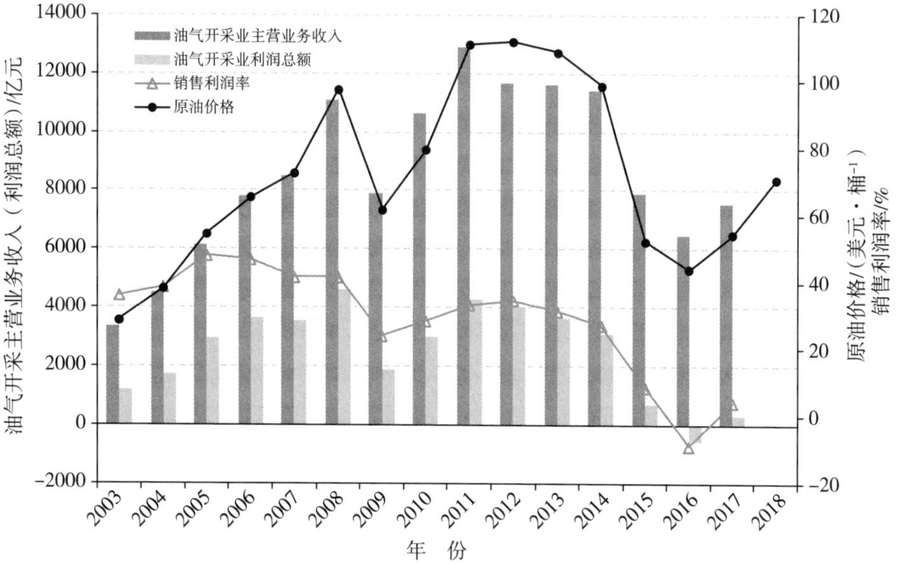

图 2-6-2　2003—2018 年我国规模以上油气开采业主营业务收入与利润总额和原油价格与销售利润率变化情况

资料来源：中国国家统计局

2017—2019 年，随着国际原油价格缓慢回升，我国油气开采业利润呈现恢复性增长。2019 年，油气开采业主营业务收入 8695 亿元，同比减少 0.06%；利润总额 1630 亿元，同比增长 3.82%；油气开采业销售利润率为 18.7%，为 2015 年以来最好水平；每 100 元主营收入成本 62.2 元，较 2016 年下降 24.1 元。

第七节　原油资源安全供给综合评价

一、国内原油供给影响因素

（一）资源储量

我国原油储采比不足 20 年，每年勘查新增技术可采储量低于当年开采量，按此计算，不能满足石油对我国经济社会长期发展需要。另外，我国油气资源品质劣化趋势加剧，部分石油公司探明未开发储量品位持续下降，新增探明低—特低渗等低品位油气储量占比持续提升，对提高开发效率与效益均有较大影响。

（二）油气勘查市场竞争不足

受体制机制限制，我国油气矿业权主要由三大石油公司垄断，油气勘查区块退出机制不完善，社会资本难以参与市场竞争。

尽管我国上游油气勘查投资整体有所回升，但仍有许多油气勘查区块呈现勘查投入严重不足情况。油气上游投资主体较为单一，客观上不利于上游投资水平提升。

（三）加工产能过剩

产能过剩已经成为我国经济运行中的突出矛盾，炼油行业产能过剩问题的严重性已经不亚于钢铁、水泥、玻璃等行业。2017 年，我国原油加工量为 5.68 亿吨，炼油能力（原油一次加工能力）达到 8.3 亿吨/年，相对原油加工量，产能出现明显过剩，加工负荷不足 70%，显著低于世界 83%的平均水平。其中，“十一五”期间，炼油产能年均增长 7.2%；“十二五”期间年均增长 3.9%，2015—2017 年均增长率 5.4%。国内原油加工量年均增长基本低于炼油产能增长速度。从供应主体来看，2017 年，中国石油天然气集团有限公司、中国石油化工集团有限公司、中国海洋石油集团有限公司三大集团炼油产能占比为 65%，其他国企［中国化工集团有限公司、中国兵器工业集团公司、陕西延长石油（集团）有限责任公司、中国中化控股有限责任公司］占比 9%，民营炼厂炼油产能占比达 26%，市场多元竞争格局业已形成。其中，存在大量落后产能，突出表现在规模小、能耗高、技术落后、高价值产品回收率低、安全环保保证能力差、产品质量升级投入大等方面（张硕等，2018；孙伟善等，2019a，2019b）。

一方面，炼油产能过剩造成成品油大量出口；另一方面，高企的炼油产能导致大量进口原油，原油对外依存度持续攀升。

（四）原油储备

我国全面推进油气管道、液化天然气（LNG）接收站、地下储气库、国家石油储备库等基础设施建设。据国家能源局信息，2017 年，我国已建成 11 个地下储气库群、25 座储气库，形成京津冀、西北、西南、东北、长三角、中西部、中南、珠三角八大储气基地和舟山、舟山扩建、镇海、大连、黄岛、独山子、兰州、天津及黄岛国家石油储备库及部分社会企业库容，储备原油 3773 万吨，成为世界上石油库存最高的国家之一（国家能源局，2017）。与西方国家相比，我国国家级油气资源战略储备体系建设起步较晚，进口安全机制和特殊情况下的石油供应应急机制还不完善。

（五）非常规油气开采面临技术和经济挑战

经过近60年的勘探开发，我国剩余油气资源劣质化趋势明显，新探明油气资源品质下降，已开发油田“双高”（高含水、高采出程度）突出；油气勘探对象越来越复杂，深层、深水、非常规等类型油气资源日益成为重要接续领域。新领域油气勘探开发成本高、风险大，开发经济性有待提高，大规模增储上产面临诸多不确定性，缺乏持续稳健的财税政策支持。

二、国外原油供给影响因素

我国石油企业境外油气项目投资发展迅速，油气权益产量达到一定规模。中国石油企业协会、对外经济贸易大学“一带一路”能源贸易与发展研究中心联合发布《中国油气产业发展分析与展望报告蓝皮书（2017—2018）》显示，截至2017年底，我国34家能源企业（其中民营企业23家）在中东、美洲、中亚和非洲等地的50多个国家拥有（或参与）210个油气投资项目，境外石油权益突破1.5亿吨，油气权益产量达到1.9亿吨（油当量），其中，94%的油气权益产量来自我国三大石油公司（蒋庆哲等，2018）。

我国油气资源投资项目主要集中在发展中国家，油气行业是资源所在国的重要经济支柱。我国油气公司需要面临资源所在国国家战略不确定性、油气合同的稳定性、迟缓的基础设施建设、矿业政策调整等问题，还要面临地缘政治博弈及其引发的制裁和地区动荡等意外风险。

三、原油贸易供给影响因素

（一）进口来源地地缘政治

我国接近45%的原油进口来源于中东地区。中东地区地缘政治不稳定历来是影响石油安全的主要原因。1951年以来，世界上共发生过18次国际石油供应中断，其中由中东引发的就多达15次，只有3次不是中东引发的，即2000年欧佩克限产提价，2002年委内瑞拉石油工人罢工，2005年卡特里娜飓风袭击美国。在15次由中东引起的供应中断中，有2次与石油运输航线有关，一次是第二次中东战争，一次是“两伊”战争。

（二）油气进口通道

中亚、中俄、中缅、海上四大油气进口通道的全面建成并投入运行。陆上

管道输油和输气能力分别达到6000万吨和650亿立方米（齐慧，2018），陆上输油量仅占我国进口原油总量的14%左右。我国进口原油80%以上依靠海运，特别是来自中东和非洲的原油，运输航线分别为：波斯湾—霍尔木兹海峡—马六甲海峡—中国台湾海峡—中国大陆，非洲—马六甲海峡—中国台湾海峡—中国大陆。如果海上航运发生问题，会影响中国的石油供应安全。

第三章　我国铁矿市场综合评价研究

铁矿石是钢铁行业的基础原料，铁矿供给的安全保障是钢铁行业健康发展的关键因素之一。面对铁矿石对外依存度的持续攀升，我国高度重视铁矿资源的供应安全。供应端，支持加大资源勘探力度，境外铁矿资源勘查和开发，进口贸易多元化和长期化；需求端，加快产业结构调整，化解过剩产能，促进产业转型升级。

第一节　铁矿勘查投入与资源状况

一、铁矿勘查投入

近20年来，我国铁矿石勘查投入经历了一轮先增长后下降走势（图3-1-1）。2004—2012年，铁矿石勘查投入处于快速上升期，从1.42亿元增加至49.54亿元，增长了3392%；2013年以来，铁矿勘查投入出现了快速下降；

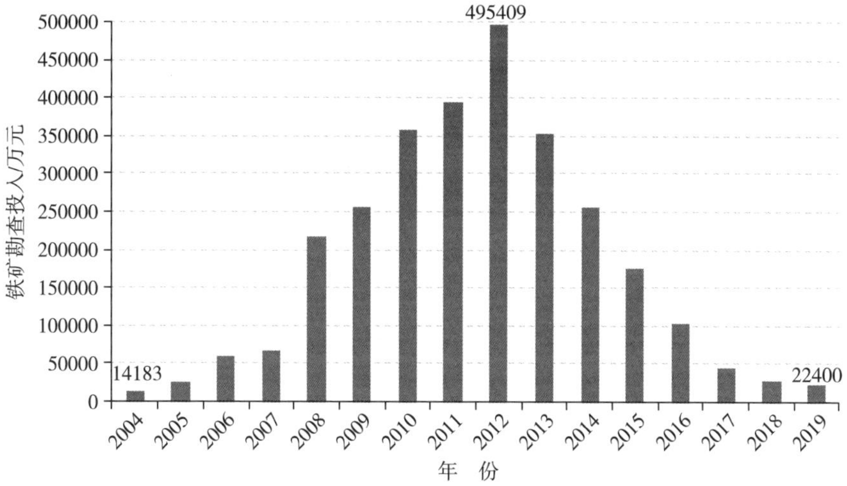

图3-1-1　2004—2019年我国铁矿勘查投入变化情况

资料来源：《中国国土资源统计年鉴》（2005—2018），《全国地质勘查成果通报》（2019）

2019 年，铁矿勘查投入 2.24 亿元，占全国地质勘查投入的 1.3%，且较 2012 年勘查投入峰值下降了 95.5%。

从投入来源来看，我国铁矿勘查投入以社会资金为主，其次是地方财政资金。2007—2017 年，中央财政资金占总投入的比例从 13.18%下降至 1.82%；中央财政资金主要得益国土资源大调查和地质找矿突破战略行动的实施，随着政府找矿突破战略行动的结束，中央财政支持逐渐减少。地方财政投入的比例从 40.79%下降为 30.75%；地方财政资金主要是地方地勘基金的支持；社会资金投入比例从 46.02%上升至 67.44%（图 3-1-2），反映了铁矿找矿勘查的市场化，社会资金成为市场主体。

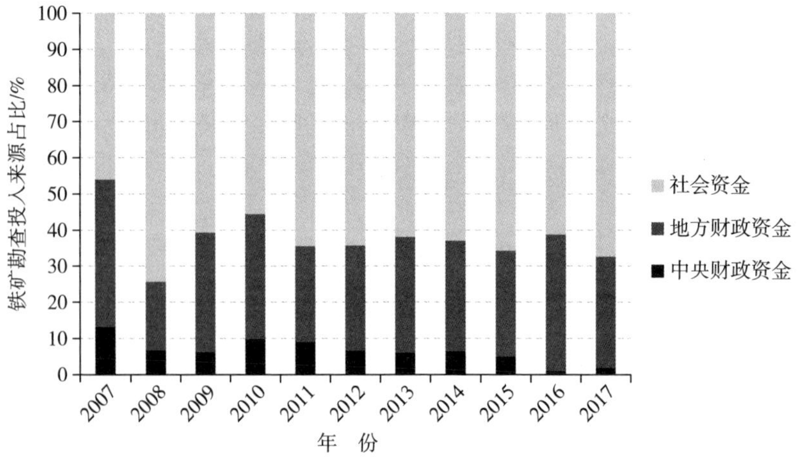

图 3-1-2 2007—2017 年我国铁矿勘查投入来源结构变化情况

资料来源：《中国国土资源统计年鉴》（2008—2018）

二、铁矿资源量与新发现

（一）铁矿新发现

近 10 年来，我国新发现铁矿产地总体呈下降态势。“十二五”期间，我国铁矿新发现矿产地 113 处，其中，大、中型矿产地 69 处。主要矿产地包括：辽宁省本溪市大台沟铁矿区（查明资源储量 48 亿吨）、本溪市南芬区思山岭铁矿区（24.9 亿吨）、鞍山市千山区陈台沟铁矿（10.8 亿吨）；山东省济宁市兖州区颜店铁矿区（5.2 亿吨）、济宁市兖州区翟村矿区（10.6 亿吨）、临沂市兰陵县兰陵矿区（古林—兰陵矿段）铁矿（6.2 亿吨）；内蒙古自治区西乌珠穆沁旗扎布其超贫磁铁矿（7.9 亿吨）；河北省滦县司家营南

区—大贾庄铁矿（5.2亿吨）。

“十三五”期间，我国铁矿新发现矿产地22处，其中，大、中型矿产地10处（自然资源部，2019a）。主要矿产地包括：山东省聊城市东阿县单庄地区（新增铁矿石资源量2.1亿吨）、莱芜市张家洼矿区深部及外围（新增铁矿石资源量1.07亿吨）；青海省格尔木市茫崖河东地区（新增0.6亿吨）；辽宁省鞍山市祁家沟铁矿（新增0.76亿吨）；山西省运城市赵家庄铁矿（新增1.86亿吨）。

（二）查明资源储量

近20年来，我国铁矿石查明资源储量呈现稳定增长态势。2001—2018年，铁矿查明资源储量从581亿吨增加至852亿吨，增长了46.6%。

铁矿基础储量呈现先平稳增长后下降趋势。2001—2010年铁矿基础储量保持在210亿~220亿吨左右；2011—2018年铁矿基础储量降至195亿吨左右（图3-1-3）。

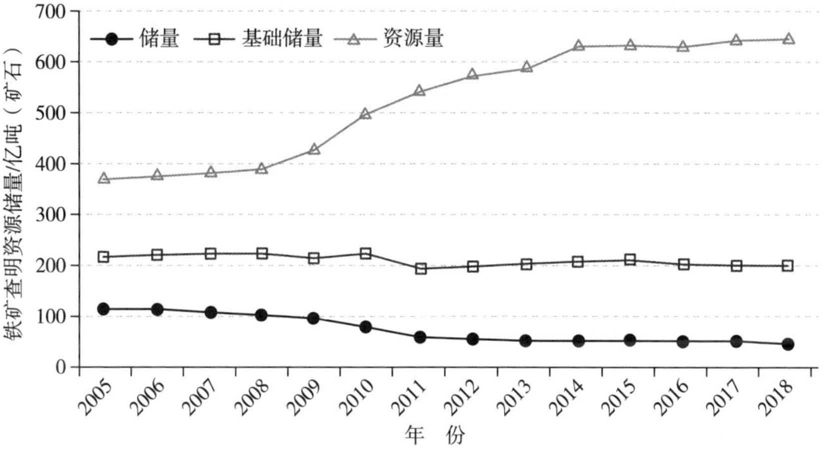

图3-1-3　2005—2018年我国铁矿查明资源储量结构变化情况

资料来源：《全国矿产资源储量通报》（2005—2018）

铁矿储量呈现快速下降趋势。2001—2018年，铁矿储量从121亿吨减至45亿吨，减少了62.7%。铁矿储量占查明资源储量的比例从2001年的20.8%降至2018年的5.3%，反映了我国铁矿储量结构不尽合理。

（三）铁矿储采比

铁矿储采比是指保有储量与矿山实际采矿量的比值，反映了矿产资源保证程度，为分析判断矿山开发、建设规模、生产形势及稳产形势的重要指标。

2010年以来，我国铁矿储采比迅速下降，至2014年铁矿储采比为3.34，反映了铁矿资源保证程度的降低。从客观分析，主要是前几年铁矿石价格高企，我国铁矿石产能持续扩张，开采量持续攀升，加之保有储量的下降，导致储采比下降过快。2018年，铁矿储采比为5.92，并不能反映铁矿资源保障程度的提升，主要是铁矿石价格持续低迷，与国内铁矿石开采成本倒挂，导致铁矿生产量持续萎缩，加之国内环保政策趋紧，铁矿产能扩张或更新遇到困难等因素有关（表3-1-1）。

表3-1-1　2010—2018年我国铁矿石储采比变化情况

年　份	储量/亿吨（矿石）	铁矿石产量/亿吨（矿石）	储采比
2010	79.00	10.80	7.31
2011	56.67	13.35	4.24
2012	51.90	13.27	3.91
2013	51.66	15.22	3.39
2014	50.95	15.27	3.34
2015	50.38	13.81	3.65
2016	47.83	12.71	3.76
2017	46.69	12.29	3.80
2018	45.14	7.63	5.92

第二节　铁矿矿业权情况

2009年以来，我国铁矿矿业权数量总体呈逐渐减少的趋势。2009—2019年，铁矿探矿权数量从3820个减至860个（图3-2-1），减少了77.5%。铁矿探矿权数量占全国探矿权数量的比例为7.5%，是全国探矿权数量中排第4位的矿种。铁矿探矿权登记面积从5.0万平方千米减少至1.0万平方千米以下。

2009—2017年，铁矿采矿权数量从3772个降至2833个（图3-2-1），平均每年减少约120个。铁矿采矿权数量占全国采矿权数量的比例为5.0%。截至2017年底，铁矿采矿权登记面积为4814.13平方千米。

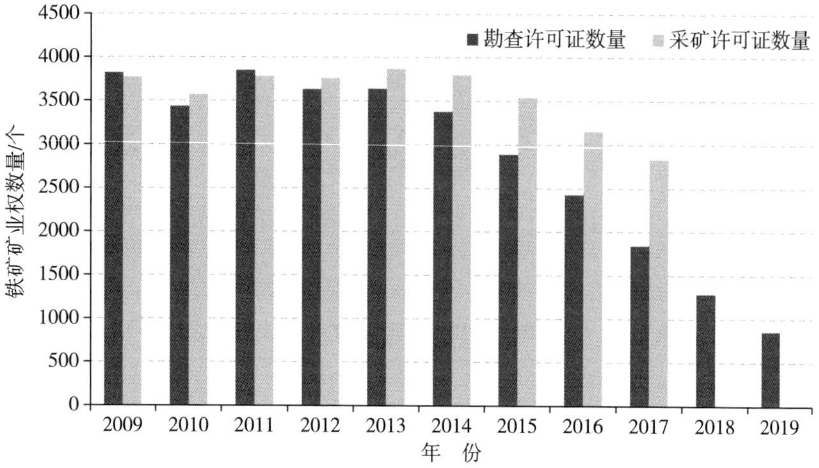

图 3-2-1　2009—2019 年铁矿矿业权数量变化情况

资料来源：《中国国土资源统计年鉴》（2010—2018），《全国地质勘查成果通报》（2018—2019）

第三节　铁矿石生产与消费

一、铁矿石生产

2001 年以来，我国铁矿石产量经历了一轮快速增长和逐渐收缩的过程（图 3-3-1）。2001—2014 年，我国铁矿石产量从 2.17 亿吨增加至 15.27 亿吨，增长了 603%，平均每年增长 1.12 亿吨。此后，铁矿石产量逐渐萎缩。2018 年，铁矿石产量为 7.63 亿吨，较 2014 年减少了 49.9%，2014—2018 年平均每年下降 1.91 亿吨。主要与铁矿石价格持续低迷，跌破国内大部分矿山企业开采成本，导致国内矿业纷纷减产；另外，国内生态环境政策收紧，老矿山扩建、新矿山投产的成本增加等因素有关。2019 年，铁矿石产量为 8.44 亿吨，同比增长 10.6%。

铁矿石生产地主要集中在河北、辽宁、四川、山西、内蒙古、新疆等省（自治区）。2019 年，河北、辽宁、四川 3 省铁矿石产量分别占到全国产量的 35.5%、14.9%、12.9%，合计占全国总产量的 63.3%，山西、内蒙古、安徽、新疆 4 省（自治区）铁矿石产量分别占到全国产量的 6.8%、3.9%、3.4%和 3.2%，合计占全国总产量的 17.4%。从铁矿石生产区域来看，华北地区、东北地区、西南地区的铁矿石产量分别占到全国产量的 48.1%、15.8%、15.5%，合计占全国总产量的 79.4%。

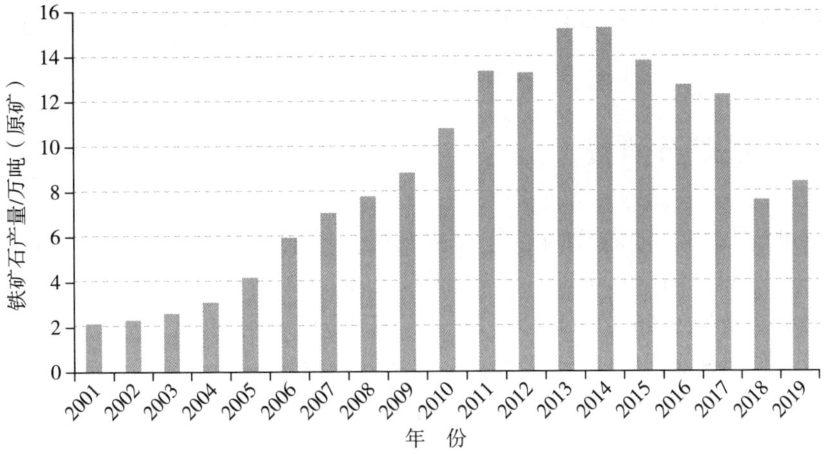

图 3-3-1　2001—2019 年我国铁矿石产量变化情况

资料来源：《中国钢铁工业年鉴》（2011—2019）

我国铁矿石生产集中度总体偏低。主要铁矿石生产企业（年产 1000 万吨以上）主要有鞍钢集团矿业有限公司、北京华夏建龙矿业科技有限公司、河钢集团矿业有限公司、太原钢铁（集团）有限公司矿业分公司、攀钢集团矿业有限公司、本溪钢铁（集团）矿业有限责任公司、包头钢铁（集团）有限责任公司、龙蟒矿冶有限责任公司、马钢（集团）矿业有限公司、首钢集团有限公司矿业公司、承德京城矿业有限公司、昆钢玉溪大红山矿业有限公司、五矿矿业控股有限公司等企业（图 3-3-2）。2019 年，前五位铁矿石生产企业（CR_5）合计铁矿石产量（年产 3000 万吨以上）占全国铁矿石产量的比例为 24.2%，

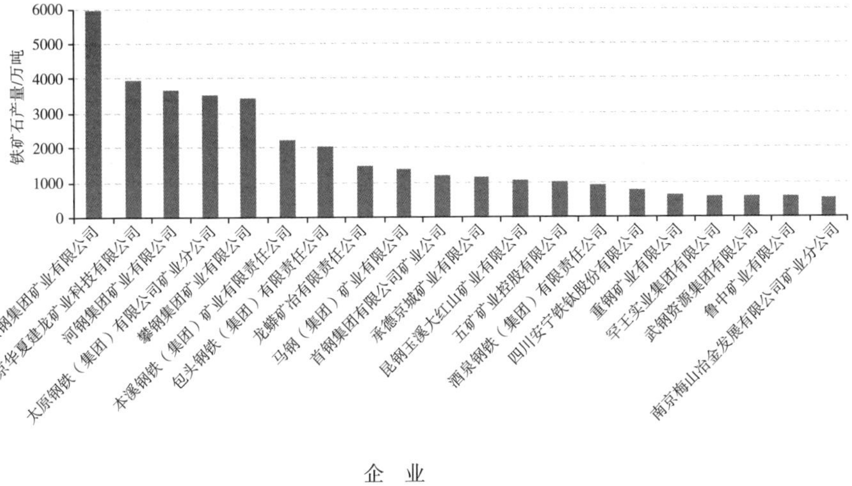

图 3-3-2　2019 年我国重点矿山企业铁矿石产量情况

前十位铁矿石生产企业合计铁矿石产量（CR_{10}）占全国铁矿石产量的比例为34.2%。

二、铁矿石消费

21世纪以来，随着我国经济快速发展，粗钢消费总体呈持续增长态势。2009—2019年，国内粗钢表观消费量[1]从5.65亿吨增加至9.4亿吨，达到历史最高水平，增长了66.4%（图3-3-3），其中国产自给率超过98%。钢铁下游需求主要包括建筑业、基础设施、机械制造、汽车制造、造船、能源等行业。其中，建筑业和基础设施占钢铁直接消费比例为50%以上；其次是机械制造、汽车制造等行业。

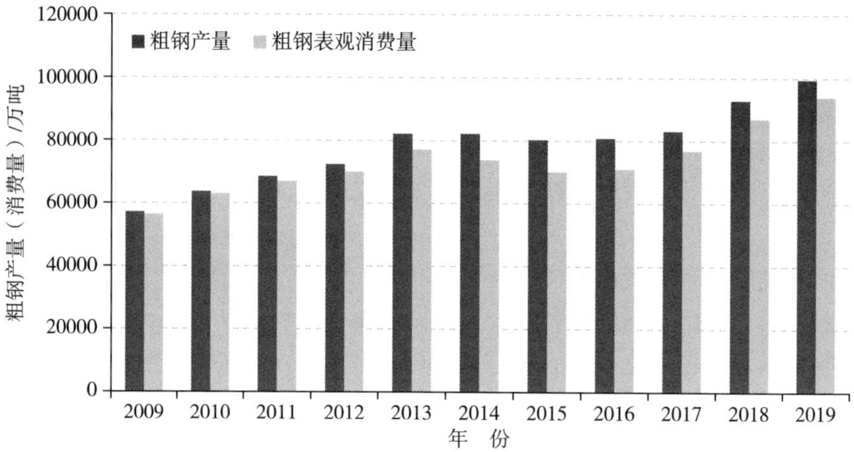

图3-3-3　2009—2019年我国粗钢产量和表观消费量变化情况

当前，我国经济正处在转变发展方式、优化经济结构、转换增长动力的攻关期，但工业经济长期向好、高质量发展的基本面没有改变。未来一段时间内，基础设施补短板的工作还有很大空间，特别是基建仍会保持相当强度，我国钢铁工业满足国民经济发展对钢铁需求仍然大有可为。

在生铁、粗钢产量增长带动下，我国铁矿石消费量稳步攀升，已经连续多年成为世界最大的铁矿石进口国和消费国。为便于计算，按冶炼1吨生铁大概需要消耗1.6吨铁矿石（成品矿，折品位TFe：62%，下同），来计算铁矿石总消耗量。2005年，我国生铁产量为3.44亿吨，测算需消耗铁矿石量为5.50亿吨；2010年，我国生铁产量为5.97亿吨，测算需消耗铁矿石9.56亿吨，铁矿

[1] 粗钢表观消费量=粗钢产量+粗钢进口量-粗钢出口量。

石消耗量较 2010 年增长了 73.7%；2015 年，我国生铁产量为 6.91 亿吨，测算需消耗铁矿石 11.1 亿吨，铁矿石消耗量较 2010 年增长了 16.1%；2019 年，我国生铁产量为 8.08 亿吨，测算需消耗铁矿石 12.9 亿吨，铁矿石消耗量较 2015 年增长了 16.2%。

在我国铁矿资源禀赋差、开发利用率低、77%左右为露天开采引发环境约束等的现实条件下，铁矿石产能增长严重落后于钢铁产能增长，国内铁矿石难以满足需求，不足部分依靠进口来补齐，对外依存度不断提高。

第四节　铁矿石进出口贸易

一、铁矿石进口分析

（一）铁矿石进口情况

随着我国钢铁工业快速扩张，铁矿石需求持续攀升。受国内铁矿石资源禀赋条件、选冶条件、埋深条件等制约，国产铁矿石难以满足钢铁需求，供需缺口逐年扩大，不足部分必须依靠进口来解决。2004 年，我国铁矿石进口量为 2.08 亿吨，进口金额为 126.99 亿美元，进口平均价格为 61.03 美元/吨。2008 年，铁矿石进口量为 4.44 亿吨，进口金额为 605.32 亿美元，进口平均价格为 136.47 美元/吨，分别较 2004 年增长了 113.2%、376.7%和 123.6%。2011 年，铁矿石进口量为 6.86 亿吨，进口金额为 1124.07 亿美元，进口平均价格为 163.84 美元/吨，进口金额和进口平均价格创历史新高。2017 年，我国铁矿石进口量为 10.75 亿吨，进口量创历史最高值。2019 年，我国铁矿石进口 10.69 亿吨，进口金额为 1013.31 亿美元，进口平均价格为 94.82 美元/吨，进口量连续 4 年保持在 10 亿吨以上，进口金额创历史第二新高（图 3-4-1）。

（二）铁矿石进口多元化情况

我国铁矿石进口地集中度非常高，主要来源于澳大利亚和巴西，其次是南非、印度、秘鲁、乌克兰、伊朗等国家，并且这种局面短期难以改变（图 3-4-2）。

2005 年，我国铁矿石进口主要来自澳大利亚、印度、巴西 3 个国家（大于 5000 万吨），其次是南非、俄罗斯、秘鲁、加拿大、委内瑞拉、哈萨克斯坦、伊朗等国家（大于 200 万吨）。其中，从澳大利亚进口铁矿石 1.12 亿吨，占铁

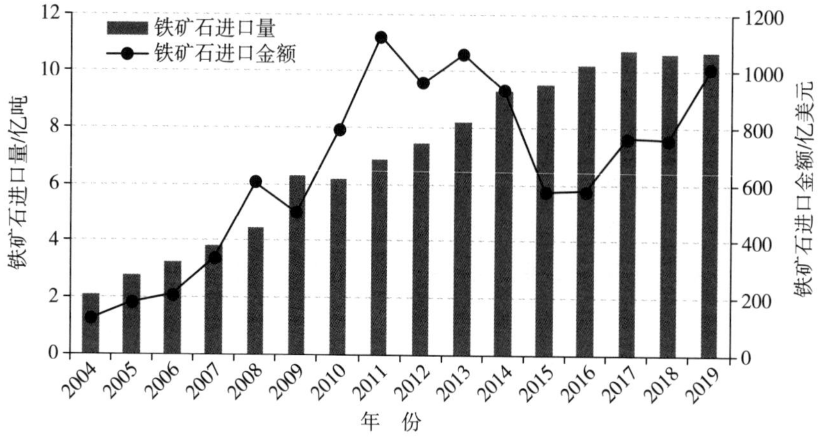

图 3-4-1　2004—2019 年我国铁矿石进口量及金额变化情况

资料来源：《中国贸易外经统计年鉴》（2005—2020）

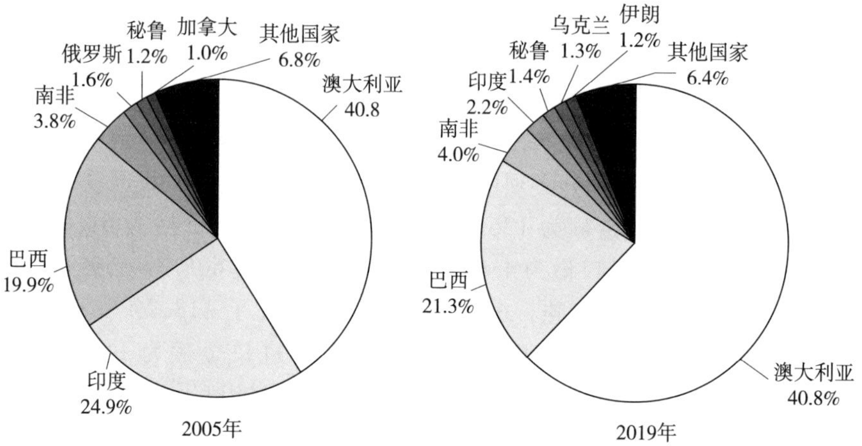

图 3-4-2　2005 年和 2019 年我国铁矿进口地集中度对比

矿石总进口量的 40.8%；从印度进口铁矿石 0.68 亿吨，占铁矿石总进口量的 24.9%；从巴西进口铁矿石 0.55 亿吨，占铁矿石总进口量的 19.9%。从上述 3 个国家合计铁矿石进口量占当年铁矿石总进口量的 85.6%。

2019 年，我国铁矿石进口主要来自澳大利亚和巴西 2 个国家（大于 2 亿吨），其次是南非和印度（大于 2000 万吨）；再次是秘鲁、乌克兰、伊朗、加拿大（大于 1000 万吨）。其中，从澳大利亚进口铁矿石 6.65 亿吨，占铁矿石总进口量的 62.2%；从巴西进口铁矿石 2.27 亿吨，占铁矿石总进口量的 21.3%，从上述 2 个国家合计铁矿石进口量占当年铁矿石总进口量的 83.5%；从南非进口铁矿石 0.43 亿吨，占铁矿石总进口量的 4.0%；从印度进口铁矿石

0.24 亿吨，占铁矿石总进口量的 2.2%。从澳大利亚、巴西、南非 3 个国家合计铁矿石进口量占当年铁矿石总进口量的 87.5%。

二、铁矿石对外依存度

我国铁矿石的生产与需求存在结构性错配，导致铁矿石对外依存度持续攀升。本书用铁矿石净进口量与铁矿石消费量的比值来表示其对外依存度。由于铁矿石消费量难以统计，本书用冶炼生铁消耗铁矿石量（成品矿）来代替，进口铁矿石视为成品矿，不再另行折算。即：铁矿石对外依存度=当年铁矿石净进口量/（当年国内生铁产量×1.6）。2005—2019 年，我国铁矿石对外依存度持续攀升，从 49.5%提高至 82.6%（图 3-4-3）。高对外依存度、高进口集中度、高铁矿石价格，已经严重影响我国钢铁工业健康发展。

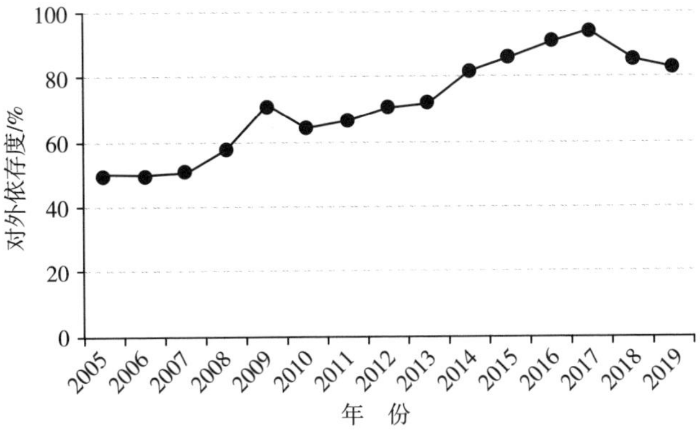

图 3-4-3　2005—2019 年我国铁矿石对外依存度变化情况

第五节　铁矿石市场价格

我国铁矿石价格走势与国际铁矿石价格走势基本一样。21 世纪以来，经历了 3 次快速上涨过程。2002 年 1 月—2008 年 2 月，国产铁精粉（迁安，66%干基含税）价格从 220 元/吨涨至 1600 元/吨，上涨了 627%。此后，受全球金融危机影响，铁矿石价格出现暴跌。2009 年 4 月—2011 年 8 月，国产铁精粉（迁安，66%干基含税）价格从 650 元/吨涨至 1535 元/吨，上涨了 136.2%。这两轮铁矿石价格暴涨，主要与铁矿石供需偏紧，尤其是中国铁矿石需求旺盛，加之国际资本控制铁矿石定价机制等因素有关。

2011 年 8 月开始，受世界经济增长复苏乏力，铁矿石供需趋于宽松，铁矿石价格进入下行通道。2015 年 12 月底，国内铁精粉（62%，含税）价格为 430.3 元/吨，国内铁精粉（迁安，66%干基含税）价格为 430.3 元/吨。

2016 年以来，国内铁精粉的价格总体呈现波动上涨态势。据中国钢铁工业协会统计数据，2019 年全年国产铁精矿（62%，含税）价格为 698.0 元/吨，与 2018 年全年平均价 606 元/吨相比，上涨了 15.2%。国内铁矿石价格上涨既有国际铁矿石价格带动，也受国内钢厂需求大幅增长，国内铁矿山供应不足，港口库存持续下降等因素影响有关（图 3-5-1）。

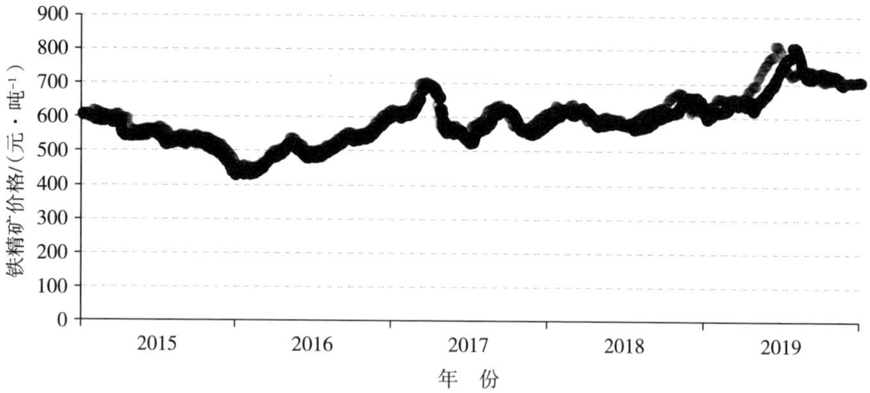

图 3-5-1　2015—2019 年国产铁精矿（62%）含税价格走势

资料来源：中国钢铁工业协会

第六节　铁矿采选业投资与效益

一、铁矿采选业固定资产投资

2002 年以来，伴随国内钢铁需求和铁矿石价格上涨和回落，我国铁矿采选业投资经历了一轮扩张—萎缩的过程。2003—2014 年，国际铁矿石价格总体呈上涨趋势，我国铁矿采选业完成投资从 48.1 亿元增加至 1532 亿元，增长了 3087%。此后，铁矿石价格总体回落，加之国内钢铁去产能、调结构和钢铁需求增速放缓等因素影响，铁矿采选业投资有所放缓。2014—2017 年，我国铁矿采选业完成投资从 1532 亿元减至 690 亿元，减少了 54.9%（图 3-6-1）。

2018 年，铁矿采选业的固定资产投资有所增长，主要与矿山企业为了维持生产规模，适当扩大改造或者加大了一些安全环保治理投入有关。

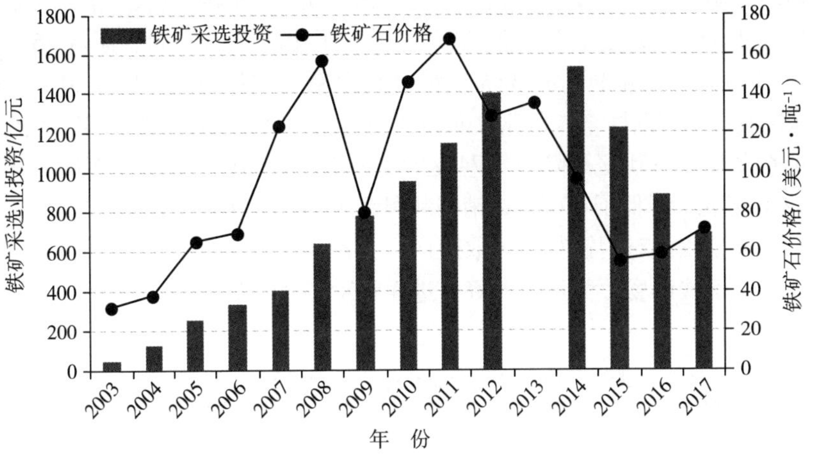

图 3-6-1　2003—2017 年我国铁矿采选业固定资产投资和铁矿石价格变化情况

二、铁矿采选业经营效益

21 世纪以来，随着我国经济快速发展，国内钢铁需求旺盛，驱动国际铁矿石价格持续上涨，我国黑色金属采选业营业收入和利润经历了一轮上涨和收缩的过程（图 3-6-2）。这里，黑色金属采选业基本可以代表铁矿石采选业营业情况［铁矿石采选业产值（收入、利润）占黑色金属采选业产值（收入、利润）的比例在 95%以上］。

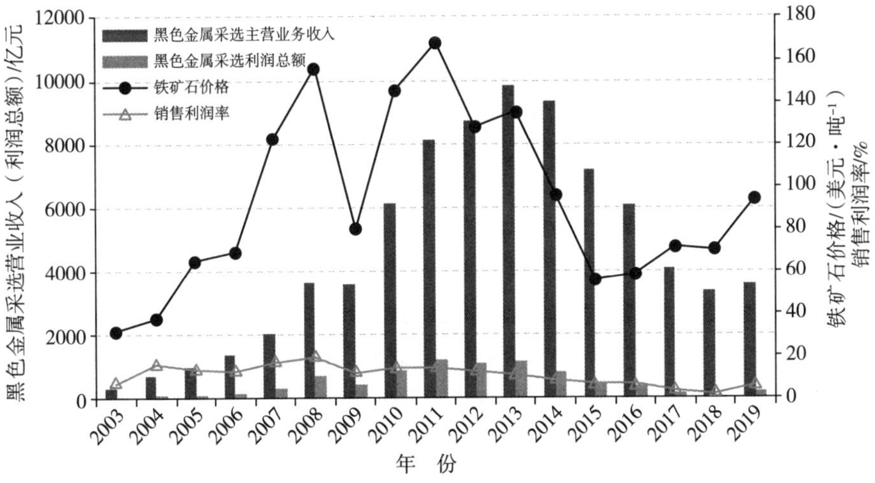

图 3-6-2　2003—2019 年我国规模以上黑色金属采选业主营业务收入与利润总额和铁矿石价格与销售利润率变化情况

2003—2013 年，铁矿石价格总体呈上涨趋势，我国规模以上黑色金属主营业务收入从 353 亿元增加至 9851 亿元，增长了 2690%；利润总额从 26.2 亿元增加至 1136 亿元，增长了 4235%；销售利润率总体保持在 10%~20%。此后，随着铁矿石价格逐渐回来，营业收入和利润整体下滑。2013—2018 年，黑色金属主营业务收入从 9851 亿元降至 3374 亿元，降低了 65.7%；利润总额从 1136 亿元降至 72.6 亿元，降低了 93.6%；销售利润率从 11.5%降至 2.2%（图 3-6-2）。

近年来，我国对钢铁行业采取限产、去产能、节能环保技改提升、减税降负等措施，钢铁市场形势逐步向好，进而带动黑色金属矿采选行业企稳向好。

第七节　铁矿资源安全供给综合评价

一、国内铁矿供给影响因素

（一）矿产勘查投入持续下萎缩，资源储量更新缓慢

2012 年以来，整个矿业市场持续低迷，导致上游铁矿勘查投入持续萎缩。近年来，尽管国内找到一些大型铁矿资源，但铁矿资源品位并不高，且部分矿山埋深较大，后续开采成本会很高。新发现矿产地的勘查程度不高，资源储量以资源量级别为主，普遍未达到工业开采设计的工业储量要求。

（二）受矿山生产结构影响，铁矿石生产集中度提高缓慢

国内铁矿资源禀赋差，铁矿石产能增长严重落后于钢铁产能增长，难以满足国内需求。目前，我国铁矿生产企业中、大型矿山占 5%，中型矿山占 11%，小型矿山及小矿占 84%，加之中、小铁矿山企业开发技术落后，综合利用水平低，铁矿石生产集中度难以有效提升。

（三）环保政策趋紧，铁矿石产能提升空间不大

钢铁行业是我国主要的大气污染排放领域之一，产污环节多，污染排放量大，一直都是污染防治的重点行业。经过多年发展，钢铁行业装备水平仍然参差不齐，不少企业还没有做到污染物全面稳定达标排放。吨钢能源消耗、污染物排放量抵消不了因钢铁产量增长导致的能源消耗和污染物总量增加。随着环保政策趋紧，国家对钢铁产业采取了系列“地条钢”清退、限产减排、产能置换（表 3-7-1），粗钢产能得到一定控制。同时，在矿山开采端，严格执行矿业权准入管理，实施自然保护地内矿业权清理、露天矿山环境治理等措施，铁矿生产企业数量大幅减少，铁矿石产能难以大幅上涨。

表 3-7-1　我国钢铁行业政策调整情况

序　号	文件名称	发布文号	内容摘要
1	国务院办公厅关于进一步加大节能减排力度加快钢铁工业结构调整的若干意见	国办发〔2010〕34 号	（1）坚决抑制钢铁产能过快增长；（2）加大淘汰落后产能力度；（3）进一步强化节能减排；（4）加快钢铁企业兼并重组；（5）大力实施企业技术创新和技术改造；（6）切实规范铁矿石流通秩序；（7）推进国内铁矿开发和“走出去”战略的实施；（8）加大国内铁矿石资源的勘探力度，增加资源储量；（9）支持钢铁企业充分利用两个市场、两种资源，加强对外投资和跨国经营，深化经济技术合作
2	国土资源部关于鼓励铁铜铝等国家紧缺矿产资源勘查开采有关问题的通知	国土资发〔2010〕144 号	（1）加大紧缺矿产资源勘查力度；（2）完善紧缺矿产资源矿业权出让制度；（3）调整部分铁矿资源矿权出让方式，鼓励铁矿勘查；（4）保障紧缺矿产资源勘查开采环境
3	国务院办公厅关于转发国土资源部等部门找矿突破战略行动纲要（2011—2020 年）	国办发〔2011〕57 号	（1）全面推行“公益先行、商业跟进、基金衔接、整装勘查、快速突破”地质找矿新机制，立足国内增强矿产资源保障能力；（2）统筹调动企业、地勘单位的资金与技术力量，加大勘查投入、加快勘查进度，实施整装勘查，尽快实现找矿重大突破，增加重要矿产资源储量，建立重要矿产资源储备体系
4	工业和信息化部关于印发《钢铁工业“十二五”发展规划》的通知	工信规〔2011〕480 号	（1）强化资源保障。加大境外矿产资源合作开发，规范国内铁矿石市场秩序，建立健全铁矿石资源战略保障体系。基本建立利益共享的铁矿石、煤炭等钢铁工业原燃料保障体系，新增境外铁矿石产能 1 亿吨以上；（2）产业集中度。大幅度减少钢铁企业数量，国内排名前 10 位的钢铁企业集团钢产量占全国总量的比例由 48.6%提高到 60%左右
5	国务院关于化解产能严重过剩矛盾的指导意见	国发〔2013〕41 号	重点推动山东、河北、辽宁、江苏、山西、江西等地区钢铁产业结构调整，充分发挥地方政府的积极性，整合分散钢铁产能，优化产业布局，压缩钢铁产能总量 8000 万吨以上。……落实公平税赋政策，取消加工贸易项下进口钢材保税政策
6	工业和信息化部关于《钢铁行业规范条件（2015 年修订）》和《钢铁行业规范企业管理办法》的公告	工业和信息化部公告 2015 年第 35 号	从产品质量，工艺与装备，环境保护，能源消耗和资源综合利用，安全、职业卫生和社会责任五方面提出了规范要求

续表

序　号	文件名称	发布文号	内容摘要
7	国务院关于钢铁行业化解过剩产能实现脱困发展的意见	国办发〔2016〕6号	严禁新增产能，化解过剩产能，推动行业升级
8	国家发展和改革委员会、工业和信息化部、财政部等二十三部门关于做好2017年钢铁煤炭行业化解过剩产能实现脱困发展工作的意见	发改运行〔2017〕691号	按照《2017年钢铁去产能实施方案》要求：2017年6月30日前，“地条钢”产能依法彻底退出；加强钢铁行业有效供给，避免价格大起大落；2017年退出粗钢产能5000万吨左右；企业兼并重组迈出新步伐，取得实质性进展；……妥善处置企业债务，明确资产处置政策；加快推进转型升级，促进产业布局进一步优化
9	工业和信息化部关于《印发钢铁水泥玻璃行业产能置换实施办法》的通知	工信部原〔2017〕337号	严禁钢铁行业新增产能，推进布局优化、结构调整和转型升级
10	国家发展和改革委员会等五部门关于进一步落实有保有压政策促进钢材市场平衡运行的通知	发改产业〔2017〕176号	（1）深入开展钢铁行业化解过剩产能工作；（2）坚定不移淘汰钢铁行业落后产能；（3）积极支持合法合规企业加强有效供给；（4）切实落实有保有控的金融政策，严禁向生产销售地条钢的企业提供任何形式的授信支持；（5）充分发挥期货价格对现货价格的预期作用；（6）加强综合协调和规范市场秩序
11	国家发展和改革委员会工业和信息化部、国家能源局等六部门关于做好2018年重点领域化解过剩产能工作的通知	发改运行〔2018〕554号	（1）2018年退出粗钢产能3000万吨左右；（2）巩固化解钢铁过剩产能成果，严禁新增产能，防范“地条钢”死灰复燃和已化解的过剩产能复产；（3）促使达不到有关标准和不符合产业政策的落后产能依法依规退出；（4）着力推进钢铁企业兼并重组，合理高效利用废钢铁资源，进一步推动钢铁行业转型升级和结构优化；（5）积极推动钢铁国际产能合作
12	国务院关于印发《打赢蓝天保卫战三年行动计划》的通知	国发〔2018〕22号	（1）严控“两高”行业产能。重点区域严禁新增钢铁、焦化、电解铝、铸造、水泥和平板玻璃等产能；严格执行钢铁、水泥、平板玻璃等行业产能置换实施办法；（2）重点区域加大独立焦化企业淘汰力度，京津冀及周边地区实施“以钢定焦”，力争2020年炼焦产能与钢铁产能比达到0.4左右。严防“地条钢”死灰复燃；（3）强化“散乱污”企业综合整治；（4）推进露天矿山综合整治

续表

序　号	文件名称	发布文号	内容摘要
13	生态环境部、国家发展和改革委员会、工业和信息化部等五部门关于推进实施钢铁行业超低排放的意见	环大气〔2019〕35号	一是明确了钢铁企业超低排放指标要求；二是从严格新改扩建项目环境准入，积极有序推进现有钢铁企业超低排放改造，依法依规推进钢铁企业全面达标排放，依法依规淘汰落后产能和不符合相关强制性标准要求的生产设施，加强企业污染排放监测监控
14	国家发展和改革委员会修订发布《产业结构调整指导目录（2019年本）》	国家发展和改革委员会令第29号	钢铁限制类21条；钢铁淘汰类36条
15	国家发展和改革委员会、工业和信息化部、国家能源局等六部门关于做好2020年重点领域化解过剩产能工作的通知	发改运行〔2020〕901号	三、继续深化钢铁行业供给侧结构性改革。进一步完善钢铁产能置换办法，……进一步加强事中事后监管，严格落实安全、环保、能耗、质量、用地、产业政策和产能置换等相关要求，……加快推动落后产能退出，严防“地条钢”死灰复燃和已化解过剩产能复产。指导企业复工复产，做好行业运行监测分析，维护行业平稳运行。进一步推动钢铁行业绿色化发展，……进一步推动钢铁企业实施兼并重组……

（四）成本高税费重，产业发展受限

我国铁矿资源禀赋差，采选难度大，开采成本相对于巴西、澳大利亚高2~3倍。根据中国冶金矿山企业协会统计，2019年，我国铁矿石成品矿完全成本为494.89元/吨（约合70.7美元/吨），铁精粉制造成本369.93元/吨（约合52.8美元/吨）。

尽管钢铁企业采取了一系列措施来提高效率、降低成本，改善经营状况，但由于资源本身的影响，刚性支出占成本的80%，企业成本下降的空间越来越小、难度越来越大。而平均销售税费负担率高达20%以上，缺乏市场竞争力。

（五）铁矿石价格异常波动，影响产业健康发展

铁矿石是高炉冶炼生铁最主要的原材料，铁矿石成本占钢铁生产成本的近50%。偏离市场供需基本面的铁矿石价格非理性暴涨，除了定价机制不合理外，更多的是投机和资本炒作，严重影响钢铁企业的盈利能力。

（六）废钢进口量受限，废钢替代率依然不高

废钢是重要的炼钢原材料。利用废钢代替铁矿石，大大缩短炼钢流程，有利于节能降耗，减少二氧化碳及固体废物排放。

一是废钢利用率不高。据中国废钢铁应用协会，2019 年我国废钢铁消耗量 2.4 亿吨，其中社会采购量约 1.9 亿吨，钢铁企业自产量 0.5 亿吨，进口量约 18 万吨。我国废钢资源利用比例（废钢/粗钢比例）约为 20%，低于世界平均水平。

二是废钢进口受限。2009 年我国废钢进口量达到 1369 万吨，2019 年废钢进口量降至 18.4 万吨。2018 年 12 月，生态环境部等四部委联合下文，将废钢铁等 8 个品种的固体废物调入《限制进口类可用作原料的固体废物目录》，到 2020 年末实现固体废物零进口。在花费大量外汇购买铁矿石且铁矿石对外依存度持续攀升，国内铁矿石产能难以大幅提升产能的背景下，又要限制废钢进口，不利于钢铁产业发展。

二、国外铁矿供给影响因素

（一）铁矿石进口结构短期难以改变

受国内钢铁产能规模巨大，铁矿石可采资源有限，生产成本高等多重因素影响，铁矿石高对外依存度的局面在短期内难以有效解决，进口仍是获得铁矿石最主要渠道。受铁矿石资源分布影响，铁矿石进口多元化的能力和潜力有限，澳大利亚和巴西作为两大铁矿石进口来源地的高集中度结构和进口体量不会改变。

（二）境外权益资源开发

我国境外铁矿石项目主要分布在澳大利亚、加拿大、西非 3 个国家和地区，我国企业获得的权益资源储量达 300 亿吨，全部建成后权益矿年产能将接近 3 亿吨。

境外资源能否顺利开发需要面临诸如资源禀赋和品质、投资运作风险、合同风险、社会环境风险、本地化要求风险、原材料出口限制的规制等问题；还面临着资源开发后的运输、港口建设或使用、基础设施建设等风险。

（三）国际铁矿石定价权

全球铁矿石高度富集，其中以澳大利亚、巴西所占比例最为显著。国际资本通过控股或参股全球主要铁矿山和制定大宗商品价格指数，进而垄断全球铁

矿石贸易。目前，国际铁矿石定价主要参考普氏能源资讯（Platts）的普氏价格指数、《世界金属导报》（*Metal Bulletin*）的 MBIO 指数、环球钢讯（SBB）的 TSI 指数，这类指数编制主要采取询价方式，而非现货实际交易价格。

（四）大型远洋船舶运输能力

铁矿石进口供应包括国际远洋货运能力、本国港口接卸货能力、运输成本等多环节。远洋运输铁矿石等大宗商品，急需 40 万吨超级矿砂船、远航海员技术团队建设等。本国港口接待超级矿砂船的能力及卸载效率也是影响远洋运输效率的重要因素。

第四章　我国铜矿市场综合评价研究

第一节　铜矿勘查投入与资源状况

一、铜矿勘查投入

（一）铜矿勘查投入总体情况

铜矿一直是全球矿产勘查的热点矿种。与全国地质勘查投入趋势一致，以2012年为分水岭，先后经历投资高涨—衰退的过程。2002—2012年，伴随国际铜价格普遍上涨，我国铜勘查总投入持续攀升，特别是社会资金勘查投入加大。铜矿勘查总投入从1.53亿元增加至55.84亿元，增长了3546%；有力保障了一批中型、大型、超大型铜矿床的发现。此后，铜矿勘查进入调整下行阶段，勘查投入大幅下滑。2013—2018年，铜矿勘查投入从54.55亿元降至9.39亿元，接近2007年的投资水平，下降了82.8%（图4-1-1）。

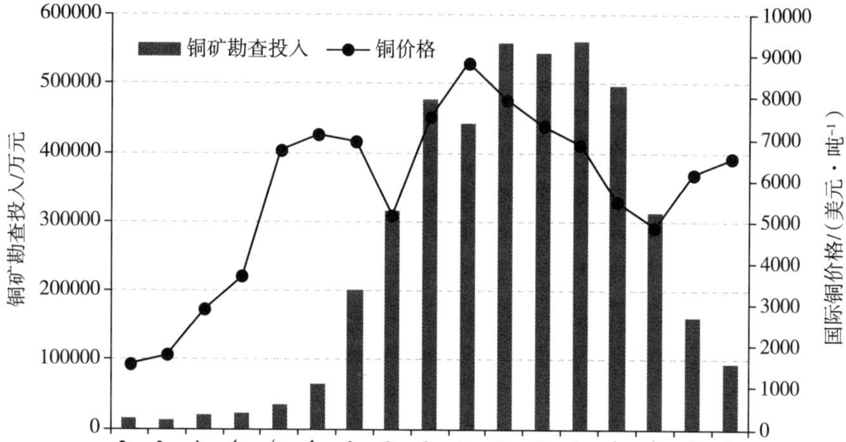

图4-1-1　2002—2018年我国铜矿勘查投入和国际铜价格变化情况

资料来源：《中国国土资源统计年鉴》（2003—2018），《全国地质勘查成果通报》（2018）

钻探工作量与勘查投入呈正相关，以2012年为分水岭，先后经历钻探高峰—衰退的过程。2002—2012年，我国铜矿钻探工作量从5.39万米增加至254.95万米，增长了4629%。2013—2018年，铜矿钻探工作量从225.7万米降至62万米，下降了72.5%。

（二）铜矿勘查投入来源结构情况

从铜矿勘查投入来源来看，2002—2007年，社会资金占比持续攀升，从13.6%提高至50.3%；2008年开始，社会资金占比已经超过财政资金成为最主要的投资来源，社会资金占比从74.36%提高至2014年的82.55%。2012年以来，国际铜价格持续下跌，铜矿勘查投入持续回落，财政资金和社会资金投入双双萎缩，但社会资金仍是第一大投资来源，标志着我国铜矿勘查市场化已经趋于成熟，市场在资源配置中的决定性作用更加明显。在此期间，财政资金仍保持一定规模，主要是由中央地质勘查工作的稳定性决定（图4-1-2）。

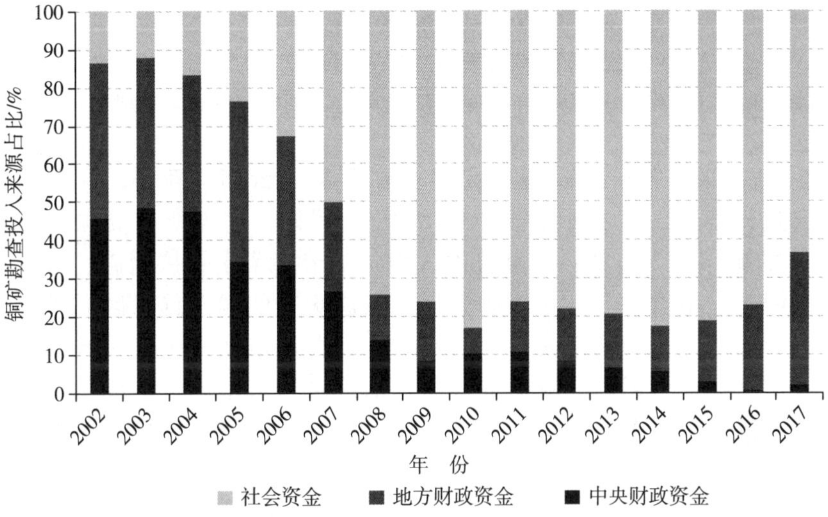

图4-1-2 2002—2017年我国铜矿勘查投入来源结构变化情况

资料来源：《中国国土资源统计年鉴》（2003—2018），《全国地质勘查成果通报》（2018）

二、铜矿资源量与新发现

（一）铜矿新发现

伴随着地质勘查投入和钻探工作量的增加，我国地质找矿取得一系列突破，新发现一大批矿产地。2002—2019年，全国矿产勘查累计新发现矿产地

4576处（包含油气矿产），其中，大型矿产地1000余处、中型矿产地1200余处。从矿种来看，累计新发现铜矿产地178处，占全国新发现矿产地的3.88%（图4-1-3）。

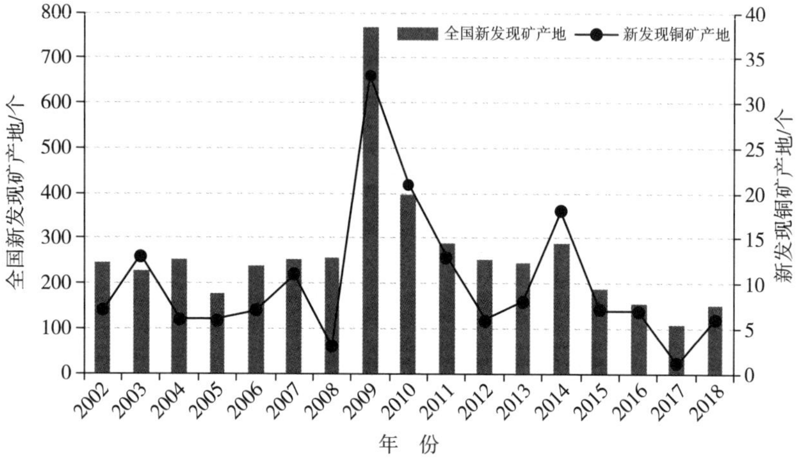

图4-1-3 2002—2018年我国新发现矿产地及铜矿产地变化情况

资料来源：《中国国土资源统计年鉴》（2003—2018），《全国地质勘查成果通报》（2018）

近10年来，铜矿新发现主要集中在西藏、云南、新疆、江西、内蒙古、安徽、黑龙江等中西部省（自治区）。例如，勘查新增资源储量超过50万吨的矿床主要包括：西藏自治区墨竹工卡县荣木错拉铜矿、尼木县白蓉岗讲铜矿、墨竹工卡县邦浦矿区，云南迪庆普朗铜矿首采区、景谷县曾家村铜矿，江西省瑞昌市武山铜硫铁矿区、九江市柴桑区铁路坎矿区，黑龙江省嫩江县铜山铜矿，新疆维吾尔自治区哈密市土屋铜矿床、哈巴河县阿舍勒铜锌矿、哈密市延东铜矿、托里县包古图呼的合铜矿，安徽省宣州区茶亭矿区等。

（二）铜矿查明资源储量

21世纪以来，我国查明铜资源储量屡创新高，得益于新发现的铜矿产地和已知铜矿床的再评价。2006—2018年，查明铜资源储量从7048万吨（金属量，下同）增加至11443万吨，增长了62.4%。其中，铜资源量从3978万吨增加至7947万吨，增加了99.8%；铜储量从1754万吨降至787万吨，下降了55.1%。

尽管查明铜资源储量总体在持续增长，但我国铜资源储量结构并不容乐观，铜储量与铜资源量呈“剪刀叉”走势，即铜储量连续18年呈下降态势，铜资源量连续16年呈现增长态势（图4-1-4）。

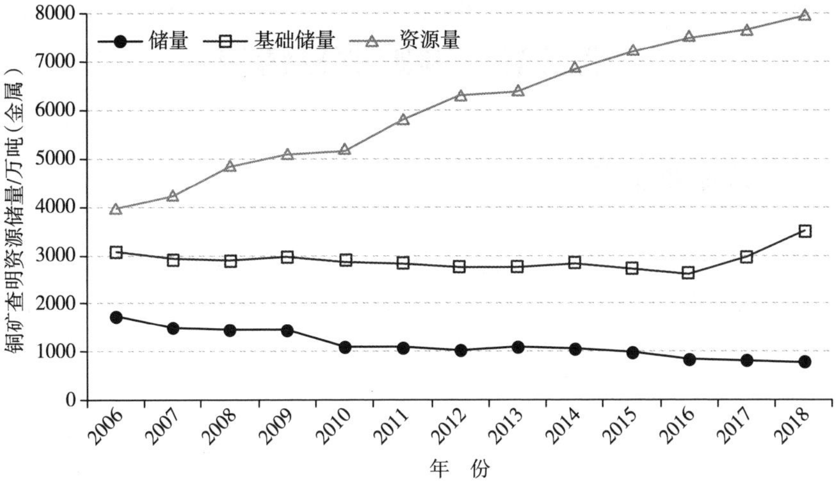

图 4-1-4　2006—2018 年我国铜矿查明资源储量结构变化情况

资料来源：《中国矿产资源报告》（2006—2018），《全国矿产资源储量通报》（2006—2018）

（三）铜矿储采比

近 20 年，我国铜矿储采比持续下降。储采比从 2001 年的 33.1 降至 2018 年的 5.2，表明铜矿可采储量保障能力严重不足（图 4-1-5）。全国铜矿储量规模的锐减与全国铜矿产能、产量稳步增长形成鲜明对比。同时，大量新发现铜矿床和已知铜矿床的资源评价更新不及时，导致铜资源储量级别更新不及时，也是储量数据下滑的主要因素。

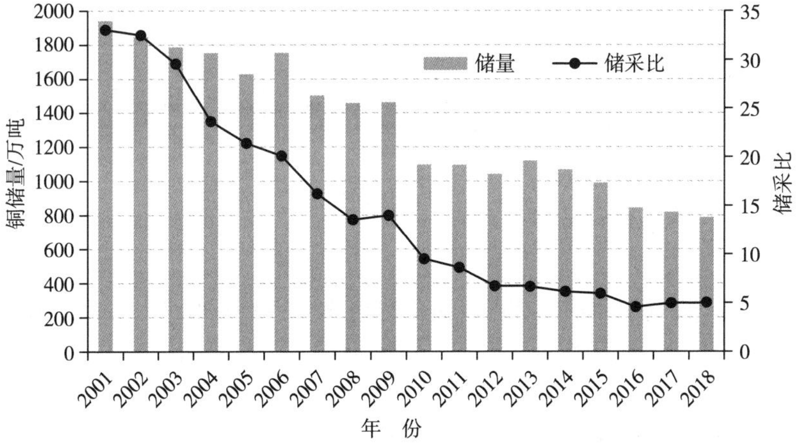

图 4-1-5　2001—2018 年我国铜矿储量和储采比变化情况

资料来源：《全国矿产资源储量通报》（2001—2018），《中国有色金属工业年鉴》（2001—2018）

第二节 铜矿业权情况

一、铜矿探矿权

党的十八大以来，国家将生态文明建设提高至战略高度，矿业领域面临供给侧结构性改革，地质工作结构从传统地质调查和专项找矿转向综合调查和绿色勘查。随着生态保护红线划定和落实，铜矿矿业权准入条件将更加严格，铜矿矿业权退出条件也更加严格。

铜矿探矿权数量进入一轮清理、退出阶段。2009—2018 年，我国铜矿探矿权数量从 7314 个减至 2583 个，减少了 64.67%；铜矿探矿权数量占全国探矿权数量的比例为 17.3%，是全国探矿权数量中排第二位的矿种。年均新立铜矿探矿权数量从 1300 余个降至 100 个以内。年均铜矿探矿权注销数量从 30 个增加至 300 余个（图 4-2-1）。

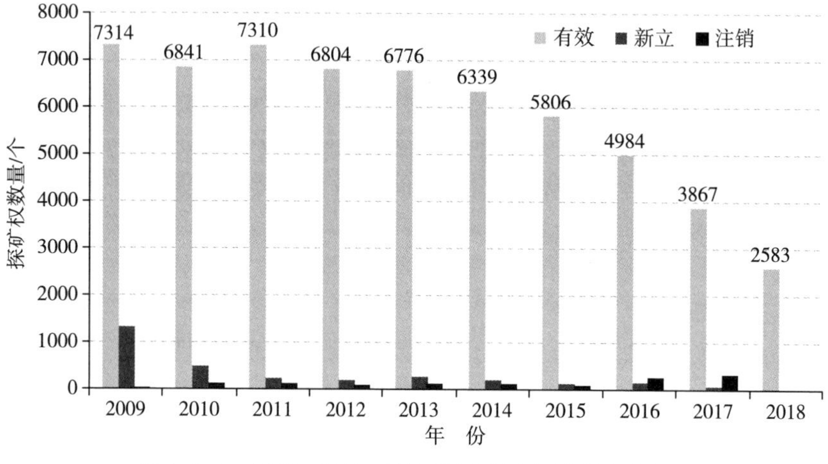

图 4-2-1 2009—2018 年我国铜矿探矿权数量变化情况

资料来源：《中国国土资源统计年鉴》（2010—2018），《全国地质勘查成果通报》（2018）

铜矿探矿权登记面积也呈逐渐减少的趋势。2009—2017 年，我国铜矿探矿权登记面积从 15.58 万平方千米减至 6.56 万平方千米，铜矿探矿权登记面积减少了 57.88%。

目前，处于自然保护区内的铜矿探矿权清理工作基本结束。此后，铜矿探矿权退出主要遵循矿业权管理规则、矿产勘查市场规律和投资风险规律，加之铜资源短缺需要加大铜矿找矿勘查，铜矿探矿权数量将会维持基本稳定状态。

二、铜矿采矿权

“十二五”以来，受生态保护红线政策影响，我国铜矿采矿权数量略有下降，但下降幅度低于探矿权数量的下降幅度，总体保持稳定。采矿权退出主要遵循矿山开采规律和矿业权管理规则，矿山寿命主要与矿山资源储量规模和矿山建设规模有关，根据《矿产资源开采登记管理办法》规定：大型以上的，采矿许可证有效期最长为30年；中型的，采矿许可证有效期最长为20年；小型的，采矿许可证有效期最长为10年。

2002年以来，我国铜矿采矿权数量经历了一轮迅速增长—逐渐回落的走势。2013年，我国铜矿采矿权数量达到881个，创历史峰值。2017年，铜矿采矿权数量为677个，减少了23.15%。2009年以来，我国每年平均新立铜矿采矿权数量从45个降至10个以内（图4-2-2）。主要与生态保护政策趋于严厉，加大了对自然保护区内的采矿权清理工作有关。

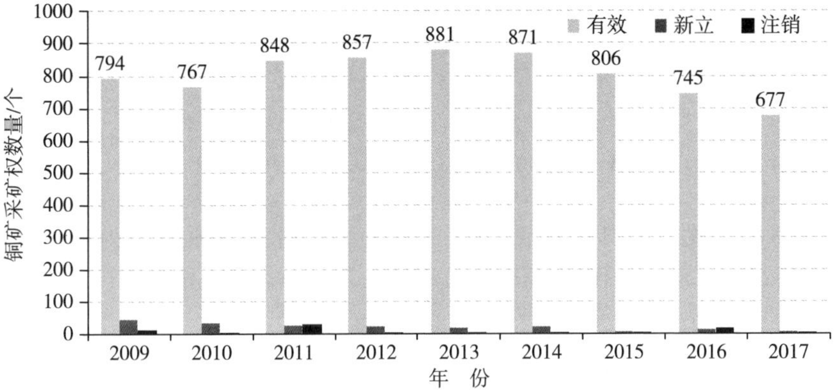

图4-2-2　2009—2017年我国铜矿采矿权数量变化情况

资料来源：《中国国土资源统计年鉴》（2010—2018）

第三节　铜生产与消费

一、铜矿生产

（一）铜精矿生产情况

受资源禀赋和资源品位等因素限制，我国铜精矿产量基本达到峰值。从

2002—2016年，我国铜精矿产量从57万吨增至185万吨，年均增长8.8%，达到历史最好水平（图4-3-1），铜精矿产量排世界第二位。2016年以来，我国铜精矿产量有所下滑，2018年铜精矿产量为151万吨，较2016年下跌了18.4%。主要与国内新大型矿山项目较少、新项目产能释放缓慢，中、小型矿山受环保、安全等政策减产、关停有关。

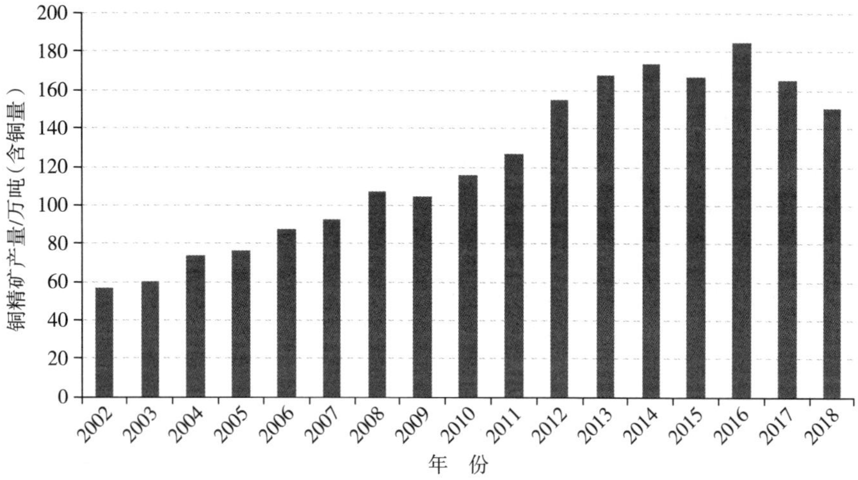

图4-3-1 2002—2018年我国铜精矿产量变化情况

资料来源：《中国有色金属工业年鉴》（2003—2019）

2018年，我国进口铜精矿1971.8万吨，折合铜金属量约为473.2万吨（按含量24%计算），国内铜精矿自给率仅为24.2%。国内铜冶炼厂对境外铜原料依赖度非常高。

（二）铜精矿生产结构

从铜精矿生产地区来看，我国铜矿生产主要集中在中西部地区的内蒙古、江西、云南、安徽、甘肃、新疆（年产量超过10万吨）等省（自治区），其次是山东、四川、湖北、西藏、山西、青海、黑龙江和福建（年产量超过3万吨）等省（自治区）。2008—2018年，内蒙古、江西、云南、安徽、甘肃、新疆6省（自治区）合计产量占全国比例维持在70%~74%（图4-3-2）。

根据中国有色金属协会数据统计，2018年，全国铜精矿产量为150.6万吨（金属）。其中，产量最高的为江西省铜精矿产量31.5万吨，占到全国铜精矿产量的20.9%；云南省产量为20.93万吨，占比为13.9%；安徽省产量为16.1万吨，占比为10.7%；甘肃省产量为15.2万吨，占比为10.1%；新疆维吾尔自治区产量为12.6万吨，占比为8.4%；内蒙古产量为10.9万吨，占比为7.3%。以上6省（自治区）合计铜矿产量占比为71.2%。西藏铜矿生产增

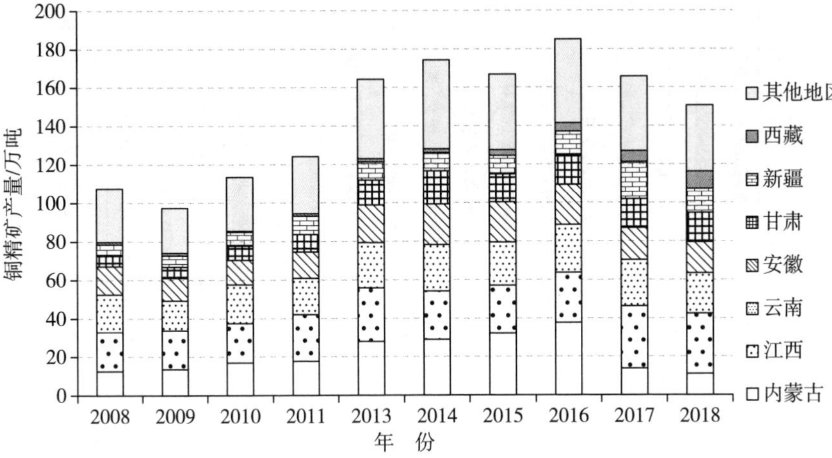

图 4-3-2　2008—2018 年我国铜精矿分地区产量变化情况

资料来源：《中国有色金属工业年鉴》（2009—2019）

长最为迅速，2018 年铜精矿产量达 8.89 万吨，较 2016 年增长了 103.6%，主要得益于甲马二期、玉龙二期、知不拉等铜矿相继投产。

二、精炼铜生产

我国精炼铜冶炼产能从 2007 年的 328 万吨增加至 2018 年的 1190 万吨，带动精炼铜产量不断创出历史新高，产能利用率保持在 75%左右，冶炼产能出现一定程度过剩。尽管铜精矿原料不足，但我国精炼铜产量却屡创新高。2006 年，我国精炼铜产量突破 300 万吨，超过智利，成为世界最大铜生产国。2002—2018 年，我国精炼铜产量从 163 万吨增至 902.9 万吨，年均增长 11.28%，精炼铜产量排世界第一位。

从精炼铜生产结构来看，我国精炼铜以矿产铜为主，矿产铜占精炼铜总产量的比例在 65%~74%。2002—2011 年，伴随国际铜价格上涨，矿产铜所占比例逐渐下降，再生铜所占比例从 23%提高至 36%，充分发挥了铜替代作用。此后，随着国际铜价格下跌，2018 年再生铜所占比例降至 26%左右（图 4-3-3）。

从产业集中度来看，2017 年，江西铜业集团公司、铜陵有色金属集团控股有限公司等前十位企业精炼铜产量占全国精炼铜产量的比例为 72%。

从精炼铜生产地区来看，我国精炼铜生产主要集中在中东部地区的山东、江西、安徽（年产量超过 80 万吨）3 省，其次是云南、河南、湖北、甘肃、广西，江苏、福建、浙江、内蒙古（年产量超过 30 万吨）9 省（自治区）。2008—2017 年，山东、江西、安徽 3 省合计产量占全国比例维持在 45%~48%，

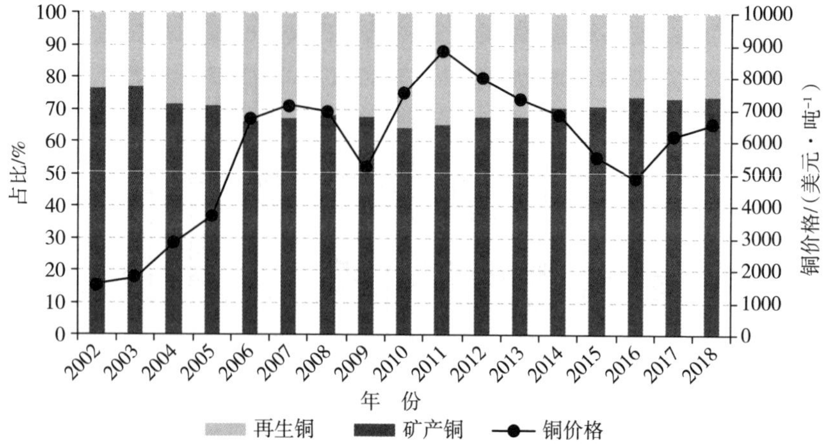

图 4-3-3 2002—2018 年我国精炼铜生产（矿产铜与再生铜）结构和国际铜价格情况

资料来源：《中国有色金属工业年鉴》（2003—2019）

云南、河南、湖北、甘肃、广西、江苏、福建、浙江、内蒙古 9 省（自治区）合计产量占全国比例维持在 40%~45%。其中，山东、河南、广西、福建等省精炼铜生产增长最为迅速，较 2008 年产量增长均超过 300%，得益于精炼铜产能的迅速扩展，铜原料主要依赖于进口和再生铜回收（图 4-3-4）。

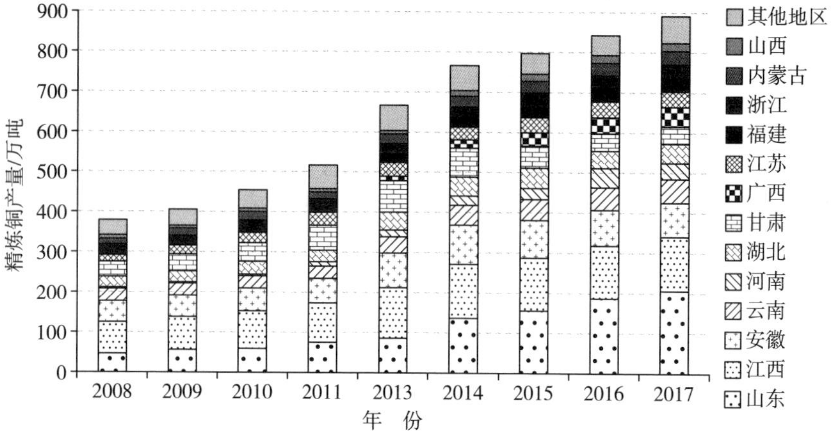

图 4-3-4 2008—2017 年我国精炼铜分地区产量变化情况

资料来源：《中国有色金属工业年鉴》（2009—2018）

三、铜消费

随着国民经济快速发展和大规模基础设施建设，我国铜消费迅速增长。

2002年，我国精炼铜消费量超过美国，成为世界最大铜消费国。此后一直保持在世界第一大消费国地位。2018年，我国精炼铜消费量占全球精炼铜消费量提高到47.1%。

2002—2018年，我国精炼铜产量从163万吨增加至844万吨，增长了417.8%。其中，“十一五”期间精炼铜产量增长了10.91%，“十二五”期间增长了9.18%，“十三五”期间（2016—2018年）增长了5.04%。2002—2018年，我国精炼铜消费量从260万吨增加至1250万吨，增长了380.6%，其中，“十一五”期间精炼铜消费量增长了15.66%，“十二五”期间增长了7.89%，“十三五”期间（2016—2018年）增长了4.09%。可以看出，自2011年以来，我国铜生产和消费增速普遍放缓，且铜消费增速低于铜生产增速（表4-3-1）。

表4-3-1　2002—2018年我国精炼铜生产增速与消费增速对比情况

时　期	精炼铜产量（累计）/万吨	年均产量 万吨	年均增长 %	精炼铜消费量（累计）/万吨	年均消费量 万吨	年均增长 %
“十五”（2001—2005年）	980	196	14.30	1475	295	11.76
“十一五”（2006—2010年）	1905	381	10.91	2645	529	15.66
“十二五”（2011—2015年）	3122	624.4	9.18	4467	893.4	7.89
“十三五”（2016—2018年）	2409	481.8	5.04	3222	644.4	4.09

铜矿资源主要用于生产金属铜，铜具有优良的导电性和导热性。铜作为国民经济发展的重要原材料之一，广泛地应用于国民经济各行各业。我国铜消费部门主要为电力电缆、电子通信、家用电器、机械制造、交通运输、建筑业、其他领域（表4-3-2）。2017年，我国电力电缆领域铜消费量约占我国铜消费量的40.75%，电子通信约占15.15%，家用电器约占15.20%，机械制造约占10.15%。

表4-3-2　2009年与2017年我国精炼铜消费结构对比情况

领　域	2009年消费比例/%	2017年消费比例/%
电力电缆	39.54	40.75
电子通信	15.96	15.15
家用电器	15.50	15.20
机械制造	10.25	10.15
交通运输	6.95	8.15

续表

领　域	2009 年消费比例/%	2017 年消费比例/%
建筑业	3.12	3.30
其　他	8.68	7.30

资料来源：《有色金属工业统计资料汇编》。

第四节　铜进出口贸易

受国内铜资源禀赋约束，我国铜精矿生产能力远远不能满足铜冶炼需求，精炼铜产量不能满足国内铜消费，导致我国从铜矿、精炼铜、再生铜等各环节原料均需要大量进口，铜供需缺口持续多年高位运行。我国铜产品进口量持续快速增长，铜资源整体对外依存度不断提高。

一、铜精矿进口

（一）铜精矿进口量

受国内铜冶炼产能不断扩张，对铜精矿需求旺盛，而国内铜精矿生产远远不能满足铜冶炼需求，带动铜精矿进口量持续攀升。2008—2018 年，我国铜精矿进口量从 519 万吨（实物量，下同）增加至 1972 万吨，增长了 279.8%，年均增长 14.2%（图 4-4-1）。

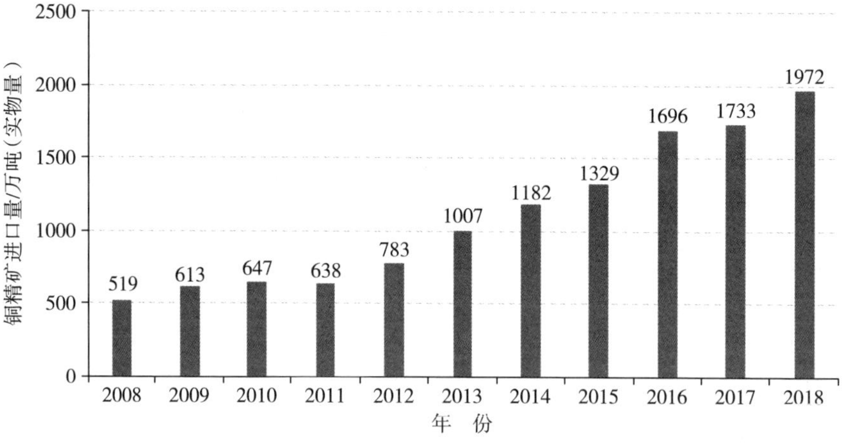

图 4-4-1　2008—2018 年我国铜精矿进口量变化情况

资料来源：中国海关总署

（二）铜精矿进口集中度

我国铜精矿进口来源于50多个国家，但进口集中度非常高，主要来源于智利、秘鲁、蒙古、墨西哥、澳大利亚、西班牙、哈萨克斯坦、加拿大、老挝、伊朗、美国、印度尼西亚、巴西、亚美尼亚、菲律宾、沙特阿拉伯、毛里塔尼亚、马来西亚等国家。其中，智利和秘鲁是我国铜精矿进口最主要来源地，始终保持在前两位。铜矿进口主要来源于铜资源丰富的国家或地区。

从进口集中度来看，前两位国家（C_2）铜精矿进口量占我国铜精矿总进口量的比例从2010年的41.76%提高至2018年的56.74%，铜精矿进口集中度大幅提高。前五位国家（C_5）铜精矿进口量占我国铜精矿总进口量的比例从2010年的63.63%提高至2018年的75.42%，铜精矿进口集中度大幅提高。前十位国家（C_{10}）铜精矿进口量占我国铜精矿总进口量的比例从2010年的84.73%提高至2018年的89.76%，铜精矿进口集中度有所提高（图4-4-2）。

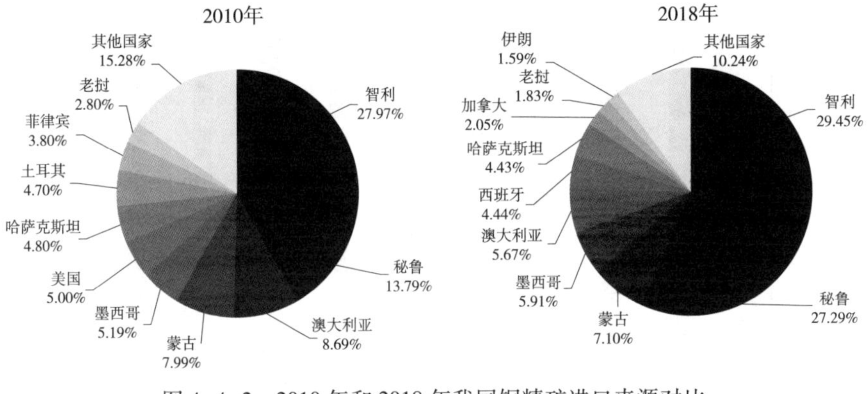

图4-4-2 2010年和2018年我国铜精矿进口来源对比

资料来源：中国海关总署

从2018年进口量来看，进口量大于500万吨的铜精矿来源国家主要是智利和秘鲁2个国家；进口量在100万~200万吨的主要是蒙古、墨西哥、澳大利亚3个国家，合计铜精矿进口量占总进口量的比例为18.68%；进口量在20万~100万吨的主要是西班牙、哈萨克斯坦、加拿大、老挝、伊朗、美国、印度尼西亚7个国家，合计铜精矿进口量占总进口量的比例为17.2%；进口量在10万~20万吨的主要是巴西、亚美尼亚、菲律宾、沙特阿拉伯、毛里塔尼亚、马来西亚6个国家，合计铜精矿进口量占总进口量的比例为4.48%；进口量在1万~10万吨的主要有16个国家，合计铜精矿进口量占总进口量的比例为2.6%。

二、精炼铜进口

（一）精炼铜进口量

2008年以来，我国精炼铜进口总体保持上涨态势。2008—2018年，我国精炼铜进口量从145.6万吨增加至370.8万吨，增长了154.6%，年均增长9.79%；同期，精炼铜出口量从9.6万吨增加至28.2万吨，其中2016年曾达到42.6万吨的最高水平（图4-4-3）。精炼铜净进口量占我国精炼铜总供应量（净进口量+国内产量）的比例已经从2009年的43.4%下滑至2018年的27.5%。这主要与国内铜冶炼产能不断扩张，对铜精矿需求增加，进口铜精矿的增加一定程度上代替了精炼铜进口；铜精矿的冶炼利润明显优于精炼铜的进口利润，也会导致冶炼商选择大量进口铜精矿。

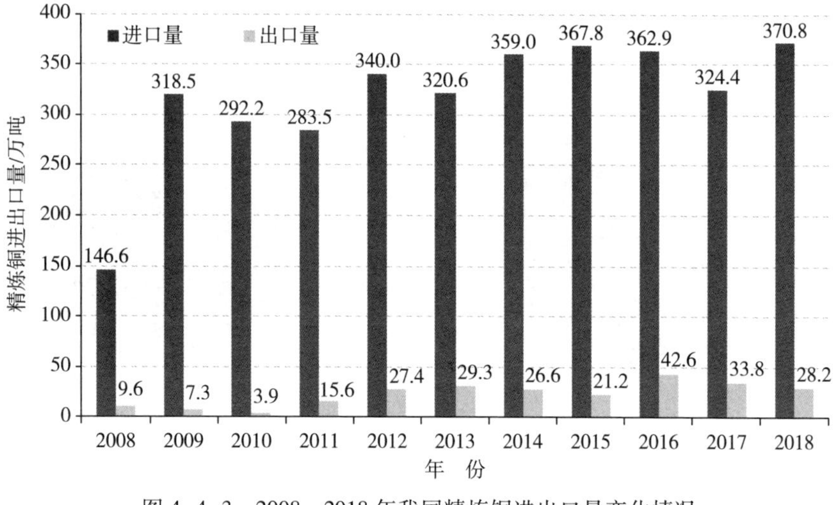

图4-4-3 2008—2018年我国精炼铜进出口量变化情况

资料来源：中国海关总署

（二）精炼铜进口集中度

我国精炼铜进口来源于40余个国家，但进口集中度也非常高，主要来源于智利、俄罗斯、印度、哈萨克斯坦、日本、秘鲁、澳大利亚、刚果（金）、韩国、保加利亚、赞比亚、波兰等国家。其中，智利是我国精炼铜进口最主要来源地。

从进口集中度来看，2018年，前五位国家（C_5）精炼铜进口量占我国精炼铜总进口量的比例为 58.6%；前十位国家（C_{10}）精炼铜进口量占我国精炼铜总进口量的比例为 77.2%，精炼铜进口集中度非常高。

从进口量来看，2018 年，从其进口量大于 100 万吨的国家只有智利，精炼铜进口量占我国总进口量的 35.6%，是我国精炼铜第一大进口来源地；进口量在 10 万~30 万吨的主要是俄罗斯、哈萨克斯坦、印度、日本、秘鲁、澳大利亚、刚果（金）、韩国、保加利亚 9 个国家，合计精炼铜进口量占我国总进口量的比例为 44.3%；进口量低于 10 万吨的主要是赞比亚、波兰、菲律宾、缅甸、墨西哥、巴西等 10 余个国家，合计精炼铜进口量占我国总进口量的比例为 20.1%（图 4-4-4）。

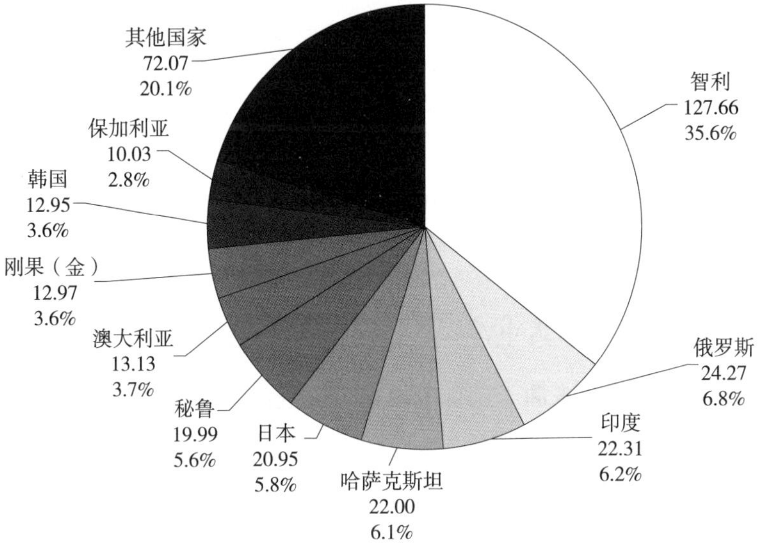

图 4-4-4 2018 年我国精炼铜进口量（万吨）及占比情况

资料来源：中国海关总署

三、废铜进口

（一）废铜进口量

废铜一直是我国铜产品的重要供给渠道。2000 年以来，我国进口废铜经历了一轮“先扬后抑”的走势。2000—2008 年，我国废铜进口增长显著，废铜进口量在 2007 年和 2008 年达到 558 万吨的峰值。此后，受全球金融危机和国际铜价持续下跌影响，我国废铜进口量有所回落。从 2018 年开始，环保因素和废进口政策收紧对废铜进口产生重要影响，其中，六类废杂铜被纳入限制进口类目录，七类废杂铜被纳入禁止进口类目录❶；我国废铜进口呈现大幅下跌。2018 年，我国进口废铜 241 万吨，较 2017 年下降了 32.2%（图 4-4-5）。

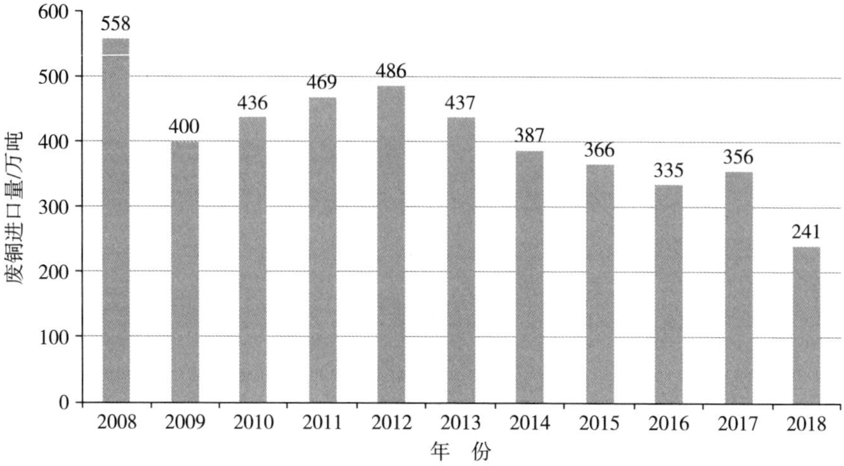

图 4-4-5　2008—2018 年我国废铜进口量变化情况

资料来源：中国海关总署

（二）铜废料进口集中度

我国铜废碎料进口来源于近百个国家，但进口集中度也非常高，且主要来源于发达国家或地区。

从进口集中度来看，2018 年，前五位国家（C_5）铜废碎料进口量占我国铜废碎料总进口量的比例为 57.2%；前十位国家（C_{10}）铜废碎料进口量占我国铜废碎料总进口量的比例为 74.8%，铜废碎料进口集中度非常高。

从进口量来看，2018 年，进口量大于 10 万吨的国家主要是日本、美国、中国香港地区、英国、德国、马来西亚、澳大利亚 7 个国家或地区，合计铜废碎料进口量占我国总进口量的比例为 65.8%；进口量在 5 万~10 万吨的主要是荷兰、韩国、西班牙、意大利、墨西哥 5 个国家，合计铜废碎料进口量占我国总进口量的比例为 13.4%（图 4-4-6）。

❶ 六类废杂铜（海关商品编号 7404000090）为自动进口许可，主要包括高品位的 1# 光亮线、2# 铜、紫杂铜、黄杂铜等，其中高品位的紫铜和分类明确、杂质较少的黄杂铜可以被直接加工利用；部分品位较低的紫杂铜和品位杂乱的黄杂铜则需要重新进行冶炼；七类废杂铜（海关商品编号 7404000010）属于限制进口许可废料，要进口此类废料需要获得相关批文，主要包括品位较低的废旧线缆、废电机、废变压器和废五金等，必须经过拆解和分拣等再度加工处理才能被冶炼厂或铜加工厂使用。

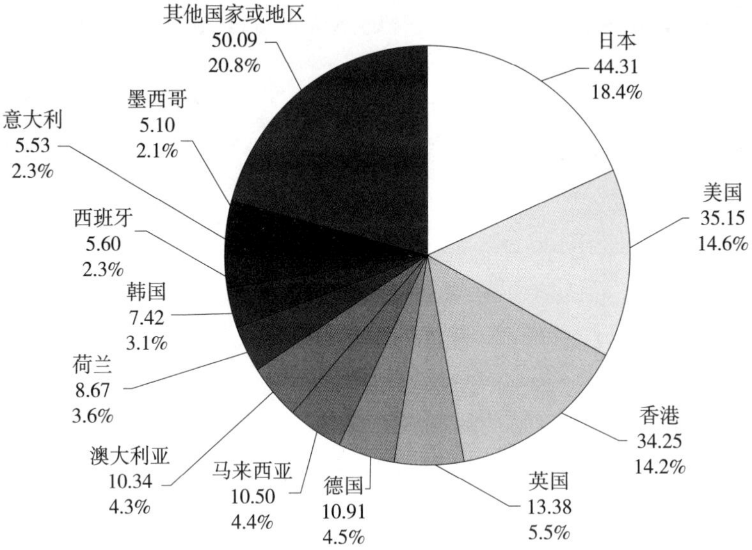

图 4-4-6 2018 年我国铜废碎料进口量（万吨）及占比情况

资料来源：中国海关总署

四、铜对外依存度

（一）铜精矿对外依存度

对外依存度是衡量一国经济（商品）对国外依赖程度的指标，主要用净进口量与消费量之比来、净进口量与国产量之和的比例来表示。这里，铜精矿对外依存度我们用铜精矿净进口量/（国产铜精矿+净进口铜精矿）来表示。

1990 年，我国铜精矿对外依存度仅为 16%；2003 年，铜精矿对外依存度为 51.5%，首次超过 50%。此后，铜精矿对外依存度持续攀升，2010—2018 年，我国铜精矿对外依存度从 57.3%增加至 75.9%（图 4-4-7）。国内矿产铜供给保障严重不足。

（二）精炼铜对外依存度

关于精炼铜对外依存度，由于消费量数据难以获得且存在较大误差，主要从精炼铜供给的角度来探讨，且不考虑国内再生铜（回收）、境外铜矿权益矿的情况。

计算公式为：精炼铜原料对外依存度=（精炼铜产量-国内铜精矿产量+精炼铜净进口量）/（国内精炼铜产量+精炼铜净进口量）×100%。

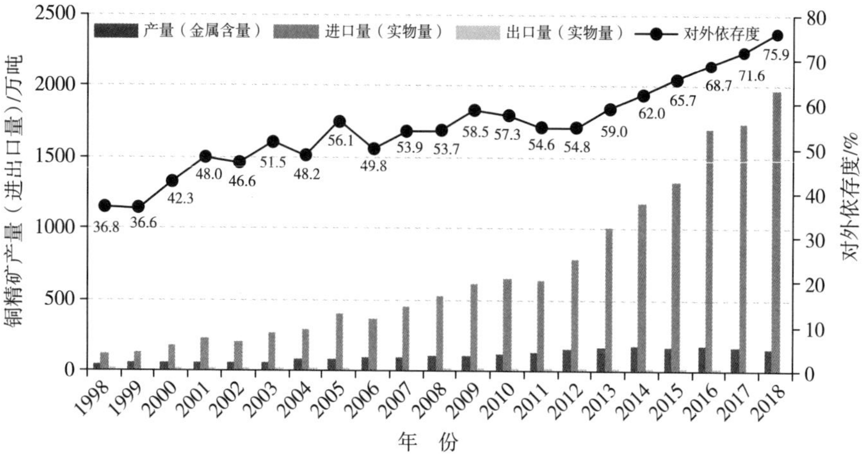

图 4-4-7　1998—2018 年我国铜精矿产量、进出口量及对外依存度变化情况

1990 年，我国精炼铜对外依存度为 50.4%，1995 年，精炼铜对外依存度为 62.3%，2001 年，精炼铜对外依存度为 74.55%。此后，精炼铜对外依存度持续高位运行。2008—2018 年，我国精炼铜对外依存度从 79.5%增加至 87.3%（图 4-4-8）。国内矿产铜供给保障严重不足。

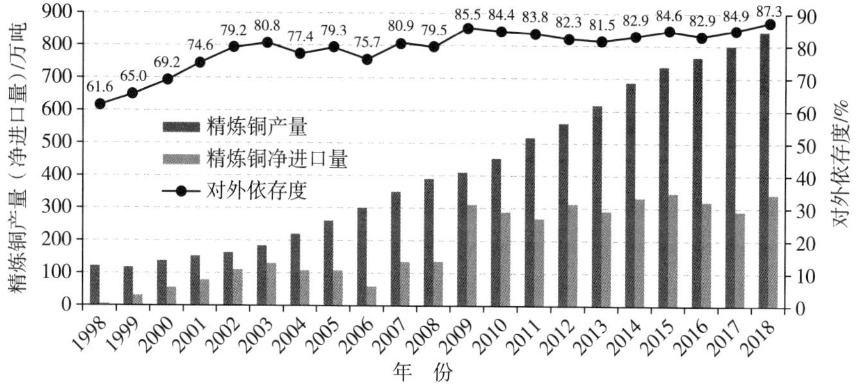

图 4-4-8　1998—2018 年我国精炼铜产量、净进口量及对外依存度变化情况

第五节　铜市场价格

铜价格走势具有一定周期性，与全球经济具有高度匹配性，具体取决于铜市场供需形势。当经济形势好转并快速增长时，市场铜需求回升并趋于旺盛，铜现货和库存紧张，铜市场供不应求，铜价格持续上涨；同时，铜行业融资较

快，铜行业投资加大，铜产能迅速扩张，铜原料供给相对充足，铜库存充足，铜价格上涨趋缓或相对下行；反之依然。

一、国内铜价格

国内铜价格走势与国际铜价格走势基本一致。经历了 2008 年、2011 年、2017 年 3 个高点，2009 年和 2016 年 2 个低点。

2016 年以来，国内铜价总体呈震荡上行的态势；2017 年上海期货交易所（SHFE）3 个月期均价为 52870 元/吨，较 2016 年同期上涨了 38.4%。铜价格上涨主要与成本上升、供应减少等供给端因素有关；2018 年，受贸易摩擦、美元走强、需求疲软等影响，铜价震荡回落，全年铜现货均价 48926 元/吨，同比下降 7.5%（图 4-5-1）。

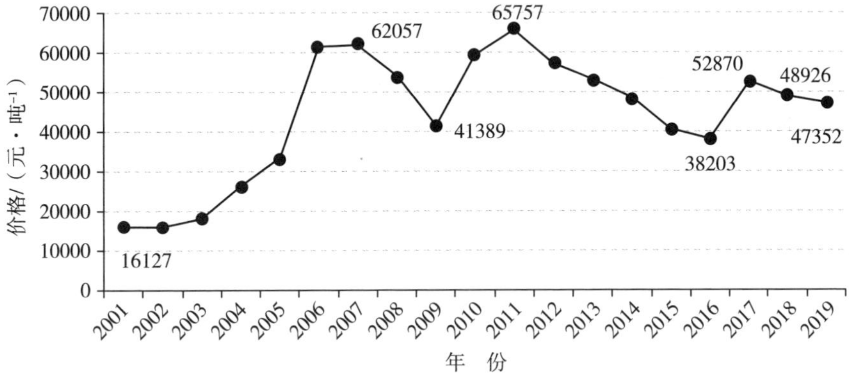

图 4-5-1 2001—2019 年我国 SHFE 3 个月期铜均价走势

资料来源：《中国有色金属工业统计年鉴》（2002—2019）

2019 年第一季度，国家对制造业、交通运输、建筑业等行业实施大幅减税政策，加之国内大型铜企业进行大检修，导致产量偏低，新增产能运行并不理想，对铜价有一定支撑，国内电解铜平均销售价格从 46000 元/吨上涨至 50800 元/吨。随着中美贸易摩擦加剧，宏观经济承压，下游消费继续放缓，电力行业投资低于预期，家用空调、冰柜、冰箱等需求量增幅同比下滑，整体消费不容乐观，带动铜价格持续走低。2019 年 1—12 月，国内电解铜平均销售价格在 47700 元/吨，较 2018 年下降了 8.5%。

二、国内铜精矿加工费

铜精矿粗炼/精炼费（TC/RC）通常由矿产商或贸易商支付给冶炼厂、用于将铜精矿加工为精炼铜的费用，这是冶炼商的重要收入来源。当铜精矿供应充足或冶炼商计划削减产量时，冶炼商在 TC/RC 谈判中会占据主动，TC/RC 倾向于上涨，反之亦然。TC/RC 可以用来反映铜精矿供应情况。

全球铜精矿加工费用主要由国内大型冶炼企业（江西铜业股份有限公司、铜陵有色金属集团股份有限公司等）与自由港等铜矿巨头协商确定。2015 年，江西铜业股份有限公司❶与安托法加斯塔（Antofagasta）确定 2016 年铜 TC/RC 为 97.35 美元/吨和 9.735 美分/磅❷。2016 年，江西铜业股份有限公司与 Freport-McMoRan 公司达成一致协议，确定 2017 年铜 TC/RC 为 92.5 美元/吨和 9.25 美分/磅。2018 年，江西铜业股份有限公司代表国内主要铜企与智利矿业公司安托法加斯塔达成 2019 年铜 TC/RC 长期协议价为 80.80 美元/吨和 8.08 美分/磅（表 4-5-1）。铜 TC/RC 长期协议价已经连续 4 年下跌。中国精炼铜产能的增加是导致铜 TC/RC 持续下行的一个主要因素。

表 4-5-1　2014—2019 年铜加工精炼费（TC/RC）长期协议价变化情况

年　份	粗炼费/（美元・吨$^{-1}$）	精炼费/（美分・磅$^{-1}$）
2014	99	9.9
2015	107	10.7
2016	97.35	9.735
2017	92.5	9.25
2018	82.25	8.225
2019	80.80	8.08

第六节　铜行业投资与效益

一、铜行业固定资产投资

（一）铜矿采选业固定资产投资

铜广泛应用于电力、建筑、家电、交通运输等行业。随着我国经济的快速发展，铜需求持续增长，带动铜行业投资不断扩大。2008 年全球性经济危

❶ 2003 年，江西铜业股份有限公司、铜陵有色金属集团股份有限公司、中国云铜集团有限公司等国内铜业巨头发起成立了中国铜原料联合谈判小组（CSPT），集中向国际市场采购铜精矿。

❷ 1 磅≈0.454 千克。

机后各国采取经济刺激政策，铜等大宗商品价格出现短暂暴跌后迅速回升并在相当长一段时间内保持相对高位，加之我国铜矿原料供给严重不足，铜矿采选业固定资产投资仍维持在高位。2002—2014 年，我国铜矿采选业固定资产投资从 14. 4 亿元增加至 275. 3 亿元，增长了 1817%。此后，随着铜价格的持续低迷，加之国内铜供给侧结构性改革、环保政策收紧等因素影响，铜矿采选业投资出现下滑。2017 年，铜矿采选业固定资产投资降至 173 亿元（图 4-6-1）。

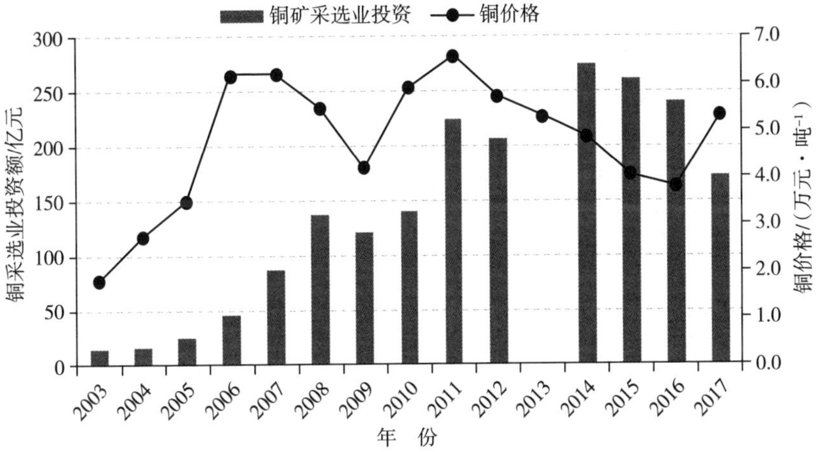

图 4-6-1 2003—2017 年铜矿采选业固定资产投资额和铜价格变化情况

资料来源：《中国固定资产投资统计年鉴》（2004—2018）

（二）铜冶炼业固定资产投资

铜冶炼业投资走势与铜价格走势基本吻合。2002 年以来，我国铜冶炼业投资经历了一轮持续扩张—萎缩稳定的过程。2011 年，铜冶炼业固定资产投资额 378 亿元，达到历史峰值。此后，受铜价格持续回落低迷影响，铜冶炼业投资逐渐萎缩并趋于稳定。2012—2017 年，铜冶炼业固定资产投资额平均每年稳定在 220 亿元左右（图 4-6-2）。

2009—2013 年，我国电解铜精炼产能每年新增 60 万吨左右；2014—2017 年，每年新增产能年均在 40 万吨左右；2018 年新增铜精炼产能达 145 万吨。截至 2018 年，我国铜精炼产能将达到 1200 万吨。2019 年，我国新增铜冶炼产能继续释放，而新增采选能力有限，原料对外依赖程度将进一步提升。尽管铜冶炼产能过剩、铜原料紧缺且铜行业利润不足，但铜冶炼业固定资产投资仍保持相当规模。

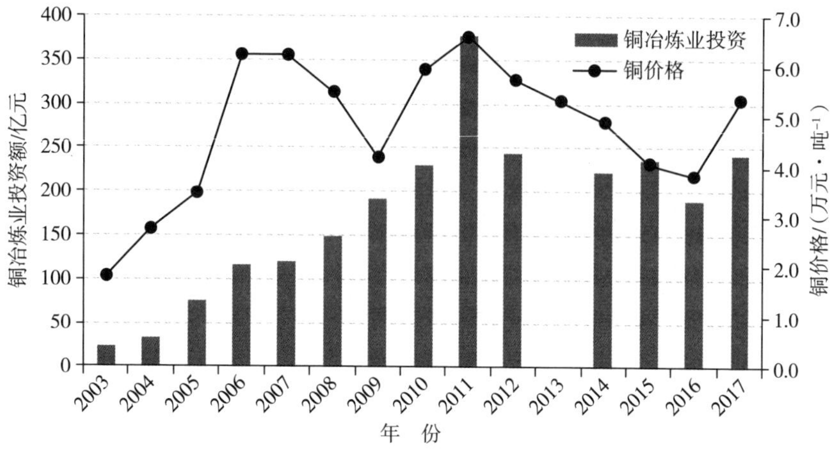

图 4-6-2 2003—2017 年铜冶炼业固定资产投资额和铜价格变化情况

资料来源：《中国固定资产投资统计年鉴》（2004—2018）

二、铜行业经营效益

（一）铜矿采选业经营效益

21 世纪以来，我国有色金属工业得到快速发展，主营业务收入规模不断扩大。全国有色金属工业（包括采选业、冶炼、压延加工业）主营业务收入从 2003 年的 4085 亿元增加至 2016 年的 59567 亿元，增长了 1358%；全国有色金属工业利润总额从 2003 年的 207 亿元增加至 2017 年的 2544 亿元，增长了 1127%。

铜矿采选业主营业务收入和利润情况与有色金属走势基本一致。受铜价格下跌影响，铜矿采选业主要营业指标开始下滑。铜矿采选业主营业务收入从 2013 年的 736 亿元降至 2018 年的 459 亿元，下跌了 37.6%；铜矿采选业利润总额从 2012 年的 100 亿元降至 2015 年的 36.7 亿元，下降了 63.4%。铜矿采选业利润率从 2012 年的 14.2%降至 2015 年的 5.6%。随着铜产品的价格企稳反弹，铜矿采选业利润总额逐渐提升，至 2018 年铜矿采选业利润总额为 64.6 亿元，铜矿采选业利润率提高至 14.1%（图 4-6-3）。

（二）铜冶炼业经营效益

铜冶炼业的主要营业财务指标走势与采选业略有不同。一是冶炼业的利润率没有采选业那样高；二是冶炼业主营业务收入总体保持上涨态势。2012—2018 年，铜冶炼业主营业务收入从 7212 亿元提高至 8500 亿元，其中 2017 年

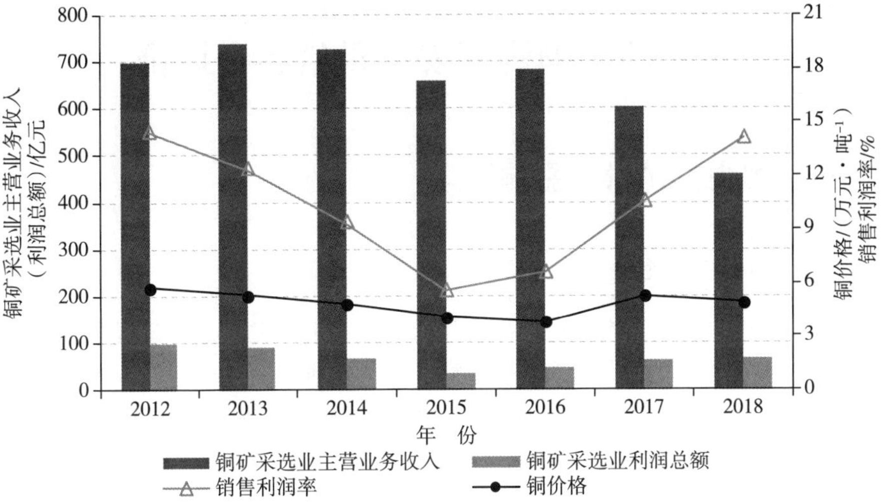

图 4-6-3　2012—2018 年我国规模以上铜采选业主营业务收入、利润总额、销售利润率及铜价格变化情况

资料来源：《中国工业统计年鉴》（2013—2019）

高达 9090 亿元。铜冶炼业利润总额和利润率呈“V”字形走势，2012 年铜冶炼业利润总额为 236 亿元，2015 年降至 97 亿元，2018 年回升至 158 亿元；铜冶炼业销售利润率基本保持在 5.0%以内（图 4-6-4）。

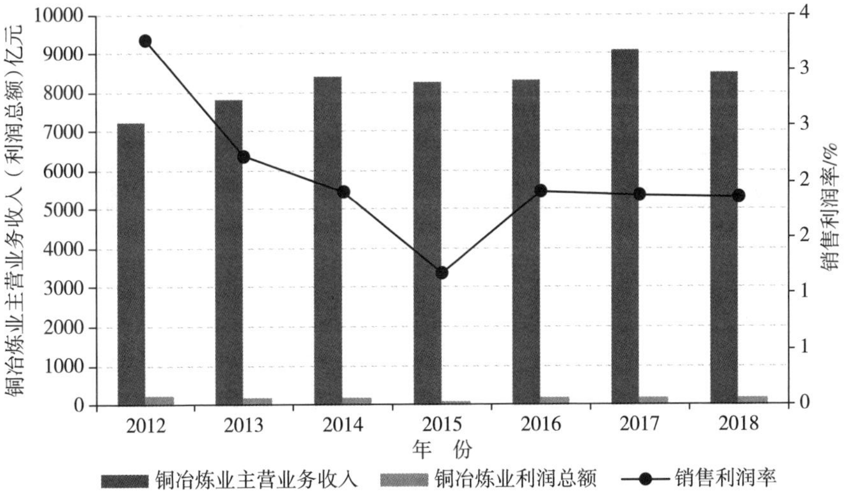

图 4-6-4　2012—2018 年我国规模以上铜冶炼业主营业务收入、利润总额及销售利润率变化情况

资料来源：《中国工业统计年鉴》（2013—2019）

第七节 铜资源安全供给综合评价

一、国内铜矿供给影响因素

（一）铜矿勘查投入

2012年以来，我国铜矿地质勘查投入严重萎缩，尤其是财政资金投入大幅下滑。在地质勘查市场持续低迷的背景下，铜矿地质勘查投入的减少，财政资金的导向作用减弱，铜矿勘查成本的上涨，新发现铜矿产地数量的减少，从中、长期来看将影响国内铜矿供给，进一步提高铜矿对外依存度。

（二）铜矿业权布局

铜探矿权大幅萎缩，铜采矿权持续下降，既有铜市场不景气矿业权人主动退出、生态环境保护政策收紧新矿业权准入审批更加严厉的因素，也有针对自然保护区内的矿业权清理与退出的不理性因素。探矿权和采矿权数量的下降，将直接导致未来我国铜精矿产能的增长受限，给铜精矿生产带来压力。

（三）铜资源储量评价管理

在前期铜矿地质勘查大幅投入，新发现一批铜矿产地，查明资源储量持续增长，勘查新增资源储量远远超过每年铜矿生产量的情况下，但却出现了我国铜储量却在持续下降，铜资源储采比严重偏低的现象，反映了当前矿产资源储量评价制度严重落后资源管理需求。矿床勘探完成、初次评审备案后，矿业权人基本不再重新评价（动态更新）资源储量，导致资源储量升级滞后。

（四）铜矿资源品质有所下降，开采成本上升

我国铜矿资源贫矿多、富矿少，采选难度大，生产成本较高。在查明资源储量中，铜含量大于1%的富铜矿仅占21%；若以其中的基础储量来看，铜含量大于1%的富铜矿也仅占39%。另外，我国铜矿石常伴生有金、银、钼、铁、铅、铜、镍、钴、钨、锡、铋等多种组分。

经过多年开发，我国铜矿采出品位逐年下降已不可避免。其中，2001—2017年，铜矿原矿入选品位从0.66%降至0.53%；铜坑采出矿品位从0.93%降至0.77%；铜露采出矿品位从0.5%降至0.45%；铜矿选矿回收率也有所下降，从88.5%降至85.0%左右（图4-7-1，图4-7-2）。

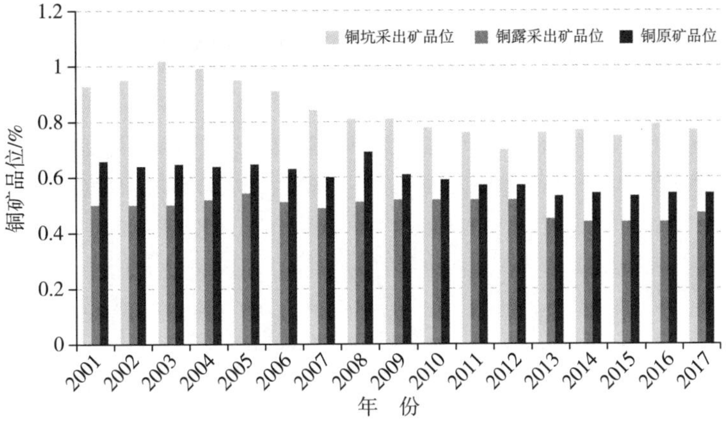

图 4-7-1　2001—2017 年我国铜矿品位变化情况

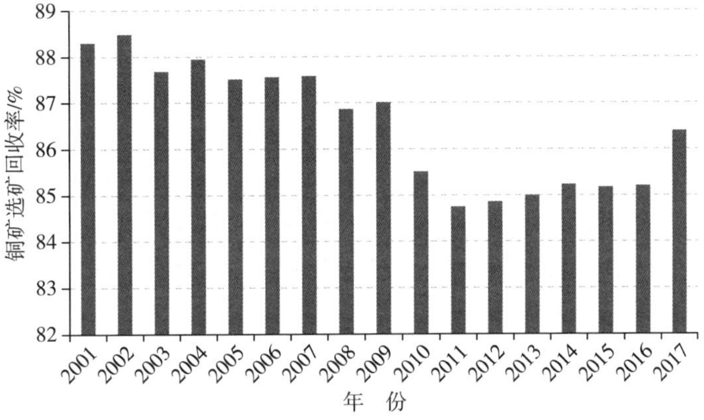

图 4-7-2　2001—2017 年我国铜矿选矿回收率变化情况

（五）铜矿产能与铜冶炼产能扩张因素

我国铜原料严重依赖进口，铜冶炼产能扩张速度不仅快于国内上游铜精矿产能扩张速度，还高于全球铜矿供给速度，这将会给国内在产和未来投产的铜冶炼厂生产运营带来压力。

根据中国有色金属工业协会相关资料统计，2004—2017 年，我国铜采矿（铜含量）生产能力从 64.4 万吨提高至 192 万吨，增长了 198.13%；矿产粗铜生产能力从 167.1 万吨提高至 715.4 万吨，增长了 328.13%；电解铜生产能力从 254.1 万吨提高至 1118.6 万吨，增长了 340.22%（图 4-7-3）。

铜冶炼新增产能快速扩张、矿山新增铜矿产能有限，预计很长时间内我国铜精矿供应紧张局势或将显现，给铜精矿加工费（TC/RC）带来压力。

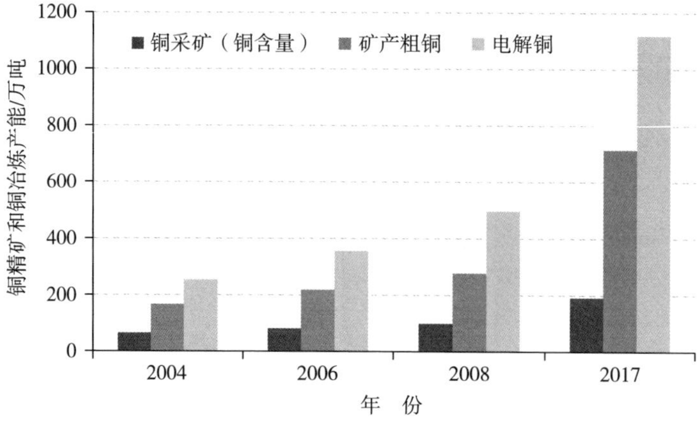

图 4-7-3 2004—2017 年我国铜精矿和铜冶炼产能变化情况

二、国外铜矿供给影响因素

（一）铜矿资源国政策因素

截至 2018 年底，我国大约 20 家企业在境外实施了约 47 个铜矿开发和铜冶炼项目，境外控制的铜资源量已超过 1 亿吨，形成矿山铜金属 190 万吨/年（其中湿法阴极铜 77 万吨/年）、粗铜 49 万吨/年的生产能力。从投资地区（表 4-7-1）来看，境外铜矿项目主要位于刚果（金）、秘鲁、赞比亚、澳大利亚等资源大国，以及东南亚的老挝、菲律宾（杨长华等，2019）。

表 4-7-1 我国铜企业境外部分主要在建和拟建铜矿及冶炼项目

国 家	项目名称	中国持股企业	项目产能	项目状态
刚果（金）	迪兹瓦	中国有色集团	8 万吨	在建
刚果（金）	卢阿拉巴粗铜冶炼	中国有色集团	一期 12 万吨，挖潜后 16 万吨	在建
刚果（金）	刚波夫	中国有色集团	2.5 万吨	在建
厄瓜多尔	Mirador	铜陵有色、中国铁建	8 万吨	在建
刚果（金）	鲁库尼矿	华友钴业	3 万吨	在建
阿富汗	艾娜克铜矿	五矿集团、江西铜业	22 万吨	在建
秘 鲁	特罗莫克	中铝集团	二期新增 8 万吨（现为 22 万吨）	扩建
刚果（金）	Kolwezi	紫金矿业	二期新增 4 万	扩建
塞尔维亚	RTB Bor 铜矿	紫金矿业	矿铜 12 万吨+阴极铜 15 万吨	扩建、新建

续表

国　家	项目名称	中国持股企业	项目产能	项目状态
塞尔维亚	Timok 铜金矿	紫金矿业	前三年年均 14.8 万吨， 后七年年均产铜 5.9 万吨	拟建
刚果（金）	卡莫阿—卡库拉	紫金矿业	一期可达 40 万吨； 二期计划达到 80 万吨以上	拟建
巴布亚新几内亚	Frieda River	广晟公司	18 万吨	拟建
秘　鲁	白河铜矿	紫金矿业、铜陵有色	20 万吨	拟建
秘　鲁	Galeno	五矿集团、江西铜业	14.4 万吨	拟建

我国铜项目投资和铜资源进口主要来自发展中国家，矿业经济是资源所在国的重要经济支柱。资源所在国始终将维护资源国经济权益、保护本地生态环境、原住民发展作为首要议题，且矿业环境政策逐渐向发达国家看齐。资源开发将面临矿业税费、关税政策调整，生态环境保护成本上涨，本地化劳动力成本上涨，与原住民发展协调成本上涨等诸多不确定性因素。

（二）铜矿进口集中度非常高

智利和秘鲁是我国铜精矿进口最主要来源地，占我国铜精矿总进口量的一半以上。蒙古、墨西哥、澳大利亚、西班牙、哈萨克斯坦、加拿大、老挝、伊朗 8 国合计铜精矿进口量占总进口量的 33%。

（三）对外依赖程度高，对外话语权偏弱

必和必拓、力拓、自由港、智利国家铜业等公司控制着全球大部分优质铜资源，市场定价权被行业寡头垄断。我国是全球最大铜消费国，不管是铜精矿，还是精炼铜，我国对外依存度都非常高，均超过 70%。

三、铜矿贸易供给影响因素

废铜作为铜冶炼和铜加工环节的原料，是我国铜需求的重要来源。我国废铜需求有近 50%来自进口贸易市场。随着废铜政策收紧，进口废铜供给将会减少，精炼铜供应将会受到明显的影响。

2017 年 7 月，国务院办公厅发布《国务院办公厅关于印发〈禁止洋垃圾入境推进固体废物进口管理制度改革实施方案〉的通知》（国办发〔2017〕70 号），明确提出“分批分类调整进口固体废物管理目录”“逐步有序减少固体废物进口种类和数量”。

2018 年 4 月 13 日，生态环境部、商务部、国家发展和改革委员会、海关总署关于调整《进口废物管理目录》的公告（生态环境部、商务部、国家发展和改革委员会、海关总署公告 2018 年第 6 号），决定将废五金、废船、废汽车压件、冶炼渣、工业来源废塑料等 16 个品种固体废物，从《限制进口类可用做原料的固体废物目录》调入《禁止进口固体废物目录》，自 2018 年 12 月 31 日起执行。其中，以回收铜为主的废电机等（包括废电机、电线、电缆、五金电器）（海关商品编码 7404000010）被纳入禁止进口固体废物目录。

2018 年 12 月 21 日，生态环境部、商务部、国家发展和改革委员会、海关总署关于调整《进口废物管理目录》的公告（生态环境部、商务部、国家发展和改革委员会、海关总署公告 2018 年第 68 号），决定将废钢铁、铜废碎料、铝废碎料等 8 个品种固体废物，从《非限制进口类可用作原料的固体废物目录》调入《限制进口类可用作原料的固体废物目录》，自 2019 年 7 月 1 日起执行。其中，其他铜废碎料（海关商品编码 7404000090）被纳入限制进口的固体废物目录。

第五章　我国钾盐市场综合评价研究

钾盐矿主要用于制造工业用钾化合物和钾肥。钾盐在我国属于紧缺的战略性矿产资源，对保障国家粮食安全具有重要意义。目前，仍有近50%的钾盐钾肥供给需要进口，资源紧张状态仍未得到彻底缓解。随着钾盐大规模持续开发，探明的钾盐资源量后劲不足，远期资源保障安全问题突出。

第一节　钾盐勘查投入与资源状况

一、钾盐勘查投入

2006年以来，伴随国际原油价格波动，我国钾盐勘查投入一轮投资上涨-衰退过程。钾盐勘查投入从2006年的85万元增加至2015年的16108万元。此后，钾盐勘查投入有所萎缩，2019年，钾盐勘查投入降至9000万元，与2011年持平，也是近八年以来的投资低点。勘查投入下降主要与矿业经济形势有关，当前矿业仍处于持续低迷期，大宗矿产勘查投入均处于不景气状态。钾盐作为国家战略性矿产和国家紧缺矿产，近年来勘查投入以财政资金为主，中央财政与地方财政合计占总勘查投入的70%以上（图5-1-1）。

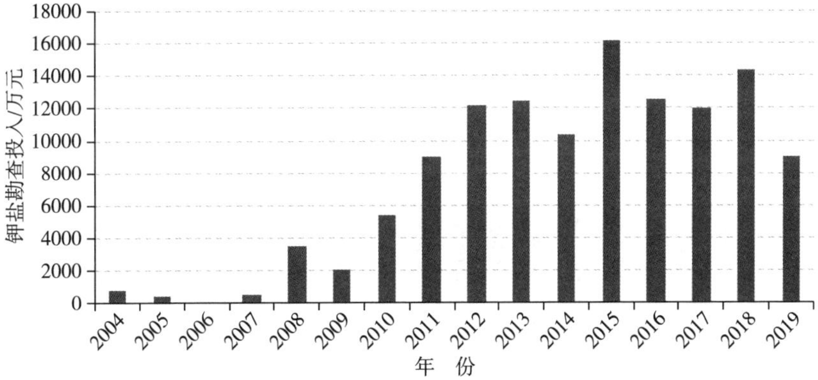

图5-1-1　2004—2019年我国钾盐勘查投入变化情况

资料来源：《中国国土资源统计年鉴》（2005—2018），《全国地质勘查成果通报》（2018—2019）

二、钾盐资源状况

我国钾盐资源短缺，分布极不均衡。钾盐资源以富钾卤水矿为主（约占98%），固体钾矿少；已发现的钾盐矿床类型以第四纪盐湖型为主（商朋强等，2019）。截至2018年底，全国查明钾盐矿区50处，查明资源储量为10.16亿吨（KCl，下同），发现钾盐矿产地120处，其中，超大型钾盐矿床1处、大型钾盐矿床8处、中型14处、小型21处，矿点49处、矿化点27处，主要分布在青海省、新疆维吾尔自治区、西藏自治区、四川省和云南省等地（王淑丽等，2020）。

三、钾盐资源储量

近20年来，我国钾盐查明资源储量总体经历了平稳增长和缓慢减少的过程（图5-1-2）。2001—2014年，全国钾盐查明资源储量从7.08亿吨（KCl，下同）增加至11.2亿吨，增长了58.2%。查明资源储量的增长得益于地质勘查投入的稳定性，新发现和落实一批大中型矿产地，如青海省柴达木盆地，新疆维吾尔自治区塔里木盆地罗布泊罗南及外围地区、库车盆地和昆仑山地区的钾盐勘查均获得了重要突破。2014—2019年，全国钾盐查明资源储量从11.2亿吨减至10.1亿吨，增长了9.8%。截至2019年底，全国钾盐查明资源储量为10.1亿吨。

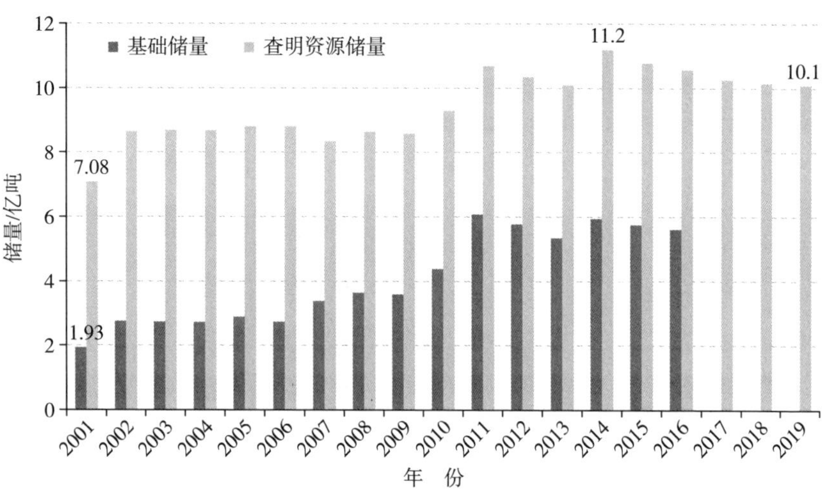

图5-1-2　2001—2019年我国钾盐查明资源储量结构变化情况

资料来源：《全国矿产资源储量通报》（2001—2019）

按 2019 年钾盐储量和 2019 年的钾肥产量 762 万吨（折含 K_2O 100%），约 1380 万吨（折 KCl 含量）计算，我国钾盐静态储采比为 40。我国钾肥供给保障得到一定程度缓解。

第二节　钾盐矿业权情况

近年来，我国钾盐探矿权数量规模有所减少（图 5-2-1）。2017 年，全国钾盐有效探矿权数量降至 65 个，较 2014 年减少了 13 个；勘查区块登记面积达 8372 平方千米。钾盐探矿权出让方式以“申请在先”为主，其次是协议出让。

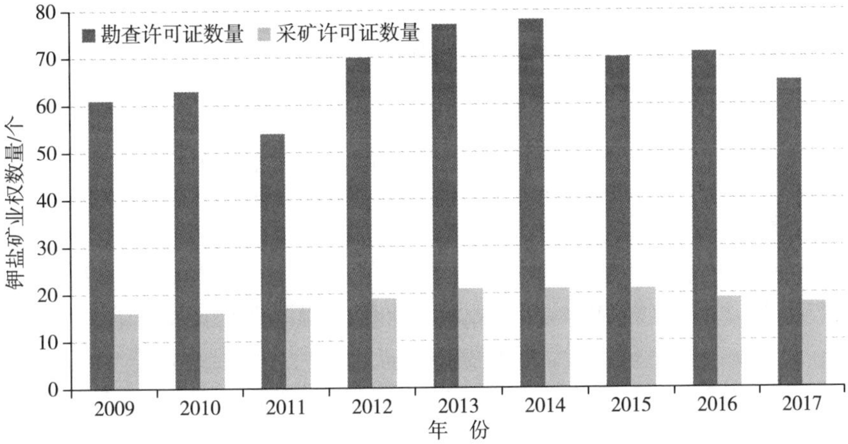

图 5-2-1　2009—2017 年我国钾盐矿业权数量变化情况

资料来源：《中国国土资源统计年鉴》（2010—2018）

钾盐采矿权数量基本保持稳定，主要是探转采方式获得采矿权。2017 年，我国钾盐采矿权数量为 18 个，采矿权区块登记面积达 10247 平方千米。

第三节　钾盐生产与消费

一、钾盐生产

我国耕地普遍缺钾，尤其是 1980 年以来氮磷肥施用量相对较高，钾肥施用量少，土壤中钾元素含量明显不足。21 世纪以来，我国钾肥生产呈现快速增长。据中国国家统计局数据（图 5-3-1），2001 年，全国化肥产量为 3380 万吨

(按有效成分 100%计算,下同),其中钾肥产量为 103.8 万吨(折含 K_2O 100%);2018 年,全国化肥总产量连续 3 年出现下降趋势(主要是氮肥和磷肥产量下降),全年化肥产量(折纯,下同)达 5403 万吨,钾肥产量 612.8 万吨(折含 K_2O 100%),较 2017 年增长 2.9%。

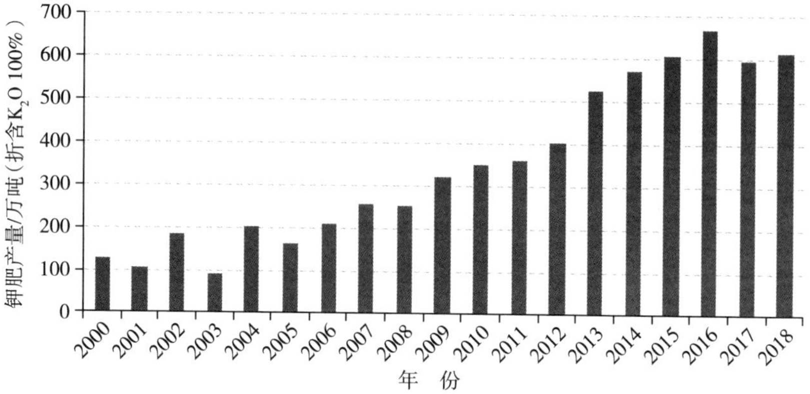

图 5-3-1　2000—2018 年我国钾肥产量变化情况

资料来源:《中国统计年鉴》(2001—2019)

据中国无机盐工业协会钾盐钾肥行业分会信息显示,2019 年,我国资源型钾肥产能为 695.7 万吨/年(折含 K_2O 100%)。我国钾肥属于资源垄断型行业,钾盐资源主要集中在察尔汗盐湖和罗布泊盐湖,所以钾肥产能集中度较高。约 86%的资源型钾肥产能分布在青海省,约 13%的产能分布在新疆维吾尔自治区,其余约 1%分布在云南、山东和江苏 3 省。

根据中国石油和化学工业联合会发布的 2019 年中国石油和化学工业经济运行报告显示,2019 年,全国化肥生产小幅回升,产量为 5624.9 万吨,同比增长 3.6%。其中,钾肥产量为 762.2 万吨(折含 K_2O 100%),同比增长 11.7%(中国石油和化学工业联合会,2019)。

受资源禀赋、资源品质、勘探开发难度等因素限制,目前我国钾盐生产增长较为困难。

二、钾盐消费

世界上 95%的钾盐产品用作肥料,5%用于工业。钾肥是农作物和经济作物生长必需的元素,被广泛应用于农业生产。该书讨论的钾盐消费主要指钾肥消费。钾肥是重要的农用肥料,主要品种包括氯化钾、硫酸钾、硝酸钾及硫酸钾镁,其中氯化钾由于其养分浓度高,资源丰富,价格低廉,在农业生产中起主导作用,占所施钾肥总量的 95%。我国人口众多,经济作物和农作物种植规模较大，对钾肥需求量较高。从需求来看，目前，我国钾肥年需求量保持在1100万~1200万吨左右，与国产钾肥产量相比，钾肥处于产需失衡状态。

根据中国石油和化学工业联合会发布的2019年中国石油和化学工业经济运行报告显示，2019年，全国化肥表观消费量（折纯）5103.9万吨，同比增长3.6%，化肥消费量在连续3年下降后首次出现小幅回升。其中，钾肥表观消费量1258.0万吨，同比增长13.0%。

"十三五"期间，我国提出至2020年实现化肥使用量"零增长"。氮肥和磷肥基本实现供需平衡（表5-3-1）。当前，粮食质量与数量的安全仍然是头等大事，可以预测化肥需求总量仍将保持增长态势，其中，钾肥供需缺口仍将长期存在。

表5-3-1　2015年和2018年我国化肥供需情况

种　类	2015年				2018年			
	产能	产量	净出口	表观消费量	产能	产量	净出口	表观消费量
	万吨/年	万吨	万吨	万吨	万吨/年	万吨	万吨	万吨
氮肥（折纯）	6050	4791	986	3805	5680	3794	438	3356
磷肥（折纯）	2370	1795	550	1245	2200	1696	517	1179
钾肥（折纯）	625	565	-575	1140	640	623	-481	1105
合　计	9045	7151	961	6192	8520	6113	474	5640

资料来源：温倩等，2019。

第四节　钾盐进出口贸易

一、钾盐进口分析

受资源品质约束和生产能力跟不上，我国钾盐生产远远不能满足需求，只能依靠大量进口（图5-4-1）。2003年，我国进口钾肥623.31万吨（实物量），已成为世界钾肥第一进口国。此后，进口量一直维持在700万~900万吨。2009年，受矿业行业不景气和钾肥价格高企，氯化钾进口量跌至198万吨，为21世纪以来的最低点。2010—2019年，我国氯化钾进口量持续攀升，从524万吨增加至908万吨，增长了73%。

我国钾肥产量无法满足需求，长期依赖进口的情况不会改变。我国钾肥进口高度集中，主要来自加拿大、俄罗斯、白俄罗斯、以色列、约旦、老挝等国家。2018年，从加拿大进口氯化钾299.74万吨（实物量，下同），其为我国第

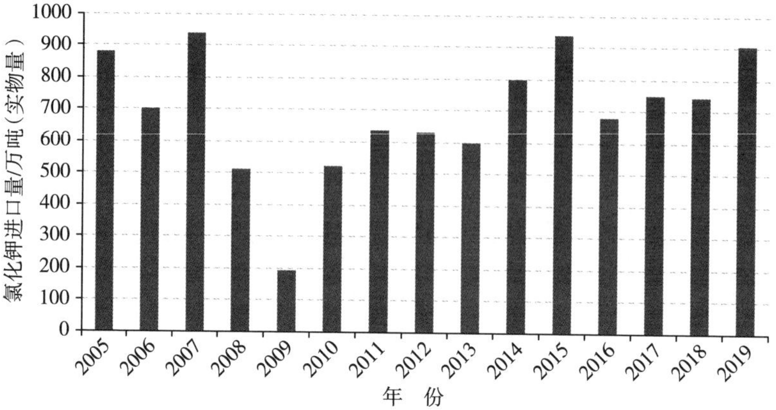

图 5-4-1　2005—2019 年我国氯化钾进口量变化情况

资料来源：中国海关总署

一进口来源大国，占总进口钾肥的 40.2%；从俄罗斯进口氯化钾 155.29 万吨，其为我国第二进口来源大国，占总进口钾肥的 20.8%；从白俄罗斯进口氯化钾 140.9 万吨，其为我国第三进口来源大国，占总进口钾肥的 18.9%；从以色列进口氯化钾 85.81 万吨，占总进口钾肥的 11.5%；从约旦进口氯化钾约 34.71 万吨，占总进口钾肥的 4.7%（图 5-4-2）。

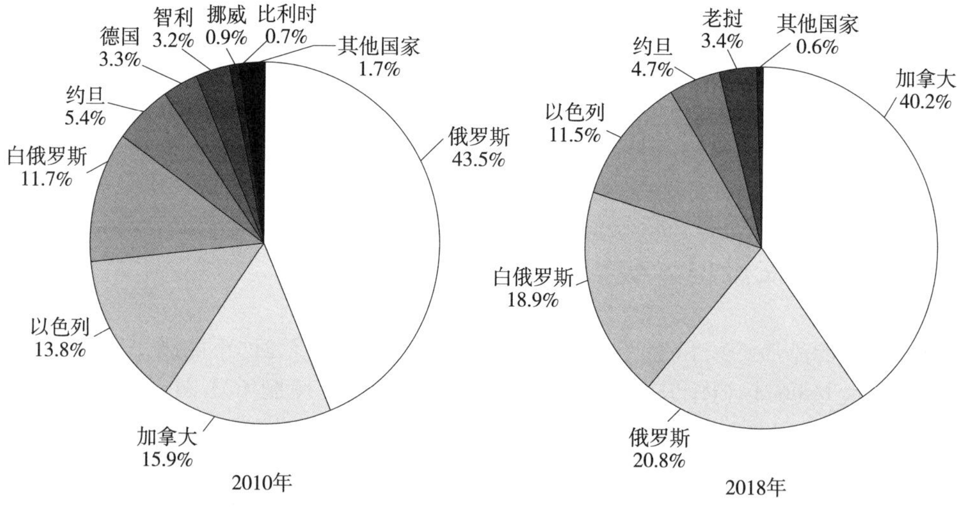

图 5-4-2　2010 年和 2018 年我国氯化钾进口来源对比情况

资料来源：中国海关总署

前两位国家（C_2）钾肥进口量占我国钾肥总进口量的比例从 2010 年的 59.4%提高至 2018 年的 61%，钾肥进口集中度进一步提高。前五位国家（C_5）

钾肥进口量占我国钾肥总进口量的比例从 2010 年的 90.3%提高至 2018 年的 96.1%，钾肥进口集中度有所降低。

二、钾盐对外依存度

我国是钾肥消费大国，但钾盐资源匮乏，钾肥供需失衡将长期存在。2000 年以前，我国钾肥需求主要依赖进口，对外依存度高达 90%以上。21 世纪以来，随着我国钾肥产业不断扩大，钾肥产量快速增加，钾肥对外依存度逐渐降低，提升我国在国际钾肥市场中的地位和进口谈判中的主动权。2018 年，我国钾肥产量为 612.8 万吨（折含 K_2O 100%），氯化钾进口量 746 万吨（实物量），钾肥对外依存度为 45%左右。

第五节　钾盐市场价格

一、钾肥价格

21 世纪以来，国际钾肥价格大致经历了一轮上涨周期。2001—2009 年，国际钾肥价格从 1200 元/吨上涨至 3500 元/吨，上涨了近 180%。此后，钾肥价格有所回调和波动（图 5-5-1）。2013 年，乌拉尔钾肥公司以白俄罗斯钾肥违反联盟销售协议为由退出 BPC 联盟（Belarus Potash Corporation）后，国际钾肥定价模式洗牌，寡头的销售策略从“价格优先”变为“份额优先”，钾肥价格急剧下跌并进入长期低迷期。2018 年，我国氯化钾市场整体上扬，年初青海盐湖氯化钾

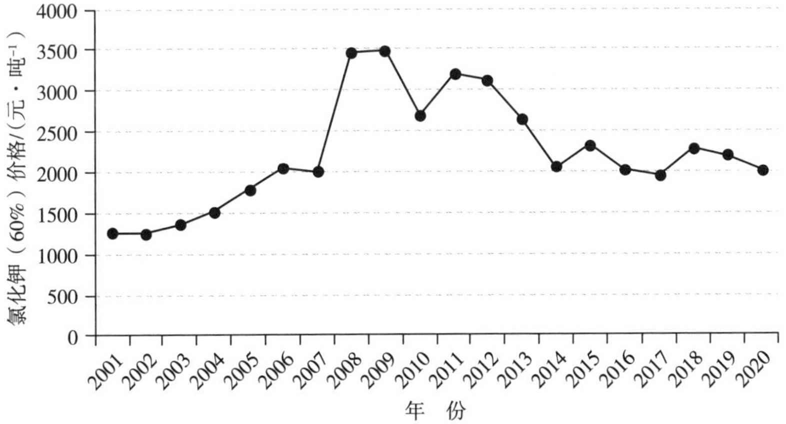

图 5-5-1　2001—2020 年国际氯化钾市场价格走势

（60%）到站报价为 2150 元/吨，年底时涨至 2420 元/吨，涨幅达 12.6%；2018 年初港口 62%白钾主流报价 2200 元/吨，此后一路上涨，到 4 月达到 2450 元/吨。

2019 年以来，钾肥价格持续下行。2019 年，钾肥价格从年初的 2330 元/吨降至年底的 2100 元/吨，下降了 9.8%。2020 年，钾肥价格从 1 月的 2100 元/吨降至 8 月的 1820 元/吨，下降了 13.3%。

二、钾肥价格影响因素

钾肥价格除了与生产成本有关，还与钾肥供需基本面、农作物播种面积和作物类型、钾肥库存周期，以及原油价格等有关。另外，国际钾盐定价规则和市场策略也是决定钾肥价格的关键因素。

一是人口持续增长对粮食需求。在耕地面积增加有限的情况下，施肥可提高粮食作物单产。

二是农产品价格。一般情况下，农作物的价格高，盈利能力好，钾肥使用量会增加。

三是钾肥库存。钾肥库存量的减少有助于推动钾肥价格的上行。

四是钾肥生产成本。钾肥成本主要包括投资的资本成本、采选矿的运行成本和运输成本。一般比较规模化的钾肥项目都地处偏远，从勘探到生产出合格产品投资额大、建设周期长、运输成本较高。

五是钾肥定价机制。国际上，钾肥生产高度垄断，寡头的定价机制和市场策略是决定钾肥价格的关键因素。

六是原油价格波动。原油价格通过对农产品价格的影响进而传导到钾肥端。全球 80%的钾肥用于出口贸易，国际原油价格会对农产品的生产、运输（航运成本）产生影响；高油价带动可再生生物能源对化石能源进行替代，从而增加以玉米为代表的农产品需求，使农产品价格产生波动。

七是其他政策。国家政策调整取消中、小化肥企业优惠电价，恢复征收增值税，企业生产经营成本增加。化肥铁路运输价格优惠取消，公路运输价格上涨，造成产品和原材料运输成本增加。

第六节　钾盐行业产值与效益

一、钾盐开采业产值与效益

我国钾盐开采业得到快速发展，产业集中度不断提高，生产规模不断扩大，产品销售收入不断扩大。2017 年，全国钾盐矿山企业 20 家，其中，大型企业 13 家、中型企业 5 家（图 5-6-1）。年产钾盐矿石量从 2010 年的 2900 万吨提高至 2017 年的 8215 万吨，提高了 183%；工业总产值从 2010 年的 106 亿元，提高至 2017 年的 220 亿元，提高了 108%。2017 年，矿产品销售收入 170 亿元，为近年来新高；钾盐矿山企业的利润总额为 18.8 亿元，较 2011 年的利润总额 56.4 亿元下降了 66.5%（图 5-6-2）。

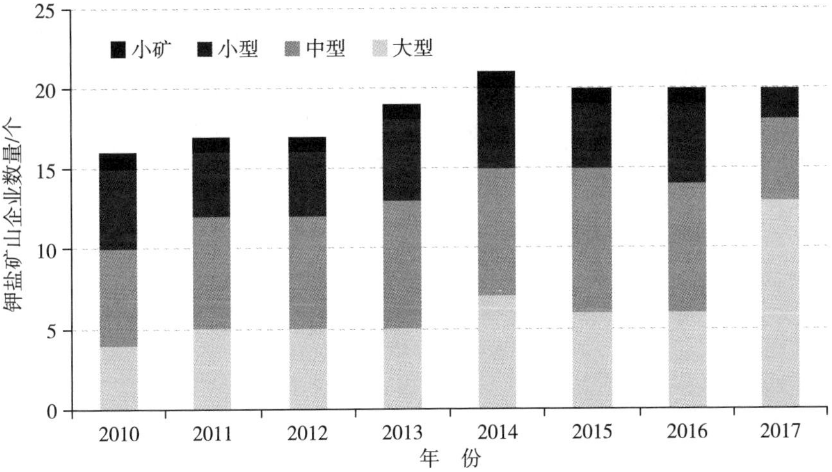

图 5-6-1　2010—2017 年全国钾盐矿山企业数量变化情况

资料来源：《中国国土资源统计年鉴》（2011—2018）

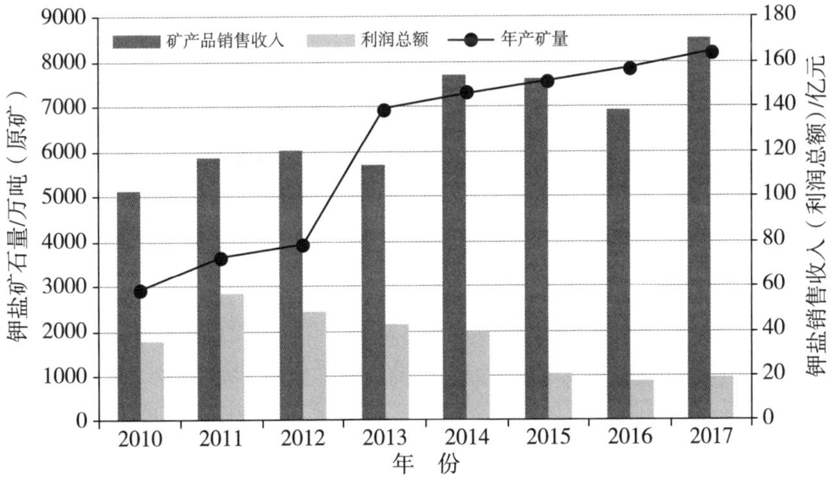

图 5-6-2　全国钾盐年产矿石量、矿产品销售收入及利润总额变化情况

资料来源：《中国工业统计年鉴》（2011—2018）

二、钾肥制造业产值与效益

“十三五”时期以来，我国化肥行业经历了国际能源价格波动、国外低成本产能竞争、国内化肥零增长和安全环保治理趋严等诸多困难。由于我国钾肥资源短缺、农作物需求仍较大，国内市场依然存在供需缺口，仍有近一半依赖进口，钾肥产能、产量保持平稳增长。

近年来，钾肥行业受成本上升影响，营业收入增加但利润略有下降。根据中国国家统计局数据显示，2016 年，我国钾肥行业主营业务收入 309. 1 亿元，全行业利润为 24. 3 亿元，大幅下降 40. 7%。2018 年，我国钾肥企业数量为 189 家，较上年减少了 9%；钾肥行业主营业务收入 344. 6 亿元，行业利润下降至 6. 2 亿元。

第七节　钾盐资源安全供给综合评价

一、国内钾盐供给影响因素

（一）钾肥供应过剩问题

当前，我国氯化钾计划产能接近 1000 万吨/年，硫酸钾计划产能约 500 万吨/年，有利于钾肥生产稳定在相对较高水平。受天气、市场行情等因素影响，国内钾盐矿利用率偏低，钾肥企业开工率波动较大。近 5 年来，我国钾肥进口量平均在 800 万吨（实物量）左右，而 2019 年钾肥产量（中国石油和化学工业联合会，2020）达到 762. 2 万吨（折含 K_2O 100%），相对于钾肥消费量 1100 万吨而言，已经出现过剩问题，形成相当规模的库存。

（二）钾肥储备问题

2020 年，进口钾肥的港口库存量持续处于高位，平均每月库存在 350 万吨左右。从目前国内钾肥市场情况来看，钾肥市场供应量持续较大。

我国一直执行国家钾肥储备的政策，主要由中国中化控股有限责任公司、中农集团控股股份有限公司承担国家钾肥储备的任务。2020 年，经国务院批准，将原“中央救灾化肥储备”“化肥淡季商业储备”“国家钾肥储备”统一整合为“国家化肥商业储备”。同年 7 月，国家发展和改革委员会、财政部联合印发《国家化肥商业储备管理办法》（发改经贸规〔2020〕1251 号），规定国家化肥商业储备仅用于满足国内农业生产需要，不得用于出口；其中钾肥储备为单一品种储备，钾肥储备规模考虑救灾肥、春耕肥储备调整情况，相应增加到一定规模后保持稳定；钾肥储备每轮承储责任期为4年，年度储备时间为当年5月1日至次年4月30日。建立钾肥储备制度，有利于调控市场，保障国内化肥供给安全。

二、国外钾盐供给影响因素

目前，我国在境外的钾肥项目共30余个，分布在加拿大、老挝、泰国、刚果（布）等11个国家。例如，加拿大7家（中川集团、兖州煤业股份有限公司、长联、太极、中国海洋石油集团有限公司、中加自然资源、甘肃丝绸之路博物馆有限公司），其中兖州煤业股份有限公司在加拿大萨斯喀彻温省钾矿开发已进入实质性开发阶段；老挝9家（正在和中国科学院青海盐湖所联合开发生产中的云天化“中寮矿业”“开元钾”已有钾肥反哺国内，与“中农”“中水电”等拿取探矿权及采矿权的共9家）；哈萨克斯坦1家（中哈富通钾肥公司）；刚果（布）3家（春和集团有限公司、刚果鲁源矿业公司和鼎亿）；泰国2家（泰汉泰集团和联添控股集团公司等）；伊朗1家（上海某公司）；埃塞俄比亚2家（安徽华岳矿物材料公司及青海盐湖股份）；乌拉尔1家（财富基金持乌拉尔12. 5%股份）；阿根廷1家（中国公司已获取6个采矿权证）；美国1家（甘肃丝绸之路博物馆有限公司）（宣之强，2015）。

我国钾盐公司需要面临资源所在国国家战略不确定性、项目合同的稳定性、迟缓的基础设施建设、矿业政策调整等问题，还要面临地缘政治博弈及其引发的制裁和地区动荡等意外风险。

三、钾盐贸易供给影响因素

钾肥进口经营权限制。我国加入世贸组织时，为维护进口秩序、降低农民用肥成本、保护农业安全，对列入目录的化肥（其中钾肥包括纯氯化钾和其他氯化钾）实行国营贸易管理，同时允许部分非国营贸易进口。

目前，国家共批准4家可代理进口的化肥进口企业，其中包括2家化肥进口国营贸易企业和2家非国营贸易资质化肥进口企业。这4家企业可直接进口自用和对外销售的氯化钾（含肥料用和其他工业用），包括中化集团、中农集团、中海化学集团及五矿商会。其他企业可委托这4家企业进口氯化钾。

另外，2004年，商务部批准5家复合肥企业的非国营贸易自营进口资质，赋予5家企业钾肥非国营贸易自营进口经营权，规定进口氯化钾只能自用，不得用于经营销售。2020 年，商务部发布《关于氢氧化钾生产企业申请氯化钾非国营贸易进口资格条件和申报程序》（商务部公告 2020 年第 7 号），允许氢氧化钾生产企业进口氯化钾非国营贸易资质的许可，并明确了申报条件、申报资料要求、经营规范和监督管理等事项。

第六章　我国稀土市场综合评价研究

稀土是现代工业发展所需的重要原材料，在能源技术革新、提高新材料性能等方面发挥着重要作用，在某些关键领域仍具有不可替代性。欧盟、美国、日本等发达国家早已将稀土资源列为发展高新技术不可或缺的战略性原材料。中国稀土行业的快速发展，不仅满足了国内经济社会发展的需要，而且为全球稀土供应做出了重要贡献。但发展过程中仍存在行业产能过剩与供需长期失衡，产业同质竞争与关键功能材料保障不足，环境负外部性重视不够等供给侧问题。

第一节　稀土勘查投入与资源状况

一、稀土勘查投入

21 世纪以来，我国稀土行业经历了一轮勘查投资高峰。2011 年我国正式启动实施找矿突破战略行动。为摸清稀土资源家底，为新兴产业发展提供资源保障，中国地质调查局组织开展了“我国三稀金属资源战略调查”工作，加大了对稀土找矿力度。2009—2013 年，稀土勘查投入从 4200 万元增加至 16000 万元，达到投资高峰（图 6-1-1）；此后，稀土勘查投入逐渐收缩；2019 年，稀土勘查投入为 3000 万元。从投入来源看，2011—2017 年，我国稀土矿找矿勘查投资结构以国家财政为主，中央财政和地方财政资金占比保持在 70%~100%。勘查投资结构的变化主要与稀土勘查开发政策有关。尤其是自 2009 年以来，我国暂停受理新设稀土矿探矿权登记申请，新设稀土矿探矿权主要倾向于国务院批准的重点项目和使用中央地质勘查基金或省级财政专项资金开展的勘查项目，社会资金难以通过市场方式获得新的稀土探矿权。

此轮找矿成果显著，新发现并落实了一批大型以上规模稀土矿产地，例如广西平南、福建龙岩、云南建水、贵州织金、浙江庆元、广东平远和乐昌等地发现大型稀土矿，显示我国稀土资源仍具有巨大潜力。

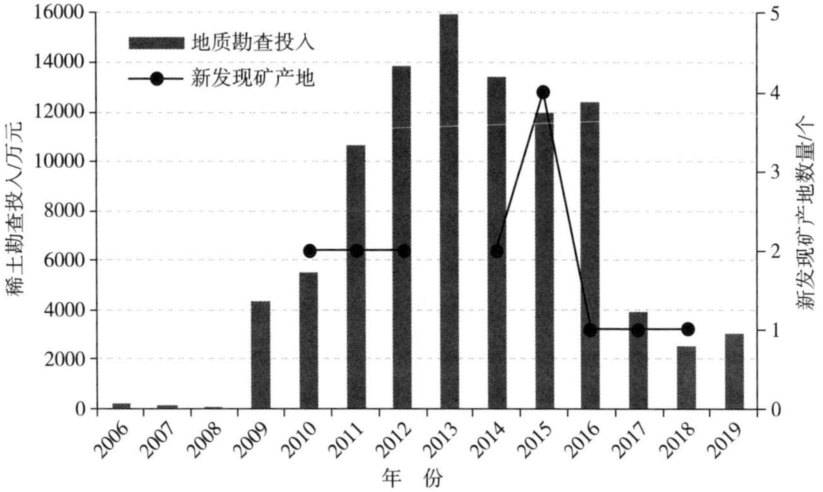

图 6-1-1 2006—2019 年我国稀土勘查投入及新发现矿产地数量变化情况

资料来源：《中国国土资源统计年鉴》（2007—2018），《全国地质勘查成果通报》（2018—2019）

二、稀土资源状况

我国拥有较为丰富的稀土资源。据美国地质调查局发布的《2020 年矿产品概要》（*Mineral commodity summaries* 2020）显示，2019 年，全球稀土资源储量约 12000 万吨（折稀土氧化物），其中，我国稀土储量约为 4400 万吨（折稀土氧化物），占全球稀土储量的 36.4%。另外，据《中国统计年鉴》（2010）披露数据，2009 年，我国稀土基础储量约为 1860 万吨（折稀土氧化物），较 2002 年下降了 13.6%。经过半个多世纪的超强度开采，特别非法开采、粗放开采，我国稀土资源保有储量及保障年限不断下降，主要矿区资源加速衰减，原有矿山资源大多枯竭。

第二节 稀土矿业权情况

2009 年，国家将稀土矿的勘查、开采的登记、审批权限上收，严格矿业权管理，原则上继续暂停受理新的稀土勘查、开采登记申请。2009—2012 年，稀土探矿权数量保持在 12 个以内。此后，随着国家开展“三稀”战略性矿产勘查工作，稀土探矿权数量有所增加。2017 年，稀土探矿权数量为 19 个（图 6-2-1），其中重稀探矿权 3 个、轻稀土探矿权 16 个。

随着国家开展稀土资源整合、企业兼并重组、稀土行业秩序整顿等措施，稀土采矿权数量大幅减少。2009—2017 年，稀土采矿权数量 120 个降至 75 个，减少了 37.5%（图 6-2-1），其中 2017 年重稀采矿权 9 个、轻稀土采矿权 66 个。

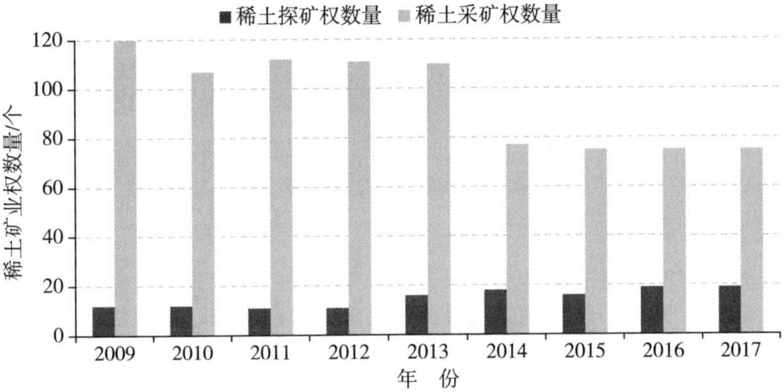

图 6-2-1　2009—2017 年稀土矿业权数量变化情况

资料来源：《中国国土资源统计年鉴》（2010—2018）

第三节　稀土生产与消费

一、稀土矿开采

1991 年，我国将离子型稀土矿产列为国家实行保护性开采的矿种，从开采、选冶、加工到市场销售、出口等各个环节实行有计划的统一管理。2006 年，实施稀土开采总量控制管理。2008 年，国土资源部关于发布实施《全国矿产资源规划（2008—2015 年）》（国土资发〔2008〕309 号），对稀土等保护性开采特定的矿种实行规划调控、限制开采、严格准入和综合利用。2010 年，国务院印发《关于促进企业兼并重组的意见》（国发〔2010〕27 号）提出“……以稀土等行业为重点，推动优势企业实施强强联合、跨地区兼并重组，提高产业集中度，促进规模化、集约化经营，加快发展具有自主知识产权和知名品牌的骨干企业，培养一批具有国际竞争力的大型企业集团，推动产业结构优化升级。”2011 年，《国务院关于促进稀土行业持续健康发展的若干意见》（国发〔2011〕12 号）提出“加快稀土行业整合，调整优化产业结构。”2016 年，我国稀土行业整合基本完成，形成六大集团主导的稀土产业格局。

稀土矿开采总量控制指标保持稳定增长。2006 年，稀土矿开采总量控制指标为 8.6 万吨（折稀土氧化物）；2014 年，全国稀土矿开采总量控制指标为

10.5万吨（折稀土氧化物）；2019年，全国稀土矿开采总量控制指标为13.2万吨（图6-3-1；表6-3-1）。在开采总量指标控制下，我国稀土矿开采量也保持稳定增长。据中国稀土行业协会不完全统计，2010年，我国稀土矿产量为8.93万吨，2018年稀土矿产量达到11.2万吨（中国稀土行业协会，2019），增长了25.4%。

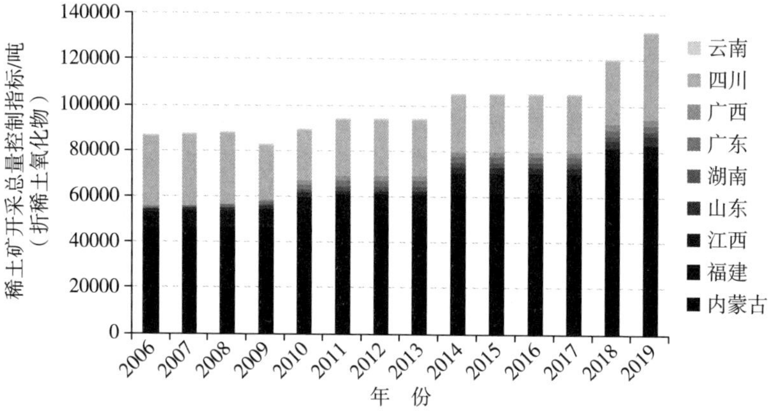

图6-3-1　我国稀土矿开采总量控制指标情况

从生产省份来看，我国稀土矿开采区域集中度非常高。稀土开采主要分布在内蒙古、四川、江西、山东、福建、广东、广西、湖南等9省（自治区）。以2019年为例，内蒙古自治区分配的稀土的开采指标为7.07万吨，占全国总量的比例为53.6%；四川省分配的稀土的开采指标为3.8万吨，占全国总量的比例为28.8%；江西省分配的稀土的开采指标为0.85万吨，占全国总量的比例为6.4%。上述3省（自治区）稀土开采量合计占全国开采总量的比例为88.8%。山东、福建、广东、广西和湖南5省的开采指标占比分别为3.1%、2.7%、2.0%、1.9%和1.4%。

从生产企业来看，我国稀土开采企业生产集中度非常高。稀土矿开采主要集中在中国北方稀土（集团）高科技股份有限公司、中国南方稀土集团有限公司、中国稀有稀土股份有限公司、广东省稀土产业集团有限公司、五矿稀土集团有限公司、厦门钨业股份有限公司六大集团。以2019年为例，中国北方稀土（集团）高科技股份有限公司保持最大份额，分配的开采总量控制指标为7.07万吨，占全国总量的比例为53.6%；中国南方稀土集团有限公司分配的开采总量控制指标为3.63万吨，占全国总量的比例为27.5%；中国稀有稀土股份有限公司分配的开采总量控制指标为1.68万吨，占全国总量的比例为12.8%。上述3个企业稀土开采总量控制指标合计占全国总量的比例为93.8%（表6-3-1）。

表 6-3-1 主要企业稀土开采总量控制指标计划

单位：吨（折稀土氧化物）

序 号	企 业	2018 年	2019 年
1	中国稀有稀土股份有限公司	14350	16850
2	五矿稀土集团有限公司	2010	2010
3	中国北方稀土（集团）高科技股份有限公司	69250	70750
4	厦门钨业股份有限公司	3440	3440
5	中国南方稀土集团有限公司	28250	36250
6	广东省稀土产业集团有限公司	2700	2700
	合 计	120000	132000

资料来源：《工业和信息化部、自然资源部关于下达 2018 年第二批稀土开采、冶炼分离总量控制计划的通知》（工信部联原〔2018〕139 号），《工业和信息化部、自然资源部关于下达 2019 年度稀土开采、冶炼分离总量控制指标及钨矿开采总量控制指标的通知》（工信部联原〔2019〕236 号）。

二、稀土冶炼分离

2007 年，我国将稀土生产纳入指令性生产计划管理，同年，全国稀土冶炼分离总量控制指标为 13.6 万吨（折稀土氧化物）；2016 年，全国稀土冶炼分离总量控制指标为 10.0 万吨（折稀土氧化物）。此后，国家根据市场需求，不断调整冶炼分离总量控制指标，总体保持稳定增长态势。2019 年，全国稀土冶炼分离总量控制指标为 12.7 万吨（折稀土氧化物）（图 6-3-2）。

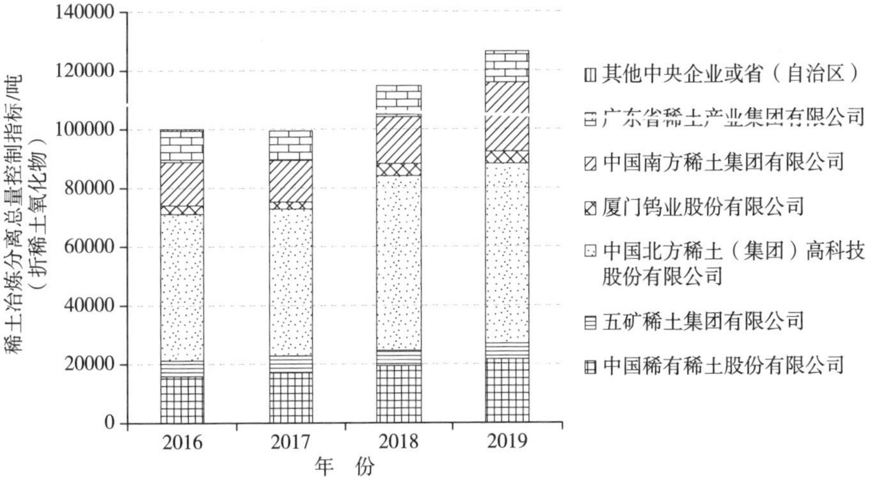

图 6-3-2 2016—2019 年我国稀土企业冶炼分离总量控制指标变化情况

我国稀土冶炼分离产品产量保持稳定增长。2000 年，我国稀土冶炼分离产品产量为 6.8 万吨；2005 年，我国稀土冶炼分离产品产量为 10.4 万吨；2010 年，我国稀土冶炼分离产品产量为 11.9 万吨；2018 年，我国稀土冶炼分离产品产量为 13.2 万吨（其中包括独居石、进口矿的冶炼分离）（中国稀土行业协会，2019）。

目前，我国稀土产业已经形成三大基地：以包头混合型稀土为原料的北方稀土生产基地；以江西为代表的南方七省的离子型稀土矿为原料的中重稀土生产基地；以四川冕宁氟碳铈矿为原料的氟碳铈矿生产基地。据不完全统计，2019 年，我国稀土冶炼产能接近 40 万吨（折稀土氧化物）/年，而稀土冶炼分离生产指标仅为 12.7 万吨（折稀土氧化物），产能严重过剩。

三、稀土消费情况

稀土广泛应用于新能源、新材料、节能环保、航空航天、电子信息等领域，是现代工业中不可或缺的重要元素。

随着我国工业化进程的不断加快和经济发展方式的转变，尤其是信息产业和环保、节能、新能源等领域的发展，带动我国稀土消费快速增长。2001 年，我国稀土消费量约为 2.26 万吨（折稀土氧化物）；2010 年，稀土消费量约为 8.7 万吨（折稀土氧化物）。此后，我国稀土消费量基本稳定在 9 万~10 万吨（折稀土氧化物）（图 6-3-3）。

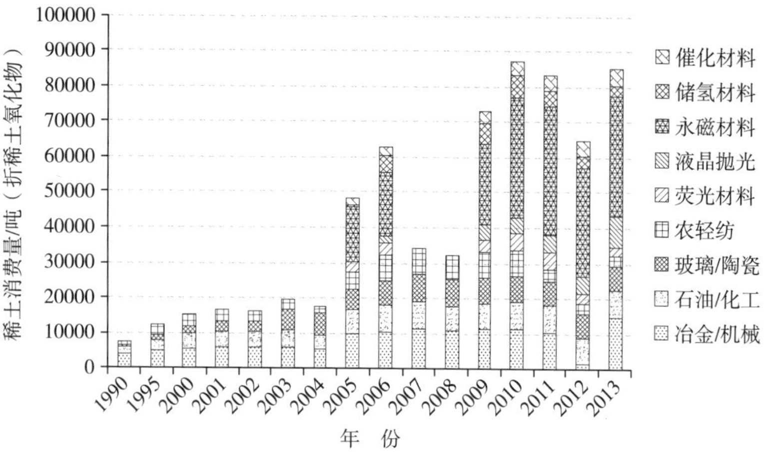

图 6-3-3　1990—2013 年我国稀土消费结构变化情况

从消费结构来讲，在传统领域（冶金/机械、石油/化工、农轻纺等）中的稀土消费量保持了平稳态势，在新材料领域中消费量增长显著，消费结构不断优化。据中国稀土行业协会统计，我国稀土新材料的产量很高，对稀土需求量巨大。2013 年，稀土消费占比最大的新材料行业是永磁材料，占我国稀土消费总量的 40%；其次是液晶抛光，占稀土消费总量的 10%左右。

第四节　稀土进出口贸易

一、稀土进口分析

我国稀土贸易结构出现积极变化，从稀土产品（实物量）净出口国转变为净进口国，稀土进口以稀土原料类产品为主，稀土出口以稀土深加工产品和稀土功能材料为主。进口稀土矿已成为我国稀土企业的重要稀土原料来源，一定程度上缓解了国内稀土矿管控带来的供应不足问题（图 6-4-1）。

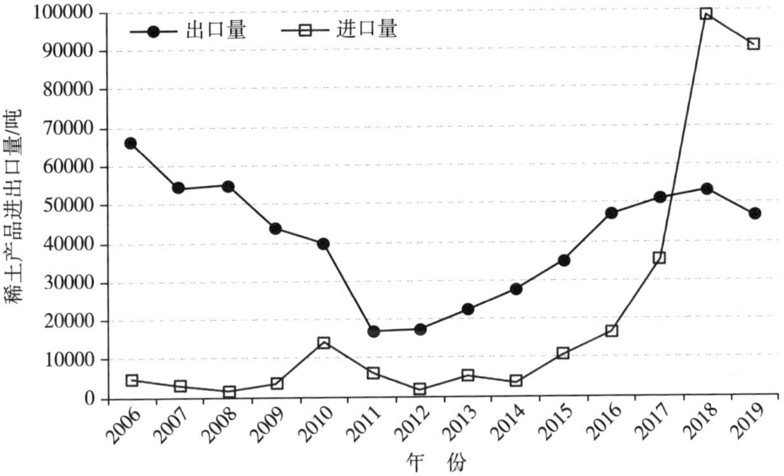

图 6-4-1　2006—2019 年我国稀土产品进出口量（实物量）变化情况

资料来源：《中国海关统计年鉴》（2006—2019）

随着国内稀土需求快速增长，稀土产品进口量持续增长。2012—2019 年，稀土产品（包括稀土化合物、稀土金属、稀土金属矿）进口量从 1.47 万吨（实物量）增加至 9.06 万吨（实物量），增长了 6038%。其中，2018 年，稀土化合物进口量 6.95 万吨（折稀土氧化物 3.49 万吨），同比增长 102%，稀土化合物进口量创历史新高。

2019 年，我国稀土产品总进口量为 9.06 万吨（折稀土氧化物 5.22 万吨，其中轻稀土约 2.74 万吨、中重稀土约 2.48 万吨）。其中，稀土化合物进口量

4.1万吨，同比减少了40.9%；进口额2.72亿美元，同比增长34.1%。稀土金属矿进口量4.67万吨（以稀土氧化物品位40%计算，折稀土氧化物1.86万吨），同比增长61.5%；进口额0.61亿美元，同比增长17.9%，稀土金属矿进口量创历史新高（图6-4-2）。

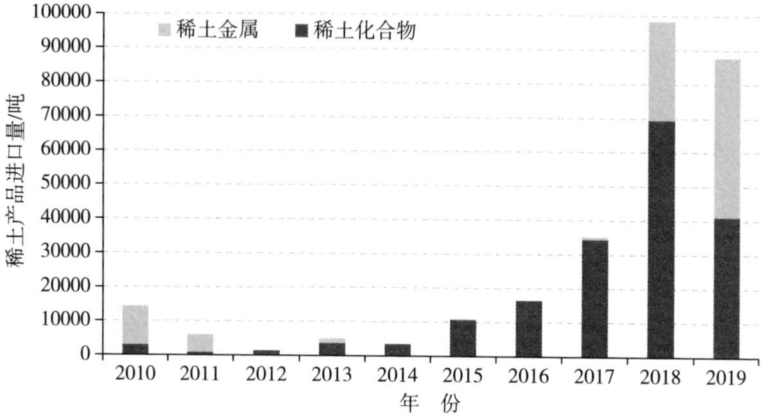

图6-4-2　2010—2019年我国稀土产品进口结构变化情况

从稀土产品进口来源看，我国稀土产品主要进口来源国主要有美国、缅甸、马来西亚等。其中，从美国进口稀土产品量占总进口量的比例为51%，缅甸占比为32%，马来西亚占比为12%。

二、稀土出口分析

多年来，我国一直是国际最重要的稀土供给国，在满足国内经济社会发展需要的同时，也为全球稀土供应做出了重要贡献。

1999年，我国开始实行稀土出口配额管理制度，稀土出口企业根据国家下达的配额指标进行出口贸易。2009年，我国稀土出口配额约为5.01万吨（折稀土氧化物，不含新材料）。此后，出口配额逐渐调减3.0万吨（折稀土氧化物）以内。由于国际市场对我国稀土需求下降，出口配额利用率不高，2015年我国取消稀土出口配额，并同步取消了稀土关税。在稀土出口配额控制下，我国稀土出口量逐渐下降。2006—2011年，稀土产品出口从6.6万吨（实物量）降至1.69万吨（实物量）。受稀土出口配额取消的影响，稀土产品出口呈现大幅增长态势。2018年，稀土产品出口合计为5.3万吨（实物量，包括稀土化合物、稀土金属），比2012年增长了205.8%。其中，稀土化合物出口量为4.56万吨，稀土金属出口量为0.74万吨，比2012年分别增长了224.7%和124.8%。

2019 年，我国稀土产品出口量为 4.63 万吨（实物量，包括稀土化合物、稀土金属），同比减少 12.64%；出口额 4.4 亿美元，同比减少 14.4%。其中，稀土化合物出口量约 3.95 万吨（实物量），同比减少 13.5%；出口额约 3.24 亿美元，同比减少 10.7%；稀土金属出口量约 0.68 吨，同比减少 7.3%，出口额约 1.16 亿美元，同比减少 23.3%（图 6-4-3）。

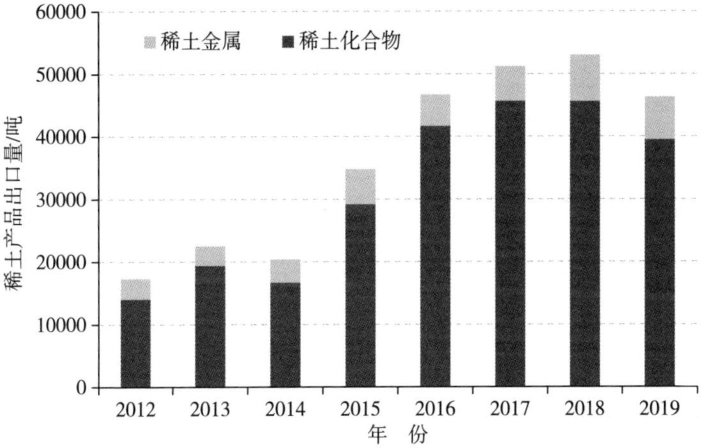

图 6-4-3　2012—2019 年我国稀土产品出口结构变化情况

我国稀土冶炼分离产品出口至 40 余个国家和地区，以日本、美国和欧盟等少数几个发达国家和地区为主。

第五节　稀土市场价格

21 世纪以来，我国稀土市场价格经历了大致两次主要的上涨和下跌过程。2002—2007 年，受市场需求推动，稀土价格普遍上涨，氧化钕价格（年均价格）从 4.5 万元/吨上涨至 18.5 万元/吨，上涨了 311%；金属镝价格从 30 万元/吨上涨至 85 万元/吨，上涨了 183%。受金融危机影响，稀土价格普遍下跌。2009 年，稀土价格跌至低点，氧化钕价格降至 8.67 万元/吨，较 2007 年下跌了 53%；金属镝价格降至 77.8 万元/吨，较 2007 年下跌了 8.3%。此后，受经济刺激政策影响，我国及主要经体经济仍保持稳定增长，带动稀土需求继续上涨；同时，由于稀土政策管控和市场非理性炒作，导致 2011 年稀土价格出现暴涨。2011 年，氧化钕价格（年均价格）上涨至 90.1 万元/吨，较 2009 年上涨了 911%；金属镝价格上涨至 995.9 万元/吨，较 2009 年上涨了 1178%。稀土价格如此大幅暴涨，严重背离市场供需关系和政策初衷，过高的稀土价格不仅抑制了下游稀土需求，同时产能过剩、非法开采与违规生产导致稀土供给远大于需求，破坏了稀土产业正常发展，也为 2011 年下半年至 2013 年的稀土产品价格暴跌埋下了伏笔。

2013 年，稀土价格下跌趋缓，氧化铈价格为 3.52 万元/吨，金属钕价格为 43.1 万元/吨，此时的价格基本可以代表自 2002 年以来的比较真实高点价格。此后，稀土价格经历了近三年的低迷和下行周期。

2017 年，稀土市场形势有所好转，稀土价格整体上涨。氧化钕价格上涨至 33.3 万元/吨，较 2016 年上涨了 30.1%；金属钕价格上涨至 42.8 万元/吨，较 2016 年上涨了 32.4%（图 6-5-1，图 6-5-2）。

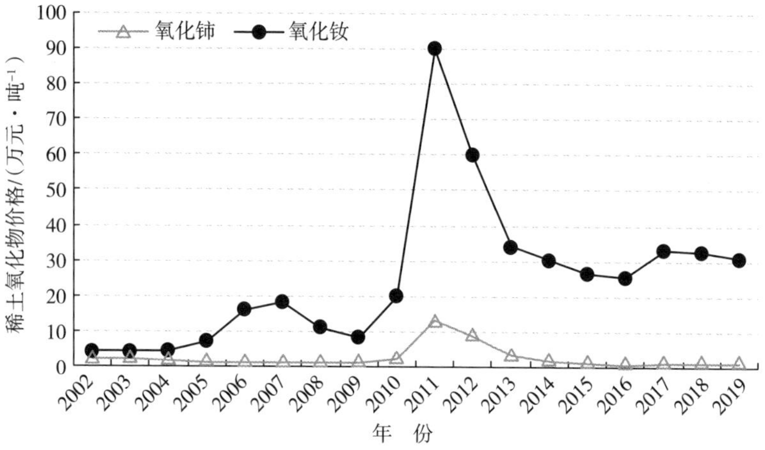

图 6-5-1　2002—2019 年稀土氧化物年均价格走势

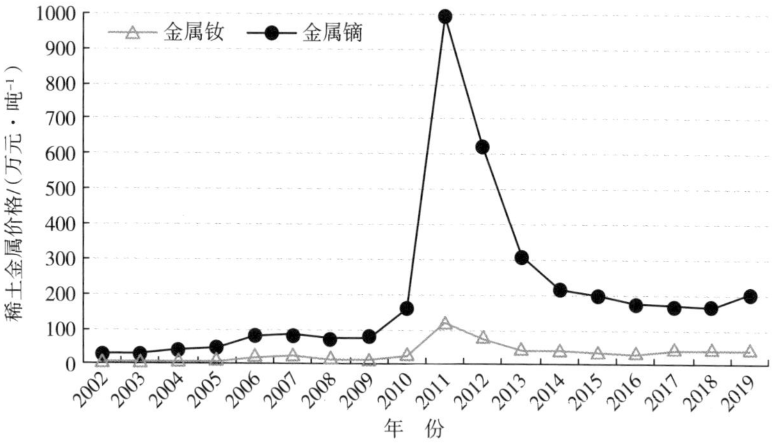

图 6-5-2　2002—2019 年稀土金属年均价格走势

随着我国经济进入新阶段，我国稀土需求没有发生大幅增长，整体供求局面未发生根本改变，主要稀土产品供应过剩是主流，难以对稀土价格形成强有力支撑作用。2018 年和 2019 年，稀土市场行情相对低迷，主流矿种价格整体呈稳中略降走势。其中，受环保政策趋紧、稀土打违打黑，以及稀土挂牌价上调等措施影响，稀土价格偶有提振。主要稀土价格仅略高于平均生产成本线，受成本因素支撑，大部分稀土价格继续大幅下跌的空间不大。

第六节 稀土行业投资与效益

一、稀土行业固定资产投资

（一）稀土采选业固定资产投资

21 世纪以来，随着我国经济高速发展，新能源、新材料产业快速发展带动稀土需求快速增长，国内稀土矿开采投资迅速增长。2004—2015 年，全国稀土采选业固定资产投资额从 0.68 亿元增加至 32.7 亿元（图 6-6-1），增长了 4671%，充分保障了我国稀土资源供给。稀土采选业固定资产投资快速增长既有行业发展需要，也有几大稀土集团公司争夺资源和市场份额的实际情况，还有市场价格快速上涨带动稀土产能不合理上马。这也直接导致了稀土产能过剩、稀土价格持续低迷。

随着稀土价格持续低迷，稀土开采管控，稀土行业准入门槛提高，稀土采选业投资大幅萎缩。2015—2017 年，稀土采选业投资额从 32.7 亿元降至 8.39 亿元，下降了 74.3%。

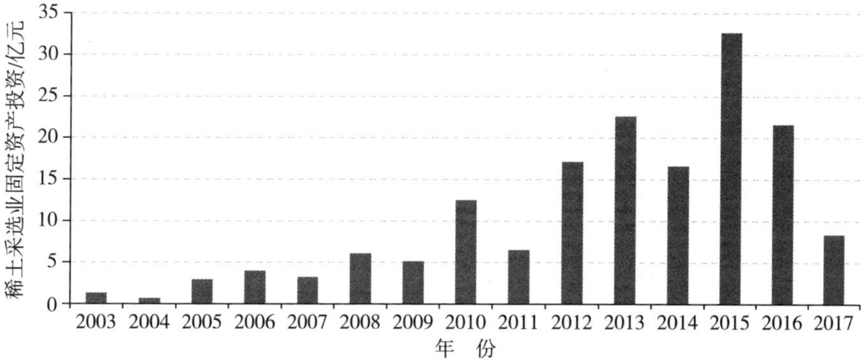

图 6-6-1 2003—2017 年稀土采选业固定资产投资变化情况

资料来源：《中国固定资产投资统计年鉴》（2006—2018）

（二）稀土冶炼业固定资产投资

受稀土市场需求和市场价格驱动，我国稀土冶炼投资经历了 2 轮增长和萎缩阶段。2003—2011 年，稀土冶炼业固定资产投资额从 4.6 亿元增加至 78 亿元（图 6-6-2），增长了 1620%。此后，受价格暴涨暴跌影响，稀土冶炼投资有所萎缩，但稀土冶炼投资仍保持在 50 亿元以上。2016 年，稀土冶炼业固定资产投资额达到 96.2 亿元，较 2012 年增长了 76.3%，达到历史最高值。

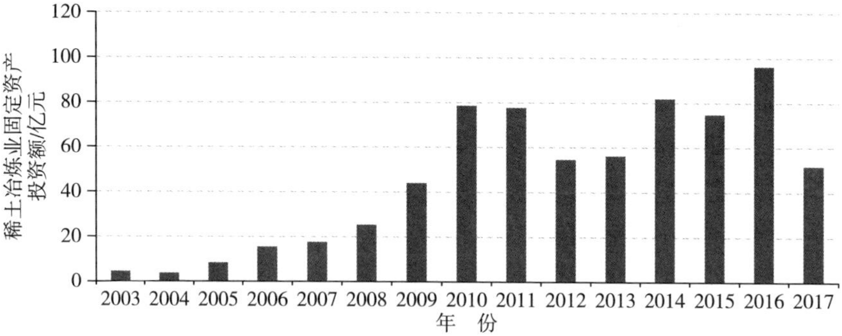

图 6-6-2　2003—2017 年稀土金属冶炼业固定资产投资变化情况

资料来源：《中国固定资产投资统计年鉴》（2006—2018）

稀土冶炼业固定资产投资大幅投资，导致我国稀土冶炼分离产能持续增长并严重过剩。2015 年，我国稀土冶炼分离企业总产能曾达到 30 万吨/年，稀土冶炼分离产能严重过剩。《稀土行业发展规划（2016—2020 年）》提出至 2020 年产能降低至 20 万吨/年，整体缩减了 1/3。

二、稀土行业经营效益

（一）稀土采选业经营效益

经过几十年发展，我国稀土行业具有完整的采选、冶炼、分离技术及装备制造、材料加工和应用工业体系，可以生产 400 余个品种、1000 余个规格的稀土产品。稀土产业规模不断扩大，2016 年，规模以上稀土企业主营业务收入（采选+冶炼）达到 980 亿元。

受经济发展周期和稀土价格变动等因素影响，稀土采选业利润总额和利润率经历了两轮上涨—回落过程（图 6-6-3）。2004—2015 年，稀土采选业主营业务收入从 13.6 亿元增长至 82.3 亿元，增长了 503%。稀土采选业利润总额从 2004 年的 0.73 亿元增加至 2012 年的 12 亿元，增长了 1542%；同时，稀土采选业销售利润率达到 17.6%。此后，受稀土价格持续下跌影响，稀土主营业务收入和利润整体下降。2017 年，稀土采选业主营业务收入 52.1 亿元，较 2015 年高点下降了 36.6%；稀土采选业利润总额为 3.92 亿元，较 2012 年高点下降了 67%；稀土销售利润率为 7.52%。

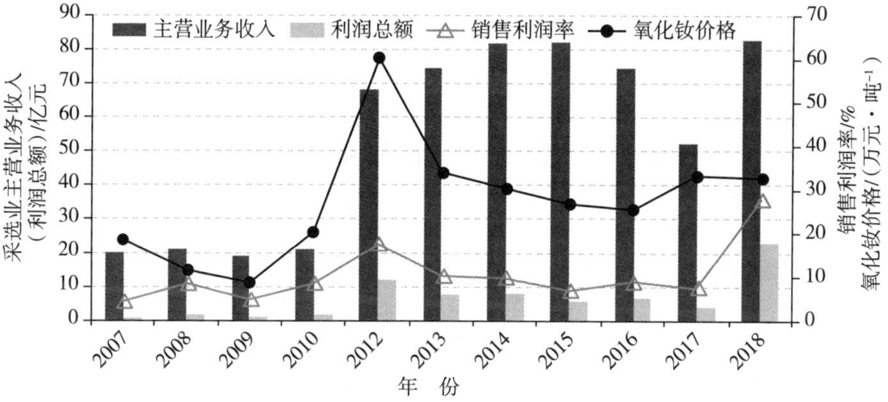

图 6-6-3　2007—2018 年我国规模以上稀土采选业主营业务收入、利润总额、销售利润率及氧化钕价格变化情况

资料来源：《中国工业统计年鉴》（2008—2019）

（二）稀土冶炼业经营效益

稀土冶炼业主营业收入和利润总额与采选业基本一致，经历了一轮上涨—回落过程（图 6-6-4）。2004—2016 年，稀土冶炼业主营业务收入从 97.03 亿

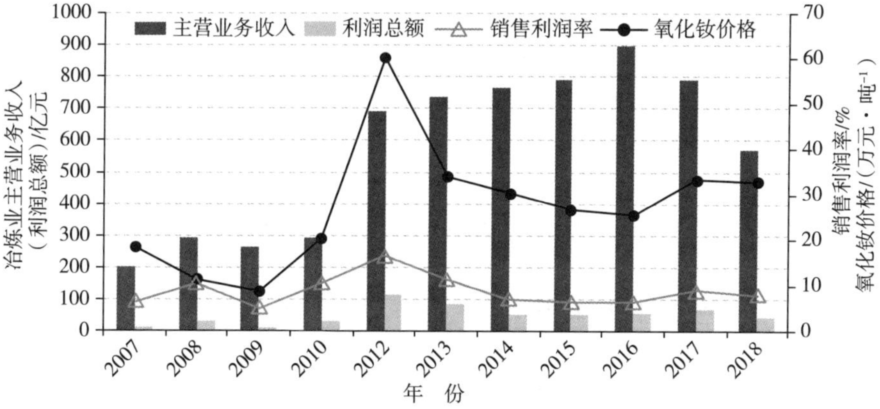

图 6-6-4　2007—2018 年我国规模以上稀土冶炼业主营业务收入、利润总额、销售利润率及氧化钕价格变化情况

资料来源：《中国工业统计年鉴》（2008—2019）

元增加至898亿元，增长了825%；利润总额从2004年的4.8亿元增加至2012年的114.5亿元，增长了2290%，销售利润率基本保持在5.0%~15.0%。

此后，受稀土价格持续下跌影响，稀土冶炼业主营业务收入和利润整体下降。2018年，稀土冶炼业主营业务收入570亿元，较2016年高点下降了36.4%；稀土冶炼业利润总额为45.8亿元，较2012年高点下降了59.9%；稀土冶炼业销售利润率基本稳定，保持在7.0%~8.0%。

第七节　稀土产业发展影响因素

我国是世界最主要的稀土生产国和商品供应国。随着WTO认定我国稀土出口贸易政策违规，我国稀土政策从出口限制政策转向国内产业政策调控。维护国内稀土满足经济社会发展长期需求和资源代际公平是我国稀土产业可持续发展的终极目标，增强我国稀土产业（或产品）国际市场竞争力是发展根本，而不是一味追求稀土定价权。梳理稀土产业发展影响因素，有利于更好的完善稀土产业政策。

一、国内稀土供给影响因素

（一）稀土勘查开发政策

近几年来，面对整个国际矿业形势不景气，稀土勘查投入持续走低。同时，国家严控稀土矿业权管理工作，社会资金已经难以进入稀土勘查开发领域。2009年以来，除中央或省级财政资金勘查项目、国家确定的大型稀土企业集团勘查项目、符合国家产业政策、环境保护要求和开采总量控制要求的大型稀土企业集团稀土开采项目外，已连续10余年暂停稀土矿勘查许可证、采矿许可证申请。另外，受国内生态保护红线政策影响，保护地内的稀土矿勘查开发活动需要停止或退出，一定程度上影响稀土找矿增储、稀土企业扩大生产。

另外，国家发展和改革委员会、商务部关于印发《市场准入负面清单（2020年版）》的通知（发改体改规〔2020〕1880号）规定“稀土……矿山开发”“稀土冶炼分离项目、稀土深加工项目”须获得省级政府核准。

《外商投资准入特别管理措施（负面清单）（2020年版）》规定“禁止外商投资稀土勘查、开采及选矿”。

（二）稀土开采（生产）控制政策

我国对稀土矿开采和冶炼分离生产实施总量控制制度。2006 年以来，自然资源部（原国土资源部）已经连续 14 年下达开采总量控制指标，指标经省份分解落实到矿山开采企业，严格稀土矿开采总量。同时，建立企业生产、进口采购和使用月报制度，加强开采、生产执行情况的监管。

尽管近几年稀土开采总量指标和冶炼分离生产指标逐渐增加，一定程度上缓解了稀土生产企业存在的稀土矿开采总量控制指标和稀土冶炼分离总量控制指标不足等问题。但与国内稀土需求相比，尤其是主要稀土功能材料呈现快速增长态势，远远不能满足稀土消费需求，国内稀土企业只能从国外进口。未来，国内稀土生产控制政策调整幅度仍有待观察。

（三）稀土收储政策

2011 年 5 月，《国务院关于促进稀土行业持续健康发展的若干意见》（国发〔2011〕12 号）中首次提出“国家战略储备”概念，并明确表示“按照国家储备与企业（商业）储备、实物储备和资源（地）储备相结合的方式，建立稀土战略储备。”国家物资储备局已经实施了 3 轮稀土储备，分别于 2012 年 9 月、2014 年 8 月和 2016 年 3 月启动稀土收储，目的是稳定国内稀土市场，防止稀土价格暴涨暴跌，促进稀土产业及下游相关产业健康发展。

（四）稀土税费政策

2015 年，经国务院批准，我国正式取消稀土等产品的出口关税。《财政部、国家税务总局关于金属矿非金属矿采选产品增值税税率的通知》（财税〔2008〕171 号）决定 2009 年起将稀土等金属矿采选产品增值税税率提高至 17%。为支持我国制造业发展，《财政部、税务总局关于调整增值税税率的通知》（财税〔2018〕32 号）决定 2018 年 5 月起将稀土增值税税率调减至 16%。

稀土资源税从量计征改为从价计征。《财政部、国家税务总局关于实施稀土钨钼资源税从价计征改革的通知》（财税〔2015〕52 号）决定轻稀土资源税税率为 7.5%~11.5%，中重稀土资源税税率为 27%。2019 年 8 月 26 日第十三届全国人民代表大会常务委员会第十二次会议通过《中华人民共和国资源税法》，规定轻稀土资源税税率为 7%~12%，中重稀土资源税税率调减至 20%，稀土资源税仍普遍高于其他优势矿种。征收资源税有利于企业提高资源利用率，逐步缩小企业之间不合理的成本差异，提高企业市场竞争力。

（五）稀土综合利用政策

《自然资源部发布关于进一步规范稀土矿钨矿矿业权审批管理的通知》

(自然资规〔2018〕6号)确定删除实施工程建设项目回收利用稀土资源、扩大生产能力审批等内容,有利于加快稀土资源回收利用,提高资源利用效率。

另外,非法违法稀土勘查开采活动,共(伴)生稀土资源回收利用超指标开采,部分企业以“资源综合利用”为名从事稀土生产,涉嫌加工非法矿产品等问题依然存在,一定程度上干扰稀土产品市场秩序。

(六)稀土产业政策

2011年,原环境保护部发布的《稀土工业污染物排放标准》(GB 26451—2011),对稀土行业废水、废气和放射性物质的排放控制等方面都做了明确规定。

2016年,《工业和信息化部〈稀土行业规范条件(2016年本)〉和〈稀土行业规范条件公告管理办法〉的公告》(工业和信息化部公告2016年第31号),对稀土项目的设立和布局、生产规模、工艺和装备、能源消耗、资源利用、产品质量等多个方面都进行了细化规定。

2019年,国家发展和改革委员会修订发布《产业结构调整指导目录(2019年本)》将“稀土采选、冶炼分离项目(符合稀土开采、冶炼分离总量控制指标要求的稀土企业集团项目除外)”列为产业发展限制类。同时将“离子型稀土矿堆浸和池浸工艺;独居石单一矿种开发项目;稀土氯化物电解制备金属工艺项目;湿法生产电解用氟化稀土生产工艺;20000吨(折稀土氧化物)/年以下混合型稀土矿山开发项目;5000吨(折稀土氧化物)/年以下的氟碳铈矿稀土矿山开发项目;500吨(折稀土氧化物)/年以下的离子型稀土矿山开发项目;2000吨(折稀土氧化物)/年以下的稀土分离项目;1500吨(折稀土氧化物)/年以下、电解槽电流小于5000安培、电流效率低于85%的轻稀土金属冶炼项目”列为产业发展淘汰类。

随着产业政策、环保政策收紧,有利于稀土产业规模化和集约化,生态环境治理成本的提高,有利于淘汰落后产能,促进稀土企业转型升级。

二、国外稀土供给

全球稀土供应格局正在发生改变。随着国际稀土矿山相继投产,预计全球稀土矿、冶炼产品供应量会持续增加,我国稀土供给在全球市场的份额将会进一步降低。另外,马来西亚、缅甸、越南、印度、爱沙尼亚、南非稀土冶炼厂已投产,美国、澳大利亚、加拿大正在部署或扩大冶炼分离产能(表6-7-1)。我国稀土资源优势、产业优势、冶炼分离产品优势将会面临较大挑战。

表 6-7-1 国际主要稀土矿山开发进展

项目	国家/地区	业主	查明资源储量 百万吨（矿石）	计划投产年份	开采年限 年	计划产能（折稀土氧化物）/（吨·年$^{-1}$）	主要产品	进展
Longonjo	安哥拉	Pensana Metals	226	2022	9	4500	镨钕氧化物	2020 年开始建设
Yangibana	澳大利亚	Hastings Technology Metals	21.67	2022	11	3400	镨钕氧化物，铽、镝	
Browns Range	澳大利亚	Northern Minerals Ltd's	9.01	??	??	1200	氧化镝，碳酸稀土	
Dubbo Zirconia	澳大利亚	Alkane Resources Ltd's	75.18	2022	20	5947		
Nolans Bore	澳大利亚	Arafura Resources	56	2022	23	4357+8300	镨钕氧化物+氧化铈	已获得采矿、分离许可
Gakara	布隆迪	Rainbow Rare Earths	50~70	2017	25	5000（初始产能），逐步达到 20000	镨钕氧化物	2015 年获得采矿许可证，2017 年开始试生产
Kipawa	加拿大	Matamec Explorations Inc.	19.8	??	15	3650		
Nechalacho	加拿大	Australia's Vital Metals	14.6	2025	20	5000		2021 年试生产中
Ashram	加拿大	Commerce Resources Corp.	278.32	??	25	16800		
Eco Ridge	加拿大	Pele Mountain Resources Inc.	563	??	21	9000		
Strange Lake	加拿大	Torngat Metals		2023	25	11000	氧化镝	
Kvanefjeld	格陵兰	Greenland Minerals Ltd.	108	2022	37	5692（预计达 32000）	镨钕氧化物	

续表

项　目	国家/地区	业　主	查明资源储量 百万吨（矿石）	计划投产年份	开采年限 年	计划产能（折稀土氧化物）/（吨·年$^{-1}$）	主要产品	进　展
Songwe	马拉维	Mkango Resources Ltd.	36.47	2023??		2800		可行性研究阶段
Lofdal	纳米比亚	Namibia Critical Metals	3.28	2021	20	1500	钇、镝、铽	已申请采矿许可证
Steenskampskraal	南非	Steenkampskraal Monazite Mine	0.6	2022	30	2700	镨钕氧化物	完成所有许可手续
Norra Kärr	瑞典	Leading Edge Materials	31.11	2016	20	5120	氧化镝	
Ngualla	坦桑尼亚	Peak Resources	20.7	2022??	26	2810	镨钕氧化物，碳酸镧铈	试生产中
Bokan Mountain	美国	UCore Rare Metals Inc.	6.7	2023		2260		建设中
Elk Creek	美国	NioCorp Developments Ltd.	36.3	2023	32		氧化铌	预计 2022 年完成矿山建设
Round Top	美国	Texas Mineral Resources Corp.	1.1	2023	20	2212	氧化钇、氧化镝，其他氧化物	

注：稀土信息主要来源于矿业公司网站；资料收集时间截至 2020 年底；“??”表示不明确。

第八节　完善我国稀土行业发展的建议

稀土产业发展过程中仍存在诸如稀土价格严重背离价值，非法违法开采、超指标开采，产业结构不合理、冶炼分离产能严重过剩，产品同质化、中低附加值产品大量出口等一系列问题。

一、加快推动稀有金属管理立法

《全国矿产资源规划（2016—2020 年）》明确将稀土纳入国家战略性矿产目录，《稀有金属管理条例》纳入 2016 年国务院二类立法计划。专项立法的战略定位和政策导向要清晰准确，除了强调合理利用稀土资源和保护生态环境外，还要强调优先保障国内制造业需求。立法工作应该从勘查开采、闭坑（包括尾矿管理）、冶炼分离、产品流通、进出口贸易、储备、循环利用、环境治理等角度加强稀土全产业链管理。制定国家规划矿区管理办法，明确规划区内资源保护的法律地位和法律责任、中央与地方的监管与保护职责，不能沦为地方要矿业权和开采指标的手段。

二、加强稀土源头管理

（1）严格稀土行业准入。从最低开采规模、开发利用效率、绿色技术工艺等技术要求，配合经济和环保手段规范稀土开发利用；优先安排共（伴）生稀土资源开发和综合利用，明确综合开发布局、时序、规模和结构。

（2）严控稀土矿业权数量。建立区域或企业集团内部稀土采矿权轮换制度（即采完一矿批准一矿），将近年来新发现的大、中型稀土矿产地和稀土资源集聚区，划为稀土国家规划矿区；新设采矿权必须考虑全国稀土市场供需形势、现有采矿许可证范围内可采储量是否达到可轮换的条件。

（3）健全完善总量控制指标分配与核减机制，总量控制指标不仅要考虑供需平衡、上年度指标执行、产业政策执行情况，还要与稀土储备、稀土库存、稀土出口等要素挂钩；非法违规开采、生产、加工和出口的产品应该进行罚没并纳入国家储备，同时核减相应企业总量指标。

三、严控稀土冶炼产能

（1）严控稀土产能。国家优先将资源配置给六大集团（具有央企和国企背景属性)，同时企业应担负起保障市场供给、去产能、调结构、维护市场稳定的责任。全面实施稀土企业产能公告和生产承诺制度。发挥行业规划、行业规范、产业政策、环保政策的引领作用，停止核准新建稀土冶炼分离项目，禁止现有稀土冶炼分离项目扩大生产规模；重新评估在建和已核准扩建冶炼分离项目产能，与下达总量指标显著不匹配的项目，应该进行核减；配合资源整合和企业兼并重组，继续清理淘汰开采和冶炼环节存在的低端、低效和闲置产能，取缔收购加工非法来源稀土矿产品的企业；通过产能“禁、限、减”，压缩非法违法来源稀土的需求空间。同时，以应用需求为目标，做好政策引导和稀土价格平衡，推动稀土在传统产业和新材料产业的应用，消化当前稀土库存。

(2) 建立和完善稀土（行业、企业）供需平衡表（储量、开采、生产、销售、库存、储备、出口等要素)，加强动态监测分析与比对评估，完善稀土产品追溯体系，建立预警与动态调控机制。

(3) 建立打击非法违法违规长效机制。除了开展常规稀土行业专项整治外，综合利用法律、经济、环保等手段，降低破坏资源开采、环境污染入罪门槛，提高非法违法成本。创新监管方式，明确监管责任，具有责任主体的稀土矿山和规划矿区，责任主体负责投入设备、资金、人力加强稀土资源开发保护；无责任主体的稀土资源地（新发现矿点、未出让矿山等)，落实属地监管责任，探索建立政府、企业、社会多方参与的监测监管体系，拓展非法违法信息来源渠道，压缩非法违法生存空间。

四、推动稀土资源绿色开发

(1) 将绿色矿山建设作为稀土行业准入的基本条件，将其与企业获得开发总量控制指标、矿业权申请、用地、财政、信贷等要素挂钩，促使稀土产业转型升级和绿色可持续发展。

(2) 提高稀土行业环境准入标准。与新修订的《中华人民共和国环境保护法》及其配套法律法规和政策进行衔接，根据轻（重）稀土资源特点、开采方式、药剂使用、冶炼工艺等情况，重新修订稀土工业污染物排放标准。

(3) 运用环保手段倒逼企业履行矿山环境治理责任。健全完善稀土矿山环境恢复治理基金、生态补偿、环境污染强制责任保险等制度建设；生态脆弱地区和敏感地区，按高标准征收环境保护税；建立稀土环境信息披露制度，稀土生产经营者应当在开发前查明区域水土环境本底值，公开原地浸出化学试剂使用、有毒有害水污染物等相关信息，对稀土工业“三废”、尾矿渗液、地下水水质、地质灾害隐患等环境进行监测，采取有效措施防范环境风险。

五、鼓励创新、提升稀土产业竞争力

（1）国家制定优惠政策支持创新要素向优质企业集聚，引导企业加大研发投入，加大绿色环保的共（伴）生矿产资源回收利用、选冶与提取分离工艺、废液与尾矿无害化处理关键技术研究，重点突破高性能永磁、高效发光、高端催化、高容量储氢等稀土功能材料的技术制备和器件产业化。

（2）配套重点工程和示范基地建设，建成若干技术创新中心和形成一批专利组合，提升稀土国际竞争力和提高中高端产品市场份额。

第七章　我国钨市场综合评价研究

钨具有熔点高、硬度大、抗磁性和耐腐蚀性强等优良特性，是国防工业、航空航天、信息产业等基础工业及高科技产业不可或缺的基础原料。钨矿是我国的优势矿产资源，钨资源储量、产量、贸易量和消费量均居全球第一位，在全球钨产品供给中居于主导地位。随着全球经济的发展和科学技术的进步，钨的应用领域逐步扩大，需求强劲，许多国家将其列入战略储备清单。

第一节　钨矿勘查投入与资源状况

一、钨矿勘查投入情况

21 世纪以来，我国勘查勘查投入经历了一轮上涨—下跌周期，钨矿勘查投资走势也一样（图 7-1-1）。以 2013 年为拐点，钨矿勘查投入已经连续 5 年呈下降态势。2018 年，钨矿勘查投入 0.63 亿元，为近 10 年来的最低点；2019 年，钨矿勘查投入 2.02 亿元，勘查投入有所反弹，同比增长 220.63%。

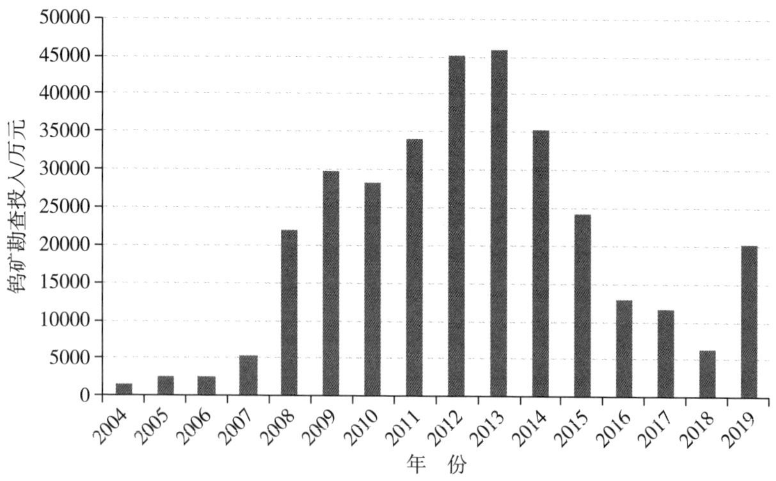

图 7-1-1　2004—2019 年我国钨矿勘查投入变化情况

资料来源：《中国国土资源统计年鉴》（2005—2018），《全国地质勘查成果通报》（2018—2019）

从投入资金来源来看，钨矿地质勘查投入从以财政资金为主转向以社会资金为主的投资结构（图 7-1-2）。2006—2017 年，中央财政资金的比例从 43.2%降至 0.9%。2006—2011 年，社会资金投入比例从 15.6%提高至 76.0%，地方财政资金投入比例从 41.2%降至 17.7%。2011—2017 年，社会资金投入比例从 76.0%降至 53.3%，地方财政资金投入比例从 17.7%提高至 45.8%。勘查投入来源结构的变化主要与整个矿业经济形势、钨矿勘查开发政策有关。尤其是自 2009 年以来，我国暂停受理新设钨矿探矿权，新设钨矿探矿权主要倾向于国务院批准的重点项目和使用中央地质勘查基金或省级财政专项资金开展的勘查项目，社会资金难以通过市场方式获得新的矿业权。

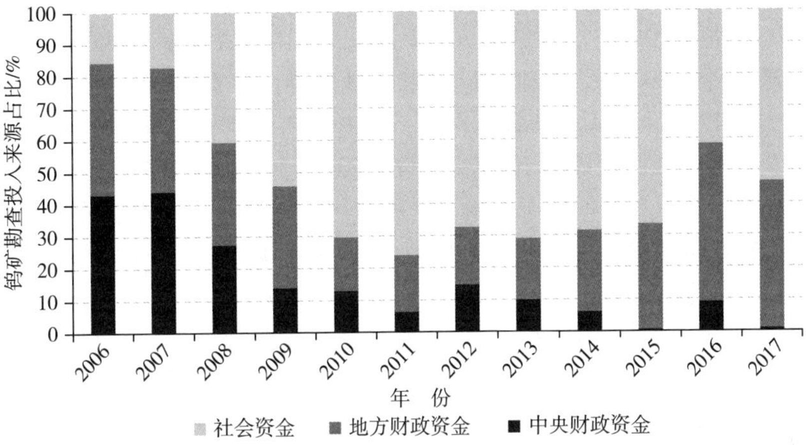

图 7-1-2　2006—2017 年我国钨矿勘查投入来源结构变化情况

资料来源：《中国国土资源统计年鉴》（2007—2018）

二、钨矿资源储量与新发现

（一）钨矿新发现

近一年来，我国钨矿新发现矿产地个数总体呈下降态势。钨矿新发现矿产地数量与勘查投入基本呈正相关。自 2011 年实施找矿突破战略行动以来，我国政府高度重视，地质勘查单位、矿业企业和科研院所积极响应，促使形成一批新的钨矿资源基地。“十二五”期间，我国钨矿新发现矿产地 25 处，其中大、中型 23 处，新增查明资源储量 459.9 万吨，主要分布在江西、湖南、甘肃、河南、新疆等地，江西南部地区发现两处超过 200 万吨的世界级矿床❶。

❶《中国矿业年鉴》（2016—2017）。

其中，2016年，中央地质勘查基金和江西省地质勘查基金联合实施的“江西省浮梁县铜坞—乐平市柏树坞铜多金属矿普查”项目，新增三氧化钨资源量57.85万吨，该项目累计探明三氧化钨资源量344.33万吨。2018年，钨矿新发现矿产地2处，安徽省宁国市竹溪岭矿区新增资源量7.85万吨；浙江省杭州市临安区於潜镇乌金山矿区新增资源量2万吨。2019年，钨矿新发现矿产地4处，广东省翁源县红岭矿区新增资源量5.83万吨；湖南省衡东县杨梅冲矿区新增资源量2.07万吨（自然资源部，2019a）。

（二）钨矿查明资源储量

我国钨资源总量较丰富，在23个省（自治区、直辖市）均有分布。截至2019年底，钨矿查明资源储量1120.37万吨。其中，资源量为900.0万吨，占查明资源储量的80.3%；基础储量为220.44万吨，占查明资源储量的19.7%；储量为129.42万吨。从分布省份来看，湖南省和江西省的钨矿查明资源储量合计占全国查明资源储量的49.5%；其次是河南、甘肃、广东、广西、福建和安徽，这6省合计钨查明资源储量占全国总量的35.6%。从分布区域来看，中部地区钨查明资源储量占全国总量的62.7%，西部地区占20.1%，东部地区占11.8%，东北地区占5.4%。

近15年来，我国钨矿查明资源储量呈现快速增长态势，但主要是资源量级别的资源更新快，得益于钨矿勘查投入加大和新发现一批新钨矿产地。而钨矿储量总体呈快速下降态势，2005—2015年，钨矿储量从132.35万吨下降至90.06万吨（图7-1-3），减少了31.9%。主要与一批老矿山逐渐枯竭，钨矿

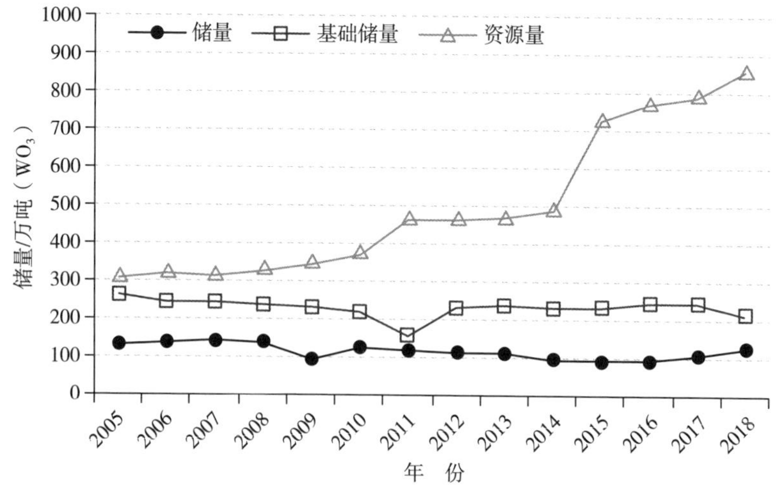

图7-1-3 2005—2018年我国钨矿查明资源储量结构变化情况

资料来源：《全国矿产资源储量通报》（2005—2018）

过度开采、超量开采，采富弃贫、综合利用水平不高等因素有关。近年来，随着钨矿管控政策收紧，钨矿资源（矿业权）由国企或央企主导，开采集中度大幅提高，资源利用形势有所好转。

（三）钨矿储采比

钨矿储采比由储量/产量计算得来。2001 年以来，我国钨矿储采比总体呈下降态势。2001—2016 年，钨矿储采比从 39.1 降至 10.7，钨储采比下降非常快，资源保障程度不容乐观。此后，略有回升。2018 年，储采比为 15.5（图 7-1-4）。

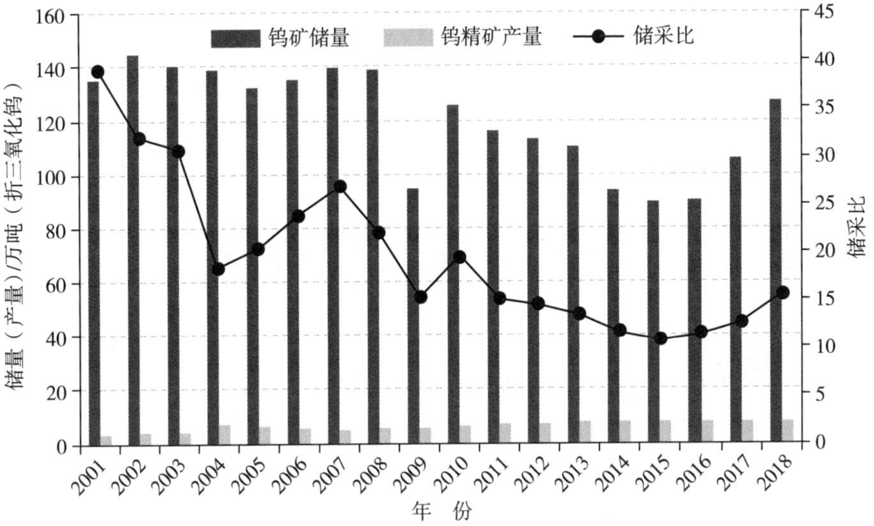

图 7-1-4　2001—2018 年我国钨矿储量、钨精矿产量及储采比变化情况

资料来源：《全国矿产资源储量通报》（2001—2018），《中国有色金属工业统计年鉴》（2002—2019）

第二节　钨矿矿业权情况

2009 年以来，我国基本上暂停受理新的钨矿勘查许可证、采矿许可证申请。其中，国家规定符合批准新设钨矿探矿权、采矿权的几种情形，应符合国家相关规划、产业政策、开采总量控制、生态环境保护等要求。随着矿业权管理政策收紧，我国钨矿矿业权数量总体呈减少趋势。2009 年，钨矿探矿权数量达到峰值为 131 个；2017 年，钨矿探矿权数量为 77 个，较 2009 年减少了 41.2%。2009 年，钨矿采矿权数量达到峰值 144 个；2017 年，钨矿采矿权 134 个，较 2009 年减少了 6.9%（图 7-2-1）。

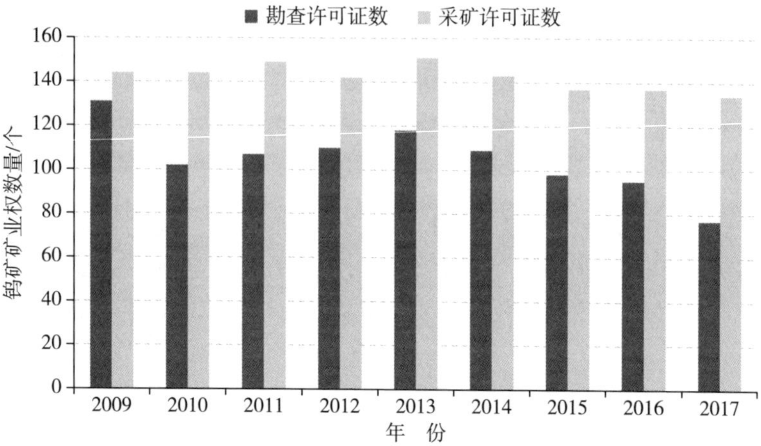

图 7-2-1 2009—2017 年我国钨矿矿业权数量变化情况

资料来源：《中国国土资源统计年鉴》（2010—2018）

第三节 钨矿生产与消费

一、钨生产

（一）钨矿开采总量指标

我国政府对钨矿资源的合理开发利用给予了高度重视，1991 年将其列为实行保护性开采的特定矿种，实行有计划的开采，控制钨开采总量。2002 年开始实行钨矿开采总量控制指标，并从 2004 年起分主采钨和综合回收钨分别下达指标。2002 年，全国钨矿开采总量控制指标为 4.37 万吨（折钨精矿三氧化钨 65%）；2019 年，钨矿开采总量控制指标增加到 10.50 万吨（折钨精矿三氧化钨 65%），较 2002 年增长 140%。根据国内外市场需求，将会对钨精矿开采总量控制指标适时做出调整（图 7-3-1）。

（二）钨矿选冶产能与产量

中国钨业行业协会统计资料显示，我国钨矿采选能力不断提升。2005 年，我国钨矿采矿和选矿能力（折钨精矿三氧化钨 65%）分别达到 8.28 万吨/年和 11.22 万吨/年。2017 年，我国钨矿采矿和选矿能力（折钨精矿三氧化钨 65%）分别达到 15.65 万吨/年和 16.72 万吨/年，比 2005 年分别增长 89% 和 49%（图 7-3-2）。

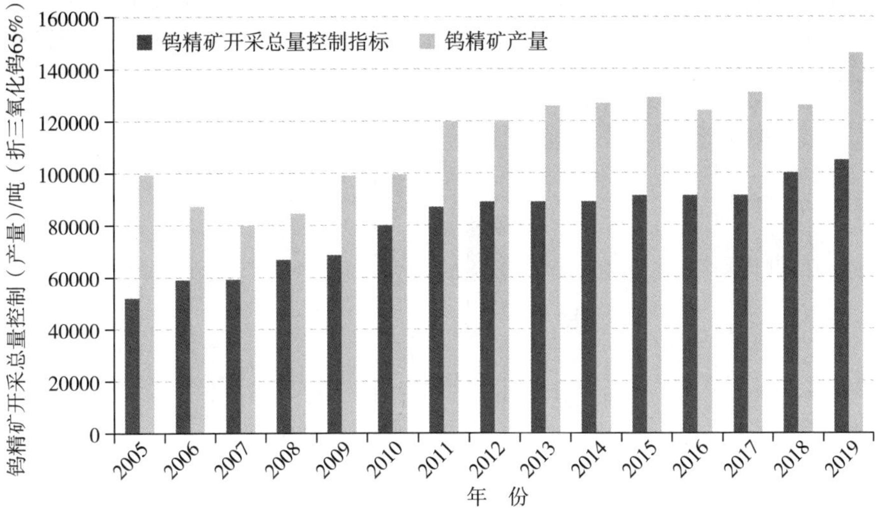

图 7-3-1 2005—2019 年我国钨精矿开采总量控制指标和产量变化情况

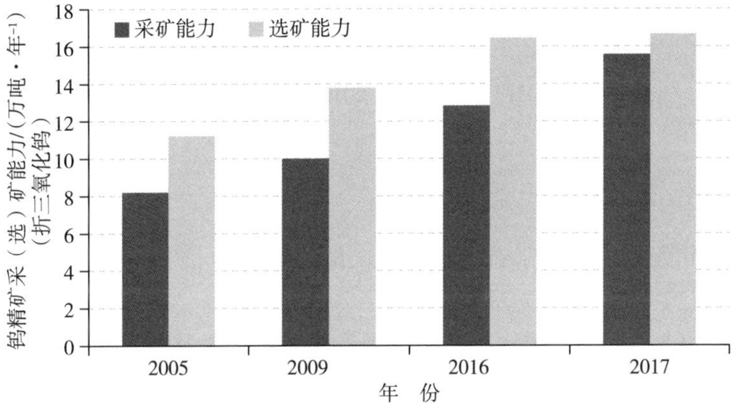

图 7-3-2 2005 年、2009 年、2016 年、2017 年我国钨矿采（选）矿能力变化情况

钨精矿生产总体保持增长态势。2001—2019 年，钨精矿产量从 5.3 万吨增加至 14.64 万吨，增长了 176%。其中，2004 年钨精矿产量曾达到 11.6 万吨，这是 2000 年以来第一次超过 10 万吨。2011 年以来，我国钨精矿产量基本保持在 12 万吨以上。2018 年钨精矿生产出现下降，产量为 12.6 万吨，较 2017 年下降 3.7%，其中江西、湖南和河南 3 省钨精矿产量合计占比达 81.0%；此次下降主要原因是受政策管控、资源禀赋、采选成本、安全环保等因素的影响导致钨精矿产量下降，小规模钨矿山因安全环保等因素依然停产。2019 年，我国钨精矿（折三氧化钨 65%）产量为 14.64 万吨，同比增长 15.9%（图 7-3-1）。

从钨精矿生产分布省份来看，我国钨矿石产量主要集中在江西、湖南、河南等8省（自治区）。其中，江西、湖南和河南3省的钨矿产量占全国钨矿产量的84%（图7-3-3）。

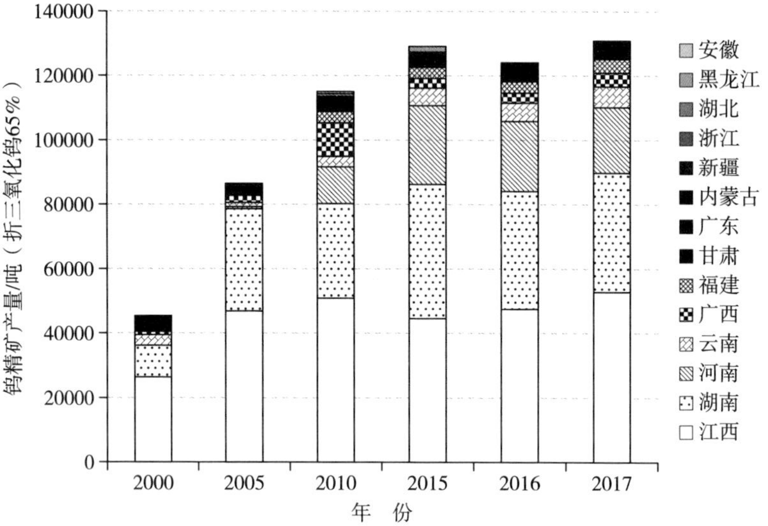

图7-3-3 2000年、2005年、2010年、2015—2017年我国钨精矿产量变化情况

（三）钨冶炼加工产能与产量

经过多年发展，我国采选、冶炼加工能力显著增长。我国钨冶炼工艺技术和产品质量已达到世界领先水平。

据中国钨业协会不完全统计，2005年，我国硬质合金生产能力2.84万吨/年、钨铁生产能力3.56万吨/年、仲钨酸铵（APT）生产能力13.1万吨/年、钨粉生产能力5.9万吨/年。2018年，我国硬质合金生产能力4.9万吨/年、钨铁生产能力3.0万吨/年、仲钨酸铵（APT）生产能力22.4万吨/年、钨粉生产能力8.1万吨/年。与2005年相比，分别增长了72.5%、-15.7%、71.0%和36.7%。除了钨铁，其他钨产品产能都有大幅增长（图7-3-4）。

目前，我国仲钨酸铵（APT）冶炼企业向原料地集中，江西、湖南、福建和四川等省的钨冶炼加工占据重要地位。钨粉和碳化钨粉的生产主要集中在厦门钨业、株洲硬质合金、自贡硬质合金和南昌硬质合金等公司及赣州市崇义章源、江西耀升、大余伟良、赣州远驰等企业。

我国钨冶炼加工产品普遍存在产能过剩问题。2018年，硬质合金产能利用率为78.6%，钨铁产能利用率为24.0%，钨粉产能利用率为61.7%，仲钨酸铵（APT）产能利用率为48.2%（表7-3-1）。

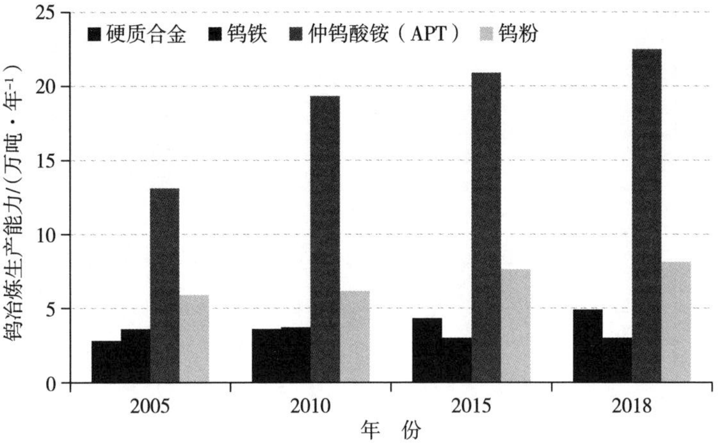

图 7-3-4 2005 年、2010 年、2015 年、2018 年我国钨冶炼生产能力变化情况

表 7-3-1 2005 年和 2018 年我国主要钨冶炼产品产量及产能利用率对比情况

类 别	2005 年		2018 年		产量相比增长
	产量/万吨	产能利用率/%	产量/万吨	产能利用率/%	%
硬质合金	1.42	50.0	3.85	78.6	171.1
钨铁	1.11	31.2	0.72	24.0	-35.1
钨粉	2.06	34.9	5	61.7	142.7
仲钨酸铵（APT）	5.18	39.5	10.8	48.2	108.5

二、钨消费

钨具有熔点高、硬度大、超耐热性、卓越的高温机械性能，在所有金属中具有最低的膨胀系数，良好的导电性和导热性，散热系数低等特点，广泛用于电力、电子、石油化工、军事工业、金属和木材加工、建筑、采矿、抗磨损材料等领域。

（一）钨消费量

我国钨消费保持平稳增长，已成为世界最大的钨消费国。2001 年，我国钨消费量仅为 1.39 万吨（金属量，下同）。2017 年，我国钨消费量已达 4.93 万吨，较 2001 年增长了 255%。其中，原钨消费 4.21 万吨，占钨消费总量的 85.3%；废钨消费 0.72 万吨，占钨消费总量的 14.7%。此后，受经济放缓影响，钨消费有所回调。2019 年，钨消费量约为 4.7 万吨（图 7-3-5）。

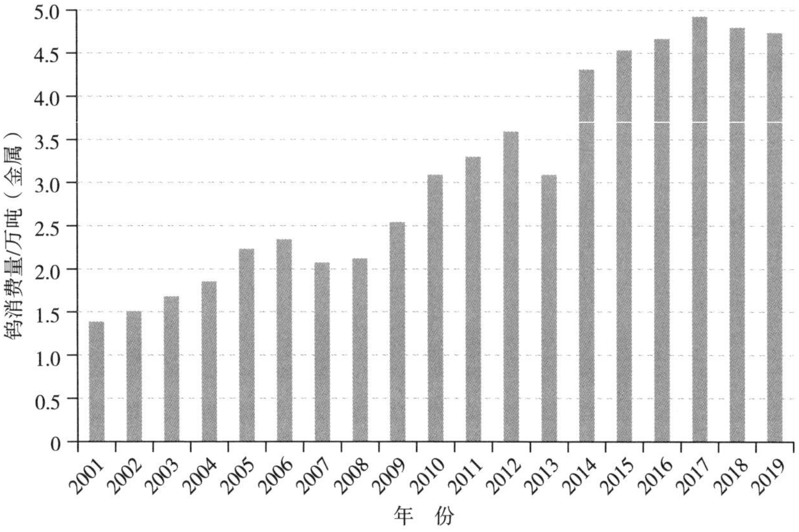

图 7-3-5　2001—2019 年我国钨消费量变化情况

（二）钨消费结构

钨主要消费在硬质合金、钨特钢、钨材和钨化工四类行业。2017 年，硬质合金消费 2.46 万吨，占全年总消费的 49.9%；钨特钢消费 1.06 万吨，占全年总消费的 21.5%；钨材消费 1.12 万吨，占全年总消费的 22.72%；钨化工消费 0.29 万吨，占全年总消费的 5.88%。总体来看，硬质合金、钨材和钨化工中钨的消费呈增长态势，钨特钢中钨的消费呈下降态势（图 7-3-6）。

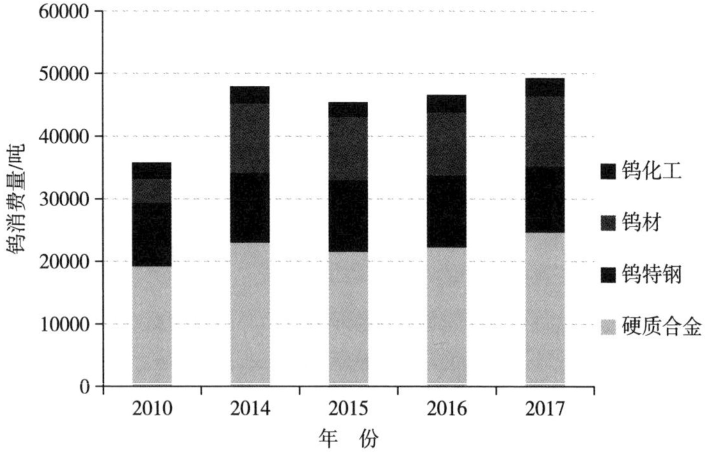

图 7-3-6　2010 年、2014—2017 年我国钨消费结构变化情况

党的十八大以来，我国经济发展进入新常态。钢铁工业、汽车工业、装备制造、交通运输、电子信息、矿山采掘和能源等与钨紧密关联的产业将继续拉动钨需求增长，硬质合金消费量超过钨消费总量的50%。未来高新技术武器装备制造、尖端科学技术的进步，以及核能源的快速发展等迫切需要高性能的钨基合金材料。随着交通运输和电子信息产业的高速发展，钨丝、钨材等产品的需求将保持增长。

第四节 钨品进出口贸易

为保护钨矿资源，抑制钨原材料出口，促进钨产业转型升级，我国对钨及制品品进出口政策不断调整。1991 年，国务院印发《关于将钨、锡、锑、离子型稀土矿产列为国家实行保护性开采特定矿种的通知》，将钨列为国家实行保护性开采特定矿种行列，并实行出口计划（出口配额）管理。1992 年，国家将钨精矿、仲钨酸铵、三氧化钨、钨酸等初中级钨制品列为计划配额商品，并逐年减少出口配额。2001 年，我国入世后仍保留对钨及钨制品的国营贸易管理权，继续对钨制品出口实行配额管理。2004 年开始，我国逐步调减并取消钨及钨制品出口退税。2006 年，大部分钨及钨制品被列入进出口加工贸易禁止类目录。2015 年，我国取消初、中级钨品的出口配额制度。同年，对初、中级钨品取消了出口关税，但钨矿砂及其精矿出口关税税率保持20%不变。2018 年，我国开始对钨铁、钨废碎料征收 1%的进口关税税率。目前，我国对钨及钨制品出口仍实行出口许可证管理，出口企业资格实行严格准入制度。

一、钨品进口分析

（一）钨精矿进口

钨矿是我国优势矿产，但每年仍需进口大量钨精矿。2002 年以来，我国钨精矿进口规模总体经历了快速扩大-逐渐萎缩的过程。2000—2006 年，钨精矿进口量从 563 吨增加至 12274 吨（实物量，下同），为近 20 年来的最高值。2007—2013 年，钨精矿进口需求仍然较为旺盛，钨精矿进口量基本保持在 9000 吨左右（2010 年除外）。此后，受钨市场持续低迷影响，钨精矿进口规模持续萎缩。2014—2017 年，钨精矿进口量从 6655 吨降至 3956 吨。2018 年，钨精矿进口量为 6658 吨，同比增长 68.3%（图 7-4-1）。钨精矿是我国钨品进口中进口规模最大的类别。

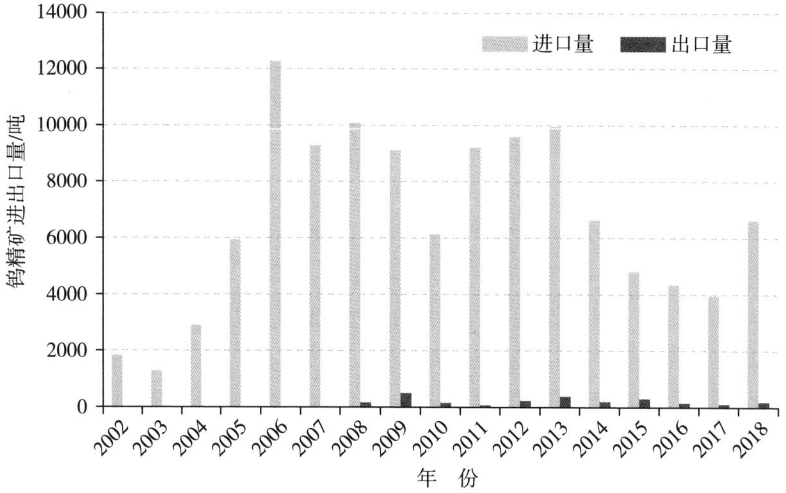

图 7-4-1　2002—2018 年我国钨精矿进出口量变化情况

从进口来源地看，我国钨精矿进口主要来源于缅甸、越南、卢旺达、俄罗斯、玻利维亚、西班牙、朝鲜、蒙古等国家。2018 年，我国从朝鲜进口钨精矿为 2738. 7 吨，占钨精矿总进口量的 41. 1%；从越南进口钨精矿为 1426. 0 吨，占钨精矿总进口量的 21. 4%；从俄罗斯进口钨精矿为 913. 5 吨，占钨精矿总进口量的 13. 7%；从卢旺达进口钨精矿为 584. 0 吨，占钨精矿总进口量的 8. 7%；从缅甸进口钨精矿为 588. 3 吨，占钨精矿总进口量的 8. 8%。上述 5 个国家合计钨精矿进口量占总进口量的 93. 7%。

（二）其他钨制品进口

2002 年以来，我国钨制品进口规模和进口结构发生较大变化。2002—2013 年，钨制品进口规模经历了一轮扩大—萎缩过程，进口产品主要以钨材及金属制品为主。2006 年，钨制品进口量达到 1556 吨（实物量，不含硬质合金，下同）。其中，钨材及金属制品进口量为 1446 吨，占钨制品总进口量的 92. 9%。此后，钨制品进口量逐渐萎缩。2013 年，钨制品进口量为 374 吨，进口规模创近 10 年来的新低。2014—2017 年，钨制品进口量出现回升，进口产品主要以钨酸盐为主，其次是钨材及金属制品、氧化钨和氢氧化钨。2018 年，我国钨制品进口量为 1912 吨，同比增长 69. 9%，进口规模创历史新高。其中，钨酸盐进口量为 1202 吨，占钨制品总进口量的 62. 8%；钨材及金属制品进口量为 291 吨，占钨制品总进口量的 15. 2%；氧化钨和氢氧化钨进口量为 377 吨，占钨制品总进口量的 19. 7%（图 7-4-2）。

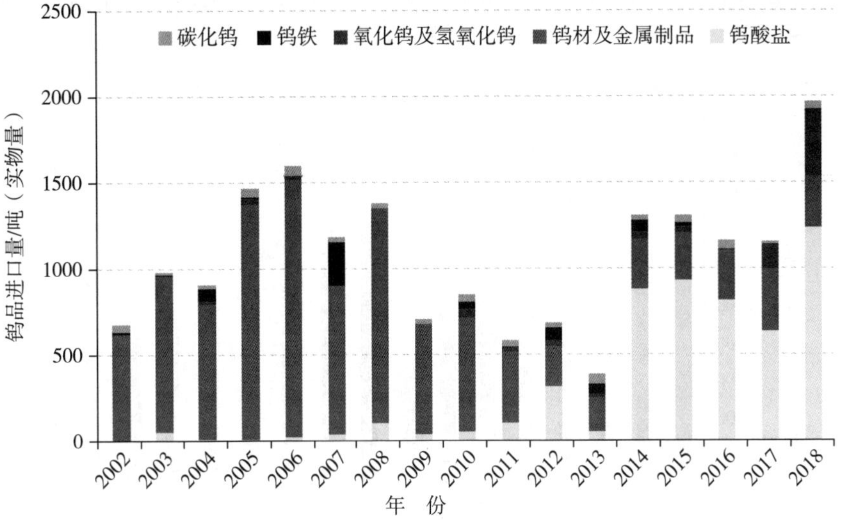

图 7-4-2　2002—2018 年我国钨制品进口结构变化情况

资料来源：《中国海关统计年鉴》（2003—2019）

二、钨品出口分析

（一）钨精矿出口

受征收高额出口税率、出口许可管理等政策影响，我国钨精矿出口规模已经很小。2016 年以来，钨精矿出口规模基本保持在 200 吨以下（图 7-4-1）。

（二）其他钨制品出口

我国钨制品出口规模是进口规模的 10 倍以上（不含钨精矿、硬质合金，按实物量计算）。从出口结构看，我国以出口钨冶炼和中间产品为主。钨酸盐、氧化钨、碳化钨、钨铁等钨制品出口量占到了钨制品总出口量的 80%以上。

2002—2006 年，我国钨制品出口量从 2. 55 万吨（实物量，不含硬质合金，下同）增加至 3. 62 万吨，增长了 41. 7%，出口规模创历史新高。此后，受取消出口退税、提高出口关税、出口许可管理等政策影响，出口规模逐渐萎缩。2013 年，钨制品出口量降至 1. 70 万吨，较 2006 年下降了 52. 9%。随着 2015 年我国取消钨制品出口配额、出口关税等政策影响，钨制品出口规模呈现恢复性增长。2018 年，我国钨制品出口量为 3. 47 万吨，较 2013 年增长 103. 5%。其中，氧化钨及氢氧化钨出口量为 1. 42 万吨，较 2013 年增长 80. 3%；钨酸盐出口量为 0. 73 万吨，较 2013 年增长 53. 2%；碳化钨出口量为 0. 59 万吨，较

2013 年增长 219.2%；钨材及制品出口量为 0.47 万吨，较 2013 年增长 86.1%（图 7-4-3）。

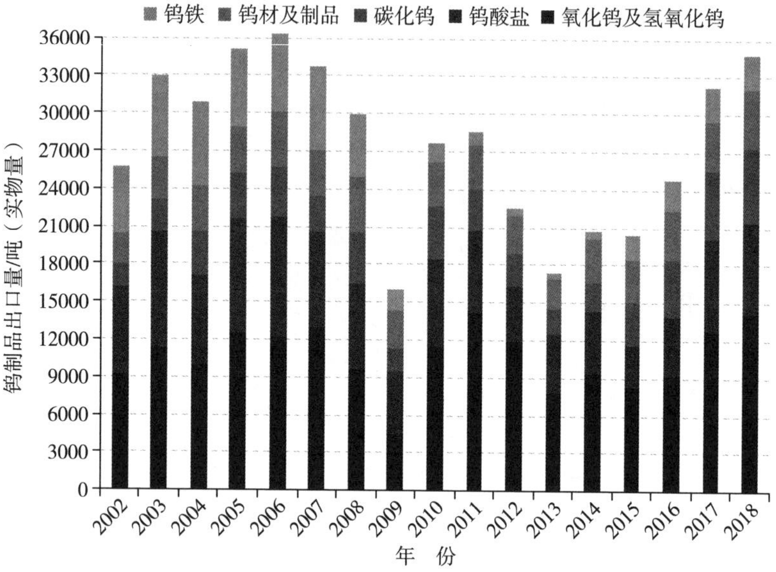

图 7-4-3　2002—2018 年我国钨制品出口结构变化情况

资料来源：《中国海关统计年鉴》（2003—2019）

从出口区域看，日本、美国、欧洲、韩国等发达国家或地区是我国钨制品主要出口地区。据中国海关总署统计数据显示，2019 年，我国出口钨品（不含硬质合金）目的地中，出口至欧洲、美国、日本、韩国的钨制品占比分别为 25.2%、16.5%、26.5%、16.0%。

第五节　钨矿市场价格

一、钨精矿价格

2000 年以来，国际和国内钨精矿（折三氧化钨 65%）价格经历了几轮上涨和下跌周期（图 7-5-1）。2002 年，我国钨精矿价格开始回升，钨精矿年度平均价格由 2002 年的 2.01 万元/吨上升到 2006 年的 10.83 万元/吨。此后，钨精矿价格理性回调，加之 2008 年爆发的金融危机，钨精矿价格开始快速下跌。2009 年，钨精矿价格跌至 6.48 万元/吨。

2009 年底开始，受全球经济刺激政策影响，经济形势好转，带动钨需求回

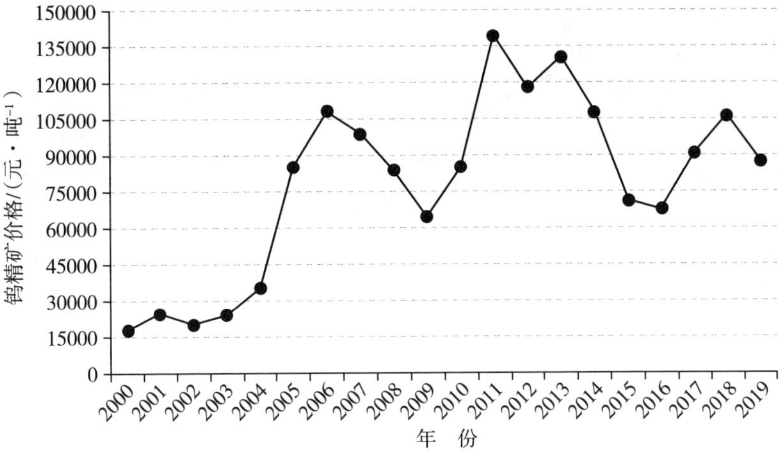

图 7-5-1 2000—2019 年我国钨精矿年度均价走势

升。钨精矿价格迅速回升至 2011 年 5 月的 15.42 万元/吨和 2013 年 7 月的 15.35 万元/吨。

2013 年下半年开始，受去库存、泛亚事件和市场需求增速减缓等影响，钨精矿价格迅速下跌，2015 年 11 月钨精矿价格为 5.46 万元/吨。2016 年，市场供需基本面改善，国内钨精矿价格开始筑底企稳回升，年均价格回升到 6.87 万元/吨，但尚未回升到开采成本以上的合理价位，钨矿采选成本将对原料价格起到一定的支撑作用。2016 年 12 月，钨精矿价格涨至 7.24 万元/吨。2017 年，受市场需求旺盛，钨原料供应紧张，钨精矿价格持续上涨。2017 年 9 月，钨精矿价格已经上涨至 12 万元/吨。

2018 年，受中美贸易摩擦预期影响，国际市场需求减缓，7 月起钨市场价格出现震荡回落，但全年钨市场价格水平同比仍有较大幅度的上涨，总体趋于平稳。全年钨精矿平均价格 10.62 万元/吨，同比上涨 17.65%。2019 年，钨精矿价格总体维持回调趋势。12 月，国内钨精矿均价 8.95 万元/吨，同比下降 8.9%。

二、仲钨酸铵（APT）价格

2000 年以来，国际和国内仲钨酸铵（APT）价格经历了两轮上涨和下跌周期（图 7-5-2）。

2003 年开始，国内外仲钨酸铵（APT）市场价格急剧上升，2006 年达到最高点。受金融危机影响，2008 年下半年以来，仲钨酸铵（APT）价格大幅下降。2009 年下半年，仲钨酸铵（APT）价格呈现缓慢上升趋势，年末市场价格已达 12 万元/吨。2010 年以来，仲钨酸铵（APT）价格呈震荡下行态势。

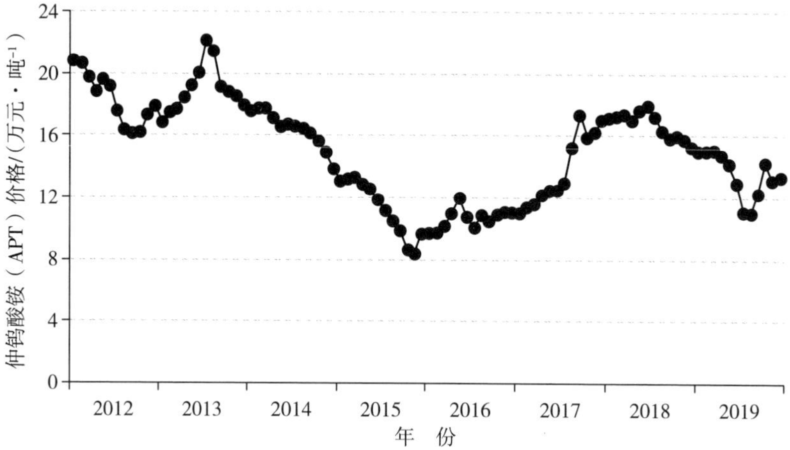

图 7-5-2　仲钨酸铵（APT）价格走势

2011—2013 年，仲钨酸铵（APT）价格快速上涨。2012 年 1 月和 2013 年 7 月仲钨酸铵（APT）价格分别达到 20.87 和 22.2 万元/吨。2013 年底开始，仲钨酸铵（APT）价格开启新一轮下跌。至 2015 年 11 月，仲钨酸铵（APT）价格已跌至 8.4 万元/吨。

2016 年以来，仲钨酸铵（APT）价格缓慢震荡上行，2016 年仲钨酸铵（APT）年度均价在 10.7 万元/吨，2017 年为 13.8 万元/吨。2018 年 6 月，仲钨酸铵（APT）价格上涨至 17.9 万元/吨，为此轮上涨周期的高点。此后，国际市场仲钨酸铵（APT）需求低迷，仲钨酸铵（APT）价格开启新一轮下跌行情。2019 年 12 月仲钨酸铵（APT）价格跌至 13.3 万元/吨。

第六节　钨行业投资与效益

一、钨行业固定资产投资

自 2003 年以来，我国钨钼采选和冶炼业[1]固定资产投资经历了一轮扩张—萎缩的过程。2003—2013 年，钨价格（年度均价）从 2.4 万元/吨涨至 13 万元/吨。其间，2008 年和 2009 年钨价格出现大幅下跌。钨钼采选业固定资产投资从 3.53 亿元增加至 127.5 亿元，增长了 3511%。钨钼冶炼业固定资产投资从 4.42 亿元增加至 69.9 亿元，增长了 1480%，带动我国钨冶炼产能持续扩张。

---

[1] 由于数据的不可获得，采取用钨钼采选业、冶炼业固定资产投资代替钨矿采选业、冶炼业固定资产投资，大致反映钨矿采选业、冶炼业投资情况。

2014 年以来，随着钨价格持续下跌和低迷，我国钨钼采选和冶炼业固定资产投资额总体呈下降态势。2014—2017 年，钨钼采选业固定资产投资从 127.5 亿元降至 66.9 亿元，下降了 47.5%。钨钼冶炼业固定资产投资从 69.9 亿元降至 47.8 亿元，下降了 31.6%（图 7-6-1）。尽管固定资产投资呈下行趋势，但我国绝大多数钨产品的产能确在持续扩张。

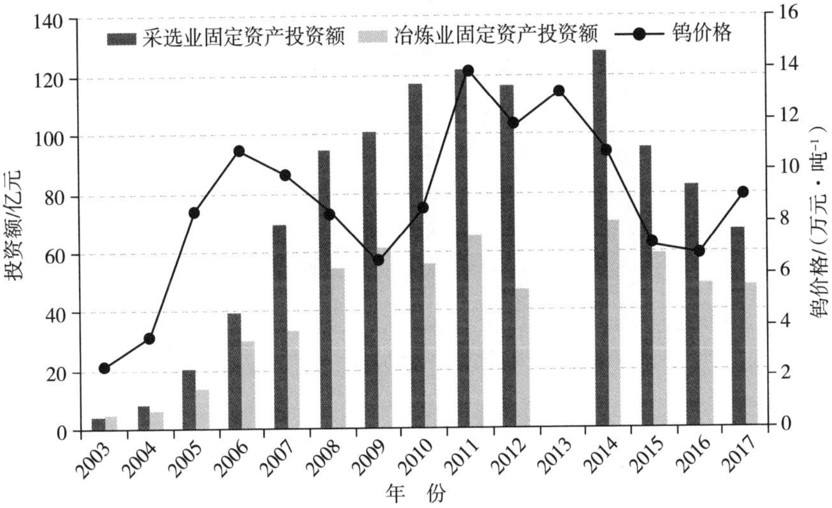

图 7-6-1　2003—2017 年我国钨钼采选和冶炼业固定资产投资和钨价格变化情况

资料来源：《中国固定资产投资年鉴》（2003—2017）

二、钨行业经营效益

自 2012 年以来，我国钨钼采选业经营财务指标[1]有所变差。2012—2016 年，钨钼采选业主营业务收入从 553 亿元增加至 783 亿元，增长了 41.5%；利润总额从 54.8 亿元降至 12.2 亿元，降低了 77.7%；利润率从 9.9% 降至 1.56%。此后，随着钨价格上涨，带动经营财务指标好转。2018 年，钨钼采选业主营业务收入 435 亿元，较 2016 年下降了 44.5%；利润总额 44.1 亿元，增长了 260.8%；利润率提高至 10.1%（图 7-6-2）。

我国钨钼冶炼业经营财务指标略好于采选业。2012—2018 年，钨钼冶炼业主营业务收入从 907 亿元降至 718 亿元，下降了 20.8%；利润总额从 53.5 亿元增加至 105.3 亿元，增长了 96.9%；利润率从 5.9%提高至 14.6%（图 7-6-3）。

[1] 由于数据的不可获得，采取用钨钼采选业、冶炼业主营业务收入、利润指标代替钨矿采选业、冶炼业主营业务收入、利润指标，大致反映钨矿采选业、冶炼业经营情况。

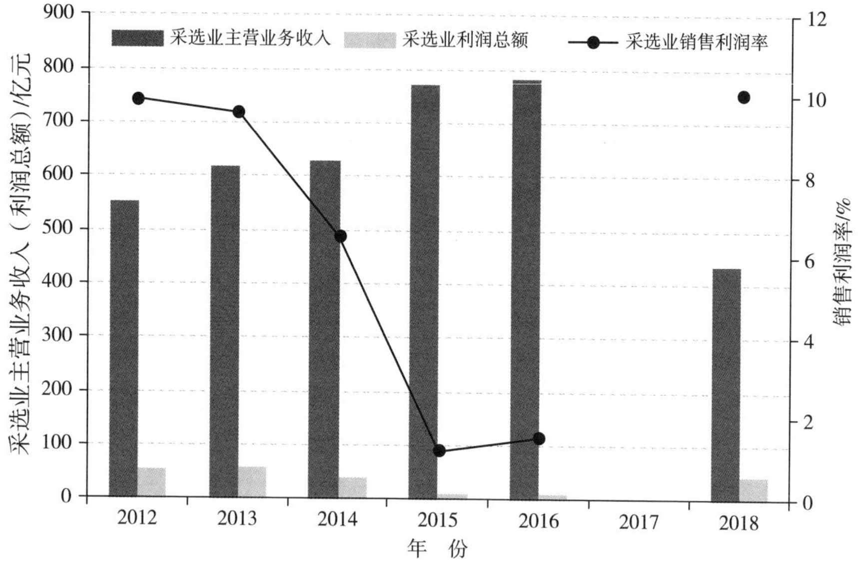

图 7-6-2　2012—2018 年我国规模以上钨钼采选业经营效益变化情况

资料来源：《中国工业统计年鉴》（2012—2018）

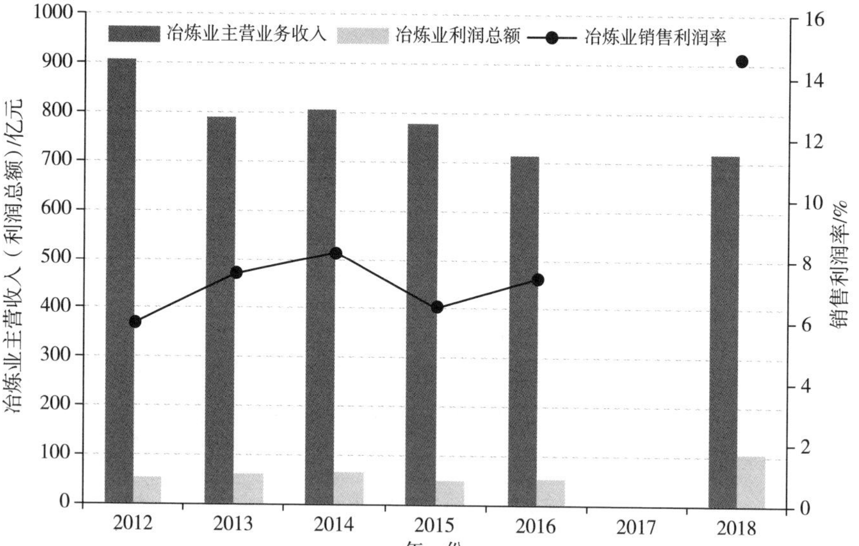

图 7-6-3　2012—2018 年我国规模以上钨钼冶炼业经营效益变化情况

资料来源：《中国工业统计年鉴》（2012—2018）

第七节　钨工业发展存在问题

我国已经建立起完整的钨产业链，产业规模不断扩大，但仍存在钨矿资源储量更新缓慢、超量开采、综合利用水平不高、钨产业集中度偏低、中低端产能过剩、技术创新能力不足等问题，严重影响行业整体竞争力。

一、储量更新升级缓慢，资源消耗过快

储量、基础储量所占比例逐年明显下降。2002—2018 年，我国钨矿查明资源储量迅速增长，得益于新发现矿床和已知矿床的重新评价，但基础储量占查明资源储量的比例却从 50. 5%降至 19. 9%。钨资源储量类别大多停留在资源量级别，储量升级更新缓慢。

我国查明钨资源储量中，白钨资源占比大，但富矿少，80%以上矿床的品位小于 0. 4%，组分复杂，有相当部分是共（伴）生矿，矿物嵌布粒度细，选矿回收率低，属于难以回收利用的矿石。尤其黑钨资源消耗过快，已有相当部分的黑钨矿山储量已近枯竭。

二、超量开采、违法违规开采仍未彻底遏制

自 2002 年起，我国对钨矿开采进行总量控制，在行业监管和开展钨矿开采秩序治理整顿行动等方面采取了一系列的政策和措施，取得了显著的阶段性成果。2002—2019 年，超指标开采的比例从 90%降至 35%左右，超指标、无指标生产现象依然存在。其中，全国主采钨矿开采总量得到了有效控制，钨矿综合利用超指标生产现象严重。此外，一些盗采乱挖现象依然存在。

三、钨资源综合利用水平还不高

经过多年开采，钨矿开采难度增大，钨资源品位逐年下降（图 7-7-1）。全国处理原矿平均品位由 2004 年的 0. 42%（折三氧化钨）下降到 2017 年的 0. 28%，主采钨精矿产量萎缩已成趋势。为了降低成本，还存在一些采富弃贫现象，尤其小型钨矿山企业为了追求短期利益，还存在掠夺性开采现象，资源浪费大，资源综合利用水平低。钨矿选矿实际回收率从 2001 年的 83%降至 2017 年的 78%左右（图 7-7-2）。

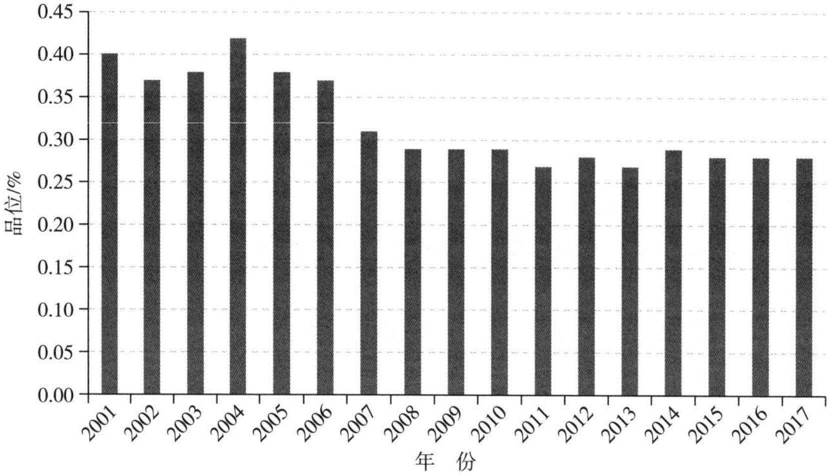

图 7-7-1 2001—2017 年我国钨矿品位变化情况

资料来源：《中国有色金属工业年鉴》（2001—2017）

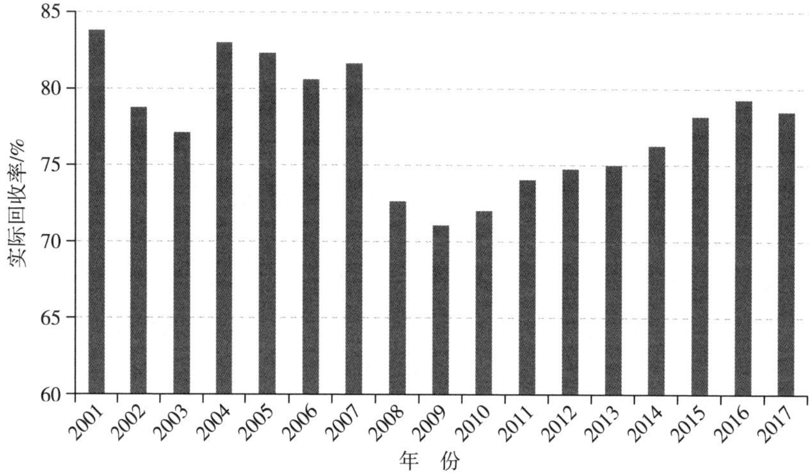

图 7-7-2 2001—2017 年我国钨矿选矿实际回收率变化情况

资料来源：《中国有色金属工业年鉴》（2001—2017）

四、产业集中度不高，产业结构不平衡

长期以来，我国钨矿企业“多、散、小、弱”的状况依然没有根本改变，产业集中度低。据统计，2015 年，134 家主采钨矿山企业平均年产量不足 500 吨，年产 1000 吨以上的钨矿企业只有 19 家，占主采钨精矿产量的 58%；

统计内的50家硬质合金企业中，年产1000吨以上的只有4家，占总产量的52%。受经济驱动，新发现钨矿的地区，都有开发钨资源的动力，都想争取开采指标。通过技改扩建和新建采选生产线，盲目扩大钨矿采选能力，发展所谓的“钨精深加工”，延长地域性“钨产业链”，导致低水平重复建设，产能过剩，恶性竞争。

五、低附加值钨品出口和高附加值钨品进口倒挂，国际竞争力不强

我国钨企业钨深加工产品和技术创新能力与国外大型钨企业相比差距还很大，中、低端产品多，高端产品少，技术含量低，附加值、质量和性能不高，以出口低附加值的初、中级钨冶炼产品为主的格局依然没有根本改变。硬质合金产品以中、低端为主，而且大多数还只是烧结态产品，高性能、高精度的高档硬质合金数控刀片等高技术含量、高附加价值的钨品仍需从国外进口（中国钨业协会，2011）。

第八章 我国矿产供给安全应对策略

通过前述章节分析，总结比较我国短缺矿产与优势矿产面临的主要问题、共性和差异性问题（表8-0-1），提出针对性策略。

表8-0-1 我国短缺矿种、优势矿种产业发展评价

指标		短缺矿产工业	优势矿产工业
上游资源端	矿产勘查投入	持续下降	持续下降
	资源禀赋状况	不足或相对丰富	丰富
	资源集中度	分散（油气除外）	高
	资源保障程度（储采比）	偏低	偏低
	资源储量结构	储量与资源量倒挂；储量更新升级缓慢	储量与资源量倒挂；储量更新升级缓慢
	矿业权配置	市场化配置（油气除外）	政策限制
上游开采端	开采总量控制	—	部分矿种超指标开采
	开采产能	不足	过剩
	绿色矿山建设	未全部达标	未全部达标
	矿山生态环境治理	基金制度；治理缓慢	基金制度；治理缓慢
中游冶炼加工端	冶炼（炼化）产能	充足（过剩）	充足（过剩）
	产业集中度	低（油气除外）	高
	产业链	齐全	齐全；高附加值产品不足
矿产品贸易端	对外依存度	高或持续攀升	—
	进口集中度	高度集中；或地缘政治风险高	—
	出口结构	一般型材（或产成品）	初、中级产品为主
国际权益维护	境外资源权益	部分开发中	—
	国际矿产品定价	参与形式、程度不够	主导原料定价

注：①“储量与资源量倒挂”是指资源量持续上升而储量持续下降的现象；②短缺矿产主要有石油、天然气、铀矿、铁矿、锰矿、铬矿、铜矿、铝土矿、铅矿、锌矿、镍矿、钴矿、锂矿、钾盐等；③优势矿产主要有稀土、钨矿、钼矿、锡矿、锑矿、萤石、石墨等。

石油、天然气、铁、铜、铝、钾盐等矿种是我国短缺矿产，有些矿产本身资源禀赋就严重不足，有些矿产虽然具有一定资源量，但资源品质差、开发条件差，开发成本极高，国家对这类矿产资源的刚性需求和供给刚性制约矛盾十分突出，大宗矿产品对外依存度持续攀升。

稀土、钨矿等矿种是我国优势矿产，国内资源供给基本有保障；但行业发展中仍存在非法勘查开采屡禁不止，资源开发利用粗放，忽视生态环境，冶炼（分离）产能过剩，高端应用研发滞后，产品国际竞争力不足等问题，严重影响行业健康发展。

第一节　主要问题总评

一、矿产勘查投入问题

矿产资源是经济社会发展的重要物质基础，长期以来，矿产资源勘查开发为我国经济社会发展起到了重要支撑作用。受世界经济、矿业环境不景气影响，我国矿产勘查投入连续八年下降，矿产资源保障面临长期不足压力。

2020 年全国非油气地质勘查投入资金 166.61 亿元，同比减少 6.1%；与 2012 年全国地质勘查投入 510 亿元相比，下降了 67.3%。其中：铁矿、锰矿、铜矿、铝土矿、镍矿、铅锌矿、金矿等短缺矿产勘查投入下降幅度均超过 70%；稀土矿、钨矿、锡矿、钼矿、锑矿等优势矿产勘查投入下降幅度均超过 80%。

二、矿产储量问题

与矿产勘查投入不足相对应，我国大部分矿种查明资源储量增速明显放缓。

（1）短缺矿产资源储量与资源量“剪刀叉”走势。铁矿石、锰矿、铬铁矿、铜矿、铝土矿、铅矿、锌矿、镍矿、钾盐、金矿、锂矿等短缺矿产的查明资源储量普遍增长，但与之对应的储量呈现连续下降趋势，储量与查明资源储量呈“剪刀叉”走势。另外，石油和天然气情况略好，近 20 年来油气探明地质储量和经济可采储量呈双增长态势。

（2）优势矿产资源储量与资源量也呈现“剪刀叉”走势。由于不合理的开发，目前我国具有优势的锡砂矿、黑钨矿资源几乎已消失殆尽；硫化锑矿资源也所剩无几；重稀土资源储量下降也非常快。稀土、钼矿、锑矿、萤石等优势矿产的查明资源储量普遍增长，但与之对应的储量连续十几年呈现下降，储量与查明资源储量呈“剪刀叉”走势。另外，锡矿的储量和查明资源储量则呈现双下降趋势；钨矿查明资源储量持续增长，储量经历先下降后上升趋势。

不管是大宗短缺矿产，还是战略性优势矿产，都面临矿产资源保证程度不足问题，表现为矿产储采比不足10年甚至5年（表8-1-1）。如果按实际消费量测算，保障年限更低。这种形势已经持续了很多年，到底是上表储量数据出现了问题，还是我国矿产资源的真实情况，亟待查明。

表8-1-1 2018年我国重要矿产资源储量、产量及储采比情况

矿种		单位	2018年		储采比
			储量	产量	
大宗短缺矿产	原油	亿吨	26.3	1.89	13.92
	天然气	亿米^3	41075	1602	25.64
	铁矿	矿石，亿吨	45.14	7.63	5.92
	锰矿	矿石，亿吨	7040	675.7	10.42
	铜矿	金属，万吨	787.9	156.9	5.0
	铝土矿	矿石，亿吨	4.5	1.03	4.37
	铅矿	金属，万吨	288	139.8	2.06
	锌矿	金属，万吨	838	292.6	2.86
	镍矿	金属，万吨	19.5	9.89	1.97
	金矿（金）	吨	785	401	1.96
	钾盐（KCl）	万吨	7283	920	7.92
大宗优势矿产	煤炭	亿吨	840	36.83	22.81
	磷矿	矿石，亿吨	10.0	0.954	10.48
优势矿产	钨矿	万吨（折三氧化钨）	127.3	8.2	15.6
	钼矿	金属，万吨	139.0	11.3	12.3
	锡矿	金属，万吨	53.5	8.7	6.15
	锑矿	金属，万吨	27.0	7.04	3.84

注：①原油、天然气储量是指剩余经济可采储量；②铜矿、铅矿、锌矿、镍矿、锡矿、锑矿产量按金属含量计算；③钨矿产量按折三氧化钨计算，钼矿产量按折纯钼计算。

从矿山生产设计角度说，只有储量才能作为矿山建设开采设计的依据。从我国主要矿产品生产增长态势和主要矿产产能新增情况，矿山投资企业并不担心储量锐减的问题。问题可能出在企业储量数据申报（不积极或滞后）上，也可能出现在储量分级分类、储量评审（备案）过于复杂上。

三、矿业权配置问题

矿业权退出，既有矿业不景气矿业权人主动退出，以及生态环境保护政策收紧新矿业权准入审批更加严厉的因素，也有针对自然保护区内的矿业权清理与退出的一刀切的因素。后两者已成为当前矿业权退出的主要影响因素。

自然保护地与矿产资源勘查开发不仅是保护与发展的关系，也是发展的短期与长远关系问题。习近平总书记指出，要正确处理好经济发展同生态环境保护的关系，牢固树立保护生态环境就是保护生产力、改善生态环境就是发展生产力的理念，更加自觉地推动绿色发展、循环发展、低碳发展，决不以牺牲环境为代价去换取一时的经济增长。中共中央、国务院高度重视自然保护地内矿产资源开发问题，先后出台的《中共中央、国务院关于全面加强生态环境保护坚决打好污染防治攻坚战的意见》（中共中央、国务院 2018 年 6 月 16 日发布）、《中共中央办公厅、国务院办公厅印发〈关于统筹推进自然资源资产产权制度改革的指导意见〉》（中共中央办公厅、国务院办公厅 2019 年 4 月 14 日发布）、《中共中央办公厅、国务院办公厅印发〈关于建立以国家公园为主体的自然保护地体系的指导意见〉》（中共中央办公厅、国务院办公厅 2019 年 6 月 26 日发布）均提出了依法依规解决自然保护地内的矿业权合理退出问题。2017 年 7 月 5 日，国土资源部印发《自然保护区内矿业权清理工作方案》（国土资发〔2017〕77 号），核心是以国家级自然保护区为重点，要求各省（直辖市、自治区）对行政区域内各类保护区矿业权进行全面摸底排查、分类梳理、系统分析，目的是为保护区内矿业权分类处置奠定基础。

实践过程中，地方政府为最快落实中央部署的政治责任和环保责任，往往对自然保护区内矿业权采取“一刀切”政策。截至 2019 年底，全国有效期内非油气探矿权共计 11373 个，登记勘查面积 17.39 万平方千米，同比减少 37.6%和 30.5%。与 2009 年全国非油气探矿权 36525 个，登记勘查面积 69.61 万平方千米相比，分别下降了 68.9%和 75.0%。短缺矿产和优势矿产的探矿权和采矿权均出现不同程度下降。探矿权数量下降过快（表 8-1-2），给找矿增储带来一定困难；采矿权数量下降过快，可能导致主要矿产品产能增长受限，给矿产品稳定供应带来压力。

四、采矿业产能问题

尽管冶炼行业是我国金属工业的重要组成部分，可以保障国民经济对金属需求。长期以来，钢铁行业，铜、铝、铅、锌等有色金属行业的冶炼和生产能力增长过快；尽管近两年采取了落后产能淘汰和合规产能置换措施，但仍面临产能过剩风险。例如，受益于铜精矿 TC/RC 处于高位推动及国内提升电解铜端自给率需求，从 2012 年起，我国铜冶炼行业运营态势保持每年 50 万吨的增长速度。2018—2019 年，我国铜冶炼新增产能保持在 70 万吨/年以上，并逐渐

表 8-1-2　2010 年和 2017 年我国重要矿种矿业权数量对比情况

类别		探矿权数量/个			采矿权数量/个		
		2010 年	2017 年	变化幅度/%	2010 年	2017 年	变化幅度/%
短缺矿产	油气	1089	924	-15.2	648	749	15.6
	铁矿	3438	1842	-46.4	3572	2833	-20.7
	锰矿	782	328	-58.1	445	298	-33.0
	铜矿	6841	3867	-43.5	767	677	-11.7
	铅矿	4025	2247	-44.2	922	739	-19.8
	锌矿	605	262	-56.7	442	312	-29.4
	铝土矿	317	218	-31.2	245	250	2.0
	镍矿	156	85	-45.5	55	44	-20.0
	金矿	7116	4879	-31.4	1398	1208	-13.6
优势矿产	钨矿	102	77	-24.5	144	134	-6.9
	锡矿	191	120	-37.2	135	76	-43.7
	钼矿	706	357	-49.4	171	147	-14.0
	锑矿	150	103	-31.3	63	55	-12.7
	稀土矿	—	—		107	75	-29.9
	萤石	—	—		1323	904	-31.7

资料来源：《中国国土资源统计年鉴》（2011，2018）。

进入投产高峰期。稀土、钨、钼、锑等优势金属矿的冶炼产能同样面临过剩问题。

冶炼产能快速扩张，意味着原料需求再次增长，进口精矿压力会继续增大，精矿加工费持续下滑，不但极易造成使冶炼能力开工不足，也使行业利润随着价格变化，在矿山采选业和冶炼企业中转移，矿山和冶炼企业利益难以共享。

另外，受环保政策收紧影响，加大了露天矿山整治力度，矿山企业复产复工手续复杂，一些不合规的矿山企业数量被迫退出，剩余矿山开工率也偏低，产量难有大幅提高。

五、国内矿供给不足问题

原油、天然气、铁矿石、锰矿、铬铁矿、镍矿、铝土矿等矿产对外依存度持续高企。国内铁矿石开发成本相对于巴西、澳大利亚高 2~3 倍。刚性支出占总成本的 80%，企业成本下降的空间越来越小（表 8-1-3）、难度越来越大。而平均销售税费负担率高达 20%以上。随着我国钢铁工业迅猛发展，铁矿石需求剧增，但国内铁矿资源禀赋差，铁矿石开发利用率低，铁矿石产能严重落后于钢铁产能增长，难以满足需求，对外依存度不断攀升，不利于钢铁产业经济安全。

表 8-1-3　2012—2018 年我国铁矿石生产成本及销售单价变化情况

单位：元/吨

类　别	2012 年	2013 年	2014 年	2015 年	2016 年	2017 年	2018 年
露天矿制造成本	71.49	70.16	68.68	58.69	50.76	53.51	52.69
井下矿制造成本	142.14	147.67	138.16	111.61	99.17	99.6	101.34
铁精粉制造成本	449.12	437.15	417.93	349.08	318.63	331.71	318.84
铁精粉完全成本	614.21	605.54	564.95	490.9	431.27	456.64	448.44
铁精矿销售单价	905.99	935.53	740.55	459.51	454.24	577.9	575.1

资料来源：中国冶金矿山企业协会。

六、矿山生态环境问题

矿山生态环境问题是矿业开发过程中普遍存在的问题，是世界各国共同关注的课题。不管是短缺矿产还是优势矿产，无论是露天方式开采还是地下方式开采，均存在生态环境问题。生态环境问题主要体现在：自然资源（耕地、森林等）被占用与损坏，产生潜在地质灾害（地面沉降、地面塌陷、地震等），造成水土环境污染（饮用水污染等）等。

从矿业权审计、自然资源督察、自然资源执法、生态环境保护督察、群众媒体举报等来看，违法违规破坏生态环境的案例很多。问题主要包括：在役矿山地质环境治理与土地复垦方案不落实、未按规划开展矿山环境治理、矿山环境治理严重滞后、久拖不治理、假治理、保证金或基金收缴不到位、项目治理验收不规范等问题，历史遗留矿山环境缺乏治理资金和政策支持、未统筹规划和实施系统治理。

我国在矿山生态环境方面历史欠账多、问题积累多、现实矛盾多，一些地区生态环境承载力已经达到或接近上限，且面临“旧账”未还、又欠“新账”的问题，矿山生态保护修复任务十分艰巨。根据遥感调查监测数据，截至 2018 年底，全国矿山开采占用损毁土地约 5400 万亩[1]。其中，正在开采的矿山占用损毁土地约 2000 万亩，历史遗留矿山占用损毁土地约 3400 万亩。绿色矿山短时期内难以实现全覆盖。截至 2020 年底，全国共有 953 个矿山纳入全国绿色矿山名录。与全国现有 6 万多座生产矿山相比，占比非常低。

---

[1] 1 亩≈666.667 平方米。

七、矿产品贸易问题

（1）我国短缺矿产以进口矿物原材料（矿石）为主。我国主要矿产品产量出现下降或增速减缓，铬矿、钴矿、金、锂矿、铜矿、镍矿、铁矿石、石油等紧缺矿产品对外依存度不断攀升，我国已超过美国成为世界最大原油进口国，战略性新兴产业发展所需要的钴矿、镍矿、锂矿等矿产对外依存度也非常高。例如，2019 年，我国进口铁矿石 10.69 亿吨，进口锰矿石 3419 万吨，进口铜精矿 2199 万吨，进口原油 5.06 万吨，进口氯化钾 908 万吨（表 8-1-4）。

表 8-1-4　2019 年我国短缺矿产原料及其产品进口情况

类　别	单　位	进口量（实物量）	进口额/亿美元	进口量同比增长/%	进口额同比增长/%
铁矿砂及其精矿	亿吨	10.69	1013.3	0.43	33.5
锰矿砂及其精矿	万吨	3419	63.7	23.8	9.7
铜矿砂及其精矿	万吨	2199	339.1	11.6	6.2
铬矿砂及其精矿	万吨	1590	26.3	11.4	-7.9
铅矿砂及其精矿	万吨	161	20.7	31.7	24.5
氧化铝	万吨	165	6.7	221.6	110
原　油	亿吨	5.06	2413.2	9.5	0.4
天然气	万吨	9656	417.2	6.9	8.5
氯化钾	万吨	908	26.5	21.7	43.6
钢　材	万吨	1230	141.1	-6.5	-14.1
未锻轧铜及铜材	万吨	498	324.7	-6	-13.3
未锻轧铝及铝材	万吨	65	29.1	8.3	-7.6

资料来源：海关总署的统计月报。

（2）我国大部分短缺矿产进口集中度非常高。多年来，我国非常重视短缺矿产进口多元化战略。我国原油、天然气、铁矿、铜矿、锰矿、镍矿、氧化铝、钾盐等大宗矿产品进口主要来自发展中国家，且来源逐渐多元化。

部分矿产进口集中度依然很高，极易受资源所在国政策影响。例如，约 95%的进口镍矿主要来源于菲律宾和印度尼西亚；约 80%的进口铁矿石主要来源于澳大利亚和巴西；约 70%的进口铬铁矿主要来源于南非；约 70%的进口钾盐主要来源于俄罗斯、白俄罗斯和加拿大；约 50%的进口锰矿主要来源于澳大利亚和南非；约 55%的进口铜矿主要来源于智利和秘鲁。

还有部分矿产主要来源于中东、南美洲、非洲等地缘政治风险较高的地区。例如，约45%进口原油来源于中东地区。

（3）我国出口优势矿产以矿物原料、初级矿产品和低附加值产品为主（表8-1-5），而需要进口高附加值产品和关键元器件为主。例如，我国出口到美国的矿物原材料主要是稀土及其制品、天然石墨、重晶石、菱镁矿、萤石等原材料。

表8-1-5　2019年我国优势矿产原料及产品出口情况

类　别	单　位	出口量（实物量）	出口额/亿美元	出口量同比增长/%	出口额同比增长/%
稀土及其制品	万吨	9.04	22.79	-5.4	-6.7
其中：稀土	万吨	4.63	4.40	-12.6	-14.4
钨品	万吨	2.30	7.05	-29.2	-38.2
其中：钨矿砂	吨	43	0.004	-76.3	-79
仲钨酸铵	万吨	0.32	0.69	-44	-55.7
钨及其制品	万吨	0.52	2.36	10.4	-2.7
钼矿砂及其精矿	万吨	0.59	0.72	-40.3	-37.1
未锻轧锡及锡合金	万吨	0.61	0.73	0.4	59.1
未锻轧锑、粉末及废碎料	万吨	1.30	0.84	143.2	92.6
黏土及其他耐火矿物	万吨	708	15.29	-0.1	-16.9
天然石墨	万吨	29	3.26	-15	-6.4
萤石（氟石）	万吨	37	1.35	-7.4	-2.8

资料来源：海关总署的统计月报。

八、境外资源权益问题

油气、铁矿石、铜矿等项目投资主要集中在发展中国家，矿业经济是资源所在国的重要经济支柱。资源所在国始终将维护资源国经济权益、保护本地生态环境、原住民发展作为首要议题，且矿业环境政策逐渐向发达国家看齐。资源开发还将面临矿业税费、关税政策调整，生态环境保护成本上涨，本地化劳动力成本上涨等成本要素问题。另外，还将可能面临地缘政治、国家政局动荡等诸多不确定性因素。

九、矿产品定价权问题

我国是油气、铁矿石、铜、铝等大宗矿产的主要消费国，这些矿产品对外依存度和进口集中度非常高，在国际贸易谈判中几乎没有话语权。

一般来说，矿产品价格主要由市场基本面（供求关系）决定。但大宗矿产品几乎都具有金属属性，是期货交易所的投资产品，容易受市场投资和投机操控，任何与供给有关的事件都可以成为价格波动的影响因素。

对于成熟期货市场的大宗矿产品来说，其价格基本上由国际知名的期货交易所标准期货合约的价格决定。例如国际铜价主要是由伦敦金属交易所（LME）铜期货价决定的。

对于不成熟的期货品种来说，其价格由市场上的主要买方和卖方谈判进行交易。以铁矿石为例，目前，铁矿石定价机制是卖方以美国的普氏指数为基础的短期谈判机制（表 8-1-6），我国作为买方很难有话语权。例如，2019 年，淡水河谷公司（VALE）位于巴西米纳斯吉拉斯州布鲁马迪纽地区 Feijo 矿区的 1 号尾矿库发生溃坝事故，极端天气导致力拓（RIO）和必和必拓（BHP）相继宣布减产，导致铁矿石价格暴涨。

表 8-1-6　国际铁矿石定价机制发展过程

序　号	时　期	定价机制	参　与
1	2000 年之前	长期合同为主	钢铁企业分散谈判
2	2000—2008 年	年度合同谈判（长协机制）	钢铁企业代表参与谈判
3	2009—2010 年	放弃长协机制，采取灵活的指数定价机制	中国钢铁工业协会参与谈判
4	2011 年以来	指数定价（普氏指数、MBIO 指数）	钢铁企业代表参与谈判

第二节　短缺矿产应对之策

一、提升地质勘查规划地位，稳定地质勘查投入

（1）明确新时代地质工作的定位，提升地质勘查规划的地位，将基础性、公益性地质调查工作纳入国民经济和社会发展规划。尽管地勘单位转型发展、服务经济社会发展业务拓展成为近年来的主旋律，但地质调查和矿产勘查的主业决不能丢。

（2）部署实施新一轮找矿突破战略行动，中央财政优先支持油气、铁矿石等大宗短缺矿产资源勘查，增强支撑服务国家能源资源安全保障能力。探索地质调查市场化机制，加快提高 1∶5 万及更大比例尺区域地质调查、地球化学调查等基础调查程度；加快和简化新矿山开采的审批流程。

（3）完善我国矿产资源勘查基金资助模式。尽管国有资本（央企、国企）是维护我国矿业市场的稳定器，但吸引社会资本进入矿产资源勘查市场，激励矿业权人继续加大勘查投资，尤其是在矿业低迷时显得尤为重要。改革中央和地方地质勘查基金投资模式，改为勘查基金联合（基金+探矿权人）投资模式，主要引导勘查前期投资；建立勘查投入补贴机制，建议从中央地质勘查基金中拿出一部分资金建立矿产勘查补贴基金（计划），吸引社会资本重新进入矿产勘查领域；允许企业对出资形成的矿产地开发后可按照勘查投入一定比例减免企业税费。

（4）深入矿业领域放管服改革，创建公平的勘查市场环境。打破矿产资源勘查公平准入的制度障碍，清理矿业权出让中存在的双重标准，例如：各级地质勘查基金支持项目优先获得矿业权、重点成矿区带的矿业权优先向国有资本倾斜等。新规定的中央或地方财政出资勘查项目，不再新设置探矿权，凭项目任务书开展地质勘查（主要指矿产勘查）工作，难以保障勘查准入市场的公平竞争，有损害社会资本商业性勘查的积极性，建议取消该规定。

二、加快矿产储量衔接和评审制度改革

2020年，自然资源部办公厅印发《关于矿产资源储量评审备案管理若干事项的通知》（自然资办发〔2020〕26号）规定了评审备案的范围、权限、程序和要求。国家市场监督管理总局、国家标准化管理委员会批准予以公布了《固体矿产资源储量分类》（GB/T 17766—2020）、《油气矿产资源储量分类》（GB/T 19492—2020），新标准对矿产勘查阶段进行了重新划分、简化了储量的经济意义划分、储量数据公布范围等内容。下一步，尽快开展如下工作：

（1）制定矿产资源储量套改管理办法或指南，根据统一的套改技术要求，将现有查明资源储量转换成新分类标准下的资源量和储量；指导矿山企业重新评估或套改完成矿山储量填报，并完成储量年报编制；同时，加快全国矿产资源储量数据库套改与更新。

（2）开展全国矿产资源储量开发利用形势分析，摸清矿产资源家底，实现了我国固体矿产资源储量分类与国际惯例并轨，为制定经济发展规划和加强国民经济宏观调控提供了基础资料。

（3）加强矿产资源储量动态管理。自然资源管理部门监督矿山企业开展矿山储量地质测量，核实资源储量，履行储量评审备案和登记手续；矿山地质测量机构要加强新分类标准要求学习，及时客观提供测量和年报编制等服务；矿山企业要按新分类标准和有关要求开展矿山储量地质测量，办理矿产资源储量报销、注销及停办矿山申请，依法向自然资源管理部门报送矿山储量变化

情况。

（4）简化矿产资源储量评审备案程序。加快将矿山储量信息纳入矿业权人信息公示范围。

三、统筹环境保护与资源开发的关系，矿业权退出分类施策

（1）依靠法律、环保政策、安全生产、生产技术条件、环境治理等分类开展矿山综合整治，分类处置矿业权，维护好矿业权人权益。

（2）尽快评估自然保护区矿业权清理对主要矿产品产能和生产的影响。从法律层面明确自然保护区内矿业权设置条件和程序，从国家层面上出台规范自然保护区内矿业权管理政策，有序放宽自然保护区内的矿产资源勘查。

（3）从源头规划设计好矿山绿色勘查开发。地质勘查位于矿业行业最前端，实行绿色勘查可以从源头上保护生态环境，减少植被破坏、降低环境污染和提高生态恢复治理效益；矿产资源开采过程中保证科学有序的开采，又要避免对矿区及周边环境的造成不可逆转的保护扰动；矿产资源主管部门在矿产资源勘查实施方案、矿产资源开发利用方案编制指南中加入绿色勘查、绿色矿山建设的要求，并作为矿产资源勘查开采监督的重要内容。

四、推进绿色矿山建设，加快矿山生态环境治理

（1）夯实基础，摸清矿山环境底数。开展生产矿山、历史遗留矿山详查与环境风险评估，包括矿山数量、开采方式、位置、分布、土地权属、地质环境与生态环境问题类型、水土环境污染状况、受影响土地范围和流域范围、原生产经营主体及其灭失原因，开展土地、地质、生态环境适宜性评价，以及自然资源与生态环境修复效益分析等内容；建立全国历史遗留矿山数据库和目录清单。

（2）编规划、制方案、定标准。研究编制全国矿山生态环境治理中、长期规划，提出阶段性目标、任务；地方政府组织编制矿山生态环境治理实施方案，明确本行政区域矿山生态修复范围、目标和举措；制定矿山生态环境治理的技术规程、定额标准、工程验收标准等。

（3）统筹矿山环境综合治理。落实“山水林田湖草是一个生命共同体”的理念，矿山环境治理从分散治理向土地复垦、地质环境、水环境、土壤环境、水土保持综合治理转变，需要创新体制机制，统筹考虑该问题。

（4）大力开展绿色勘查项目示范工作和绿色矿山建设。各地通过规划、标准、政策的制定实施，全面推进绿色矿山建设工作，并作为今后矿产资源勘

查、开发的准入要求。

（5）完善市场化、多元化投入机制。针对历史遗留矿山环境，可以规定地方政府从资源税提取一定比例用于遗留矿山环境治理；同时，统筹矿山地质环境治理、土地复垦、环境污染治理、农村环境保护、水污染防治、水土流失治理、森林草原植被恢复等各类资金，加强政策与项目资金的整合与合理利用，切实推进历史遗留矿山环境治理修复；制定激励社会资本投入矿山环境保护和生态修复的政策措施，保障各类社会主体平等享受财政、土地等优惠政策，参与遗留矿山环境治理；针对生产矿山，加强矿山生态环境治理基金征缴、使用和监管，提高资金使用效益。

（6）完善制度建设。落实地方政府领导责任，将矿山生态环境修复工作纳入领导干部责任考核；严厉打击各类非法挤占自然生态空间、破坏生态环境的行为，严格落实资源开发生态环境损害赔偿制度，健全环保信用评价、信息强制性披露等制度；同时，加强修复后效果评估。

五、全面调整矿业供给和需求结构，降低原料对外依存度

（1）制定矿产资源发展规划，以市场化手段推进资源整合，提高行业集中度，提高产能利用率。开展行业内上下游及跨行业联合重组，促进传统产业转型升级。继续推动保护性开采矿种资源开发整合，培育产业规模、高新技术、创新品牌优势。

（2）做好产能管控。严格执行环保、能耗、质量、安全等相关法律法规，发挥行业发展规划、规范条件的引导作用，强化行业规范管理，淘汰落后产能，控制新增产能，严管在建和运营产能。通过加强供给侧管理，使矿产品产能与市场需求处于相匹配的水平。

（3）制定鼓励矿产资源综合利用的综合配套政策，鼓励企业盘活一批低品位及难选冶资源。加大科技创新支持力度，推广先进采矿、选矿、综合利用技术，鼓励矿山引进高新技术进行技术装备改造，加快传统矿业的转型升级，促进资源高效利用和新型矿山建设。

（4）调整矿产品贸易政策，鼓励能源、金属、非金属等初级加工、半制成品和成品进口，限制初级产品出口，以减少国内对矿物原料的供给压力，同时有利于碳减排。

（5）实施再生资源替代战略。废钢、废有色金属是重要的再生资源，是制造业生产的重要原料之一。一方面是科学评估国内金属资源积蓄量、回收周期和回收量，摸清底数，规范国内废旧金属回收利用市场。培育一批优质废钢加工行业的龙头企业，稳定和提高再生资源利用量和利用率。另一方面是应该放

松废旧金属进口管制，充分利用国际市场资源，不仅可以弥补国内废旧金属供给不足，也可以减轻矿产品供给压力。

六、完善减税降费政策，切实为企业减轻负担

（1）扶持国内矿山发展，大幅降低铁矿山企业税费负担，包括降低制度性交易成本、企业税费负担、财务成本、电力价格、物流成本等，打出一套“组合拳”。

（2）提高再生金属回收利用产业增值税退税力度，落实现有节能环保、循环经济税收优惠政策，切实鼓励资源综合利用产业发展。

（3）允许矿业企业从利润中拿出一部分资金用于矿产资源勘查，并从企业所得税前予以扣除，鼓励矿业公司加大资源勘查。

（4）放宽对“两高一剩”资源性行业限制。矿业行业经历接近十年的低迷期，如果继续限制该行业，不仅对国内原材料保障造成影响，还会打击矿业行业信心恢复。建议金融系统不再将钢铁、有色金属矿产行业简单划为“两高一剩”严控贷款的行列，落实有保有压的信贷政策，支持优势企业技术改造、结构调整。

七、拓展境外资源多元化，保障境外资源权益

（1）利用“一带一路”合作平台，推进矿产资源合作。通过入股、股权互换、基金合作、资本运作等金融手段和以基础设施建设换取资源开发权益以及以开发技术援助等多样化途径，保障企业“走出去”找矿成果安全。加快资源型产业转移，培育境外资源基地或产业园区。

（2）加大中央财政对境外地质调查国际合作经费（带外汇指标的）支持力度，进一步加强境外地质矿产信息发布平台建设与服务。

（3）加快签署和拓展中国与其他国家和地区间的战略合作双边和多边协议，以现有货币互换协议为基础，逐步深化推进人民币作为能源资源基础标的货币。继续培育壮大国内航母级矿业公司，支持其与国际矿业公司合作，通过合作勘查开发、入股参股、并购等方式，掌控更多的境外资源储量和产能份额。

（4）稳固现有矿产品贸易渠道和扩大矿产品贸易规模，主推中国主导定价权，争取中长期合同、稳定紧缺矿产重点渠道进口。

（5）持续开展矿产资源领域“走出去”风险监测评价，识别矿业投资面临的主要风险，建立风险监测评价体系，研判境外投资地区存在的风险及其等级，进行风险提示、预警、防范。

八、参与并主导矿产品定价权

提高国际矿产品话语权是一个系统工程，需要调整矿产品需求、谈判能力和方式、境外资源开发、远洋运输能力、资源替代、人民币国际化、资本运作等方方面面来配合。其中，国际矿产品定价权不仅仅是市场规则问题，也是国际资本运作（包括项目投资）问题。

（1）努力打造重要矿产品现货、期货全国统一交易平台，鼓励和引导国内矿商、供应商、国际矿业巨头参与交易平台建设，完善矿产品期货相关规则，完善大宗矿产品和优势矿产价格形成机制。积极推进大宗矿产品国际贸易用人民币计价、结算，降低美元汇兑风险，形成并发布我国期货价格，增强人民币对市场价格的影响力。

（2）以市场手段整合国内市场，建立企业贸易联盟，一致共建供需双方贸易规则，共建贸易机制。加强行业自律，完善信息跟踪分析和研判，合理引导市场预期，防止市场过度解读和投机炒作。

（3）加强市场监管，规范市场行为，依法及时查处供应商价格违法和价格垄断行为，维护矿产品市场正常竞争秩序。

（4）有效利用反垄断法及 WTO 规则，对国际矿石生产商利用垄断地位操纵市场的行为进行反制。

（5）积极参与境外资源开发，扩大我国资本参与境外资源项目投资，提高境外矿产资源开发占国际市场份额。依托境外项目，建立体现完全成本且公开、透明的矿产品定价模式。

第三节　优势矿产应对之策

与大宗短缺矿产相同的是，战略性优势矿产资源同样面临着勘查投入持续下滑、储量级别更新缓慢、国内矿供给不足、选冶（炼化、分离等）产能过剩、矿山生态环境治理投入不足等共性问题。其中，勘查投入持续下滑主要与整个矿业不景气大环境有关；国内矿供给不足主要由开采总量控制性措施导致的，不代表国内资源不足，不影响我国经济社会发展中、长期需求。不同于大宗短缺矿产的高对外依存度，尽管战略性优势矿产（例如稀土、钨矿、钼矿等）精矿进口量持续增加，这主要是企业为满足冶炼（分离）产能而采取的对策。

另外，战略性优势矿产普遍存在国内矿产品供给远远超过国内需求，相当一部分以初、中级产品或原材料形式出口。

一、强化优势矿产宏观调控管理力度

（1）实施矿业权管控。继续限制探矿权和采矿权投放，做好科学评估，转变现有年度限制性措施改为中、长期措施或制度；严格勘查市场准入制度，采矿权数量适度减量化，探索建立采矿权开发轮换制度，保持探矿权和采矿权平衡。

（2）继续实施开采总量和生产计划管理。综合优势矿产保有资源储量、采矿权设置、开采产能产量、国内市场需求，确定总量控制指标并建立动态调整机制，保持市场供需基本平衡，有利于限制中、下游过热投资和产能无序扩张，也可以倒逼企业“走出去”境外弥补产能所需资源差额。这样做，既是对国内优势矿产资源的一种保护，也一定程度上缓解国内资源开发带来的生态环境压力。

（3）加强优势矿产资源综合利用渠道的生产监管。应该将共伴生资源开采的、建设项目临时占用回收的、尾矿资源回收利用的矿产品，应当纳入总量控制指标管理，不符合开采总量控制要求超指标开采的应当进行罚没纳入国家储备。

（4）加强优势矿产品进出口监管。对实行总量管控的矿产，严格出口许可证管理，落实出口法定检验程序，做到批批必检；完善进口矿监督管理，进口矿必须符合国家技术规范强制性要求，依法如实规范向海关申报，并提供完整手续。

二、继续开展战略性优势矿产资源潜力评价

（1）加大战略性优势矿产基础勘查投入。国家继续支持优势矿产基础性勘查工作，设立战略性矿产勘查专项，系统开展资源潜力评价、基础调查、远景调查、调查评价等工作。通过调查评价，建立一批可供开采的优势矿产资源基地。

（2）做好优势矿产储量升级评价。摸清战略性优势矿产资源底数，按新分类标准开展矿山储量地质测量和再评价，做好矿产资源储量统计。鼓励企业（尤其是国企、央企）加大调查评价和勘查投入，尽快完成储量升级更新。加快将矿山储量信息纳入矿业权人信息公示范围。

三、探索建立优势矿产国家储备制度

2011 年 5 月，国务院发布《国务院关于促进稀土行业持续健康发展的若干

意见》（国发〔2011〕12 号），提出按照国家储备与企业（商业）储备、实物储备和资源（地）储备相结合的方式，建立稀土战略储备。储备制度的探索同样适用于其他战略性优势矿产资源。其中，实物储备更贴近市场，调节市场短期供需行为，矿产地储备主要基于中、远期国家资源安全和代际公平考量。

（1）优先建立实物产品储备制度。根据市场供需形势、企业生产和库存、新兴产业推广应用等情况，推动国家储备产品精细化管理；探索建立国家储备企业代储机制，推动国家储备招标信息和企业稀土库存公开，控制稀土库存和国家储备在合理水平；同时，建立企业储备备案制度，加强企业实物储备监管；严格超指标开采，或违法违规进口、收购稀土进入企业储备，规避国家监管。

（2）探索国家矿产地储备制度。综合评估优势矿产资源潜力、经济社会发展中远期需求、国际市场形势等因素，对储备意义和储备可行性做充分论证，统筹规划储备矿种、储备范围、储备方式。统筹规划战略性优势矿产资源的开采，划定一批国家规划矿区作为战略性资源储备地；对列入国家储备的资源地，由当地政府负责监管和保护，未经国家批准不得开采；建议国家矿产地储备只做远期资源供给安全和代际公平考虑，不作为矿业权轮换和调控市场供需，同时矿产地储备不纳入矿业权管理，避免法律冲突，减少行政成本。

在现行法律政策和管理体系下，矿业权投放和稀土产品国家储备的作用完全可以代替资源地储备和企业储备的功能。

四、做好规划，引导产业合理发展，提高中、高端产业链

（1）制定优势矿产行业专项规划，以行政、市场化多种手段推进优势矿产资源整合，企业兼并重组，提高资源集中度和产业集中度。

（2）做好产能管控。加大企业实施年度审核，发挥行业发展规划、行业规范条件的引导作用，淘汰落后产能，控制新增产能。通过加强供给侧管理，使矿产品产能与市场需求处于相匹配的水平。

（3）发展循环经济，加强尾矿资源、伴生资源的综合利用，完善废旧产品回收利用体系，提升优势矿产资源综合利用水平。制定相关技术标准和产业规范，综合回收利用资源纳入生产总量控制管理。

（4）加大科技创新支持力度。鼓励企业加大先进采矿、选矿、综合利用技术、新兴产业技术及重点装备研发，落实现行行业规范条件，加快传统产业链转型升级，向中、高端产业链延伸；探索设立战略性新兴产业发展专项资金，重点支持战略性新兴产业重大技术研发；完善税收优惠政策，对于符合产业支持政策和相关条件的企业，从企业所得税、研发费用等方面给予税收优惠、抵扣或摊销。

五、充分利用“两个资源、两个市场”，参与境外资源投资

（1）不同于大宗短缺矿产，战略性优势矿产的国际供应格局正在发生改变，我国的资源优势、产业优势将面临潜在竞争。“走出去”开发利用境外资源同样适用优势矿产资源，也应成为我国优势矿产行业可持续发展的基本战略。

（2）利用“一带一路”合作平台，推进矿产资源合作。通过勘查、购买矿权、入股、股权互换、资本运作等手段，扩大我国资本参与境外优势矿产项目投资，提高境外资源开发占国内需求份额。可以考虑将优势资源型产业转移，培育境外资源基地或产业园区。

（3）鼓励企业拓展优势矿产品贸易渠道和贸易规模，争取中、长期合同。

参考文献

陈占恒，2019．2018 年稀土产业与市场简析［J］．稀土信息，（5）：26-30.

崔荣国，刘树臣，2008．矿产品对外依存度研究及初步测算［J］．国土资源情报，（8）：39-43.

丁学全，2020．聚焦钨行业高质量发展提升协会的服务能力和服务水平：中国钨业协会六届九次理事会（通讯会议）工作报告［J］．中国钨业，35（1）：1-7.

工业和信息化部，2016．稀土行业发展规划（2016—2020 年）［EB/OL］．http：//www.gov.cn/xinwen/2016-10/18/content_5120998.htm.

国家能源局，2017．国家石油储备建设取得重要进展［EB/OL］．http：//www.nea.gov.cn/2017-04/28/c_136243742.htm.

国家统计局，2019．国家数据月度数据［EB/OL］．http：//data.stats.gov.cn/easyquery.htm?cn=A01.

国土资源部，2011．中国国土资源统计年鉴（2010）［M］．北京：地质出版社.

国土资源部，2012．中国国土资源统计年鉴（2011）［M］．北京：地质出版社.

国土资源部，2013．中国国土资源统计年鉴（2012）［M］．北京：地质出版社.

国土资源部，2014．中国国土资源统计年鉴（2013）［M］．北京：地质出版社.

国土资源部，2015．中国国土资源统计年鉴（2014）［M］．北京：地质出版社.

国土资源部，2016．中国国土资源统计年鉴（2015）［M］．北京：地质出版社.

国土资源部，2017a．2016 年全国地质勘查成果通报［R/OL］．http：//g.mnr.gov.cn/201705/t20170516_1507844.html.

国土资源部，2017b．中国国土资源统计年鉴（2016）．［M］．北京：地质出版社.

国务院新闻办公室，2012．中国的稀土状况与政策［R/OL］．http：//www.gov.cn/zhengce/2012-06/20/content_2618561.htm.

海关总署，2020．海关统计（数据在线查询）［DB/OL］．http：//43.248.49.97/.

洪梅，肖琴，2019．2018 年稀土市场回顾与展望［J］．稀土信息，（2）：26-29.

蒋庆哲，高潮洪，2018．中国油气产业发展分析与展望报告蓝皮书（2017—2018）［M］．北京：中国石化出版社.

雷家骕，2011．国家经济安全：理论与分析方法［M］．北京：清华大学出版社.

雷平喜，2019．我国铁矿石供需双向调控能力亟待加强［N］．中国自然资源报，2019-08-06.

李果仁，刘亦红，2009．中国能源安全报告预警与风险化解［M］．北京：红旗出版社.

刘良先，2019．我国钨业高质量发展的思考［J］．中国钨业，34（1）：10-21.

刘铁敏，周伟，王青，2007．依据钢铁生产过程的中国铁矿石需求预测模型［J］．金属矿山，（2）：6-8.

刘小芳，杨丽，2018．2017 年我国主要稀土产品出口状况［J］．稀土信息，（3）：42-44.

亓昭英，安超，2015．2014 年中国钾肥行业运行情况及发展预测［J］．中国石油和化工经济分析，（3）：32-35.

亓昭英，梅志勇，商立朋，等，2017．2016 年我国钾盐（肥）行业整体运行情况及未来发展建议［J］．中国石油和化工经济分析，（7）：42-44.

齐慧，2018. “十三五”到“十四五”期间将新建10多万公里管道：我国油气管道建设将量质齐升［N/OL］. 经济日报. http：//paper. ce. cn/jjrb/html/2018-06/15/content _365161. htm.
商朋强，祁才吉，焦森，等，2019. 中国钾盐矿产预测评价模型和资源潜力分析［J］. 地质通报，38（10）：1758-1767.
苏永琦，王伟，杨博，2019. 我国矿业权出让收益市场基准价的现状与建议［J］. 中国国土资源经济，32（6）：73-78，83.
孙伟善，任旸，张同飞，2019a. 春蚕吐丝破茧成蝶：改革开放40年，我国油气产业的变革与发展（上篇）［J］. 中国石油和化工经济分析，（2）：51-54.
孙伟善，任旸，张同飞，2019b. 机遇与挑战并存，希望与困难同在：改革开放40年，我国油气产业的变革与发展（下篇）［J］. 中国石油和化工经济分析，（2）：55-58.
王淑丽，王占文，熊先孝，2020. 中国矿产地质志·钾盐矿卷［J］. 中国地质调查成果快讯，6（11-12）：25-28.
王孝峰，2013. 中国钾肥产业发展战略思考［J］. 中国石油和化工经济分析，（11）：41-43.
温倩，王玉倩，尚建壮，等，2019. 我国化肥行业“十四五”发展分析［J］. 化学工业，37（6）：1-9.
宣之强，2015. 中国钾盐、钾肥60年［J］. 化工矿产地质，37（4）：249-254.
杨长华，何笑辉，2019. 我国铜企业“走出去”现状与未来发展趋势［J］. 中国有色金属，（12）：42-45.
易继宁，郭佳，靳松，等，2019. 我国重要金属矿产探矿权结构性变化特征分析：以铜、铅锌、金、铁为例［J］. 中国矿业，28（11）：66-72.
殷瑞钰，2019. 黑色金属矿产资源强国战略研究［M］. 北京：科学出版社.
袁国华，罗世兴，周伟，等，2017. 中国页岩气产业政策研究［M］. 北京：地质出版社.
袁国华，王世虎，罗世兴，等，2015. 全球能源资源政策跟踪及我国企业“走出去”风险监测［M］. 北京：地质出版社.
张抗，张立勤，2019. 21世纪初中国原油储量、产量构成变化分析及启示［J］. 中国石油勘探，24（3）：280-296.
张硕，李振光，乞孟迪，等，2018. 转型中的炼油工业［J］. 中国石油和化工经济分析，（8）：42-44.
张文驹，2007. 中国可持续发展总纲（第9卷）：中国矿产资源与可持续发展［M］. 北京：科学出版社.
中国21世纪议程管理中心，北京师范大学，2012. 全球格局下的中国油气资源安全［M］. 北京：社会科学文献出版社.
《中国钢铁工业年鉴》编辑委员会，2010. 中国钢铁工业年鉴（2010）［M］. 北京：冶金工业出版社.
《中国钢铁工业年鉴》编辑委员会，2011. 中国钢铁工业年鉴（2011）［M］. 北京：冶金工业出版社.
《中国钢铁工业年鉴》编辑委员会，2012. 中国钢铁工业年鉴（2012）［M］. 北京：冶金工业出版社.
《中国钢铁工业年鉴》编辑委员会，2013. 中国钢铁工业年鉴（2013）［M］. 北京：冶金工业出版社.
《中国钢铁工业年鉴》编辑委员会，2014. 中国钢铁工业年鉴（2014）［M］. 北京：冶金工业出版社.
《中国钢铁工业年鉴》编辑委员会，2015. 中国钢铁工业年鉴（2015）［M］. 北京：冶金工业出版社.
《中国钢铁工业年鉴》编辑委员会，2016. 中国钢铁工业年鉴（2016）［M］. 北京：冶金工业出版社.
《中国钢铁工业年鉴》编辑委员会，2017. 中国钢铁工业年鉴（2017）［M］. 北京：冶金工业出版社.
《中国钢铁工业年鉴》编辑委员会，2018. 中国钢铁工业年鉴（2018）［M］. 北京：冶金工业出版社.
《中国钢铁工业年鉴》编辑委员会，2019. 中国钢铁工业年鉴（2019）［M］. 北京：冶金工业出版社.
《中国钢铁工业年鉴》编辑委员会，2020. 中国钢铁工业年鉴（2020）［M］. 北京：冶金工业出版社.

中国工程院矿产资源强国战略研究项目组，2018. 矿产资源强国战略研究［M］. 北京：科学出版社.

中国石油和化学工业联合会，2020. 2019年中国石油和化学工业经济运行报告［EB/OL］. http://www.cpcif.org.cn/detail/49a1e8e1-9f60-4087-83f9-cba38aeb17d9.

中国钨业协会，2011. 中国钨工业“十二五”发展规划［J］. 中国钨业，26（3）：50-55.

中国钨业协会，2017. 中国钨工业发展规划（2016—2020年）［J］. 中国钨业，32（1）：9-15.

中国稀土行业协会，2019. 2018年稀土行业整体运行报告［J］. 稀土信息，（5）：12-17.

自然资源部，2018a. 2017年全国地质勘查成果通报［R/OL］. http://gi.mnr.gov.cn/201805/t20180508_1774615.html.

自然资源部，2018b. 全国石油天然气资源勘查开采情况通报（2017年度）［EB/OL］. http://gi.mnr.gov.cn/201807/t20180713_2085143.html.

自然资源部，2018c. 中国国土资源统计年鉴（2017）.［M］. 北京：地质出版社.

自然资源部，2019a. 2018年全国地质勘查成果通报［R/OL］. http://gi.mnr.gov.cn/201905/t20190524_2413455.html.

自然资源部，2019b. 全国石油天然气资源勘查开采情况通报（2018年度）［EB/OL］. http://gi.mnr.gov.cn/201907/t20190715_2447470.html.

自然资源部，2019c. 中国国土资源统计年鉴（2018）.［M］. 北京：地质出版社.

自然资源部，2020a. 2019年全国地质勘查成果通报［R/OL］. http://gi.mnr.gov.cn/202005/t20200521_2514996.html.

自然资源部，2020b. 全国石油天然气资源勘查开采情况通报（2019年度）［EB/OL］. http://gi.mnr.gov.cn/202007/t20200729_2534777.html.

BP, 2011. BP Statistical Review of World Energy 2020［EB/OL］. https://www.bp.com/en/global/corporate/news-and-insights/press-releases/bp-statistical-review-of-world-energy-2020-published.html.

BRITISH GEOLOGICAL SURVEY, 2020. World Mineral Production 2014-2018.［EB/OL］. http://www.bgs.ac.uk/.

CAMERON P D, STANLEY M C, 2017. Oil, gas, and mining: A sourcebook for understanding the extractive industries. Washington, DC: World Bank Group［EB/OL］. http://www.eisourcebook.org).

CHRISTOPHER B S, 2018. The Oil and Gas Law Review, Edition 6. London: Law Business Research Ltd［EB/OL］. https://thelawreviews.co.uk/edition/1001266/the-oil-and-gas-law-review-edition-6.

HOLLAND & HART, 2021. International Comparative Legal Guide to: Mining Laws and Regulations 2021［EB/OL］. https://iclg.com/practice-areas/mining-laws-and-regulations.

U. S. GEOLOGICAL SURVEY (USGS), 2021. Mineral Commodity Summaries 2020［EB/OL］. https://geo-nsdi.er.usgs.gov/.

WORLD STEEL ASSOCIATION, 2019. World Steel in Figures 2019［EB/OL］. https://www.worldsteel.org/media-centre/press-releases/2019/world-steel-in-figures-2019.html.